欧亚历史文化文库

总策划 张余胜

兰州大学出版社

藏 史 论 考

丛书主编　余太山

周伟洲　著

图书在版编目（CIP）数据

藏史论考 / 周伟洲著. —兰州:兰州大学出版社，

2010.11

（欧亚历史文化文库/余太山主编）

ISBN 978-7-311-03524-2

Ⅰ.①藏… Ⅱ.①周… Ⅲ.①藏族—民族历史—研究—

中国 Ⅳ.①K281.4

中国版本图书馆 CIP 数据核字（2010）第 225486 号

总 策 划	张余胜

书　　名	藏史论考
丛书主编	余太山
作　　者	周伟洲 著
出版发行	兰州大学出版社　（地址:兰州市天水南路 222 号　730000）
电　　话	0931 - 8912613（总编办公室）　0931 - 8617156（营销中心）
	0931 - 8914298（读者服务部）
网　　址	http://www.onbook.com.cn
电子信箱	press@lzu.edu.cn
印　　刷	兰州人民印刷厂
开　　本	700 mm×1000 mm　1/16
印　　张	18
字　　数	249 千
版　　次	2010 年 11 月第 1 版
印　　次	2013 年 8 月第 2 次印刷
书　　号	ISBN 978-7-311-03524-2
定　　价	55.00 元

（图书若有破损、缺页、掉页可随时与本社联系）

淘宝网邮购地址:http://lzup.taobao.com

出 版 说 明

　　随着 20 世纪以来联系地、整体地看待世界和事物的系统科学理念的深入人心，人文社会学科也出现了整合的趋势，熔东北亚、北亚、中亚和中、东欧历史文化研究于一炉的内陆欧亚学于是应运而生。时至今日，内陆欧亚学研究取得的成果已成为人类不可多得的宝贵财富。

　　当下，日益高涨的全球化和区域化呼声，既要求世界范围内的广泛合作，也强调区域内的协调发展。我国作为内陆欧亚的大国之一，加之 20 世纪末欧亚大陆桥再度开通，深入开展内陆欧亚历史文化的研究已是责无旁贷；而为改革开放的深入和中国特色社会主义建设创造有利周边环境的需要，亦使得内陆欧亚历史文化研究的现实意义更为突出和迫切。因此，将针对古代活动于内陆欧亚这一广泛区域的诸民族的历史文化研究成果呈现给广大的读者，不仅是实现当今该地区各国共赢的历史基础，也是这一地区各族人民共同进步与发展的需求。

　　甘肃作为古代西北丝绸之路的必经之地与重要组

成部分,历史上曾经是草原文明与农耕文明交汇的锋面,是多民族历史文化交融的历史舞台,世界几大文明(希腊—罗马文明、阿拉伯—波斯文明、印度文明和中华文明)在此交汇、碰撞,域内多民族文化在此融合。同时,甘肃也是现代欧亚大陆桥的必经之地与重要组成部分,是现代内陆欧亚商贸流通、文化交流的主要通道。

基于上述考虑,甘肃省新闻出版局将这套《欧亚历史文化文库》确定为 2009—2012 年重点出版项目,依此展开甘版图书的品牌建设,确实是既有眼光,亦有气魄的。

丛书主编余太山先生出于对自己耕耘了大半辈子的学科的热爱与执著,联络、组织这个领域国内外的知名专家和学者,把他们的研究成果呈现给了各位读者,其兢兢业业、如临如履的工作态度,令人感动。谨在此表示我们的谢意。

出版《欧亚历史文化文库》这样一套书,对于我们这样一个立足学术与教育出版的出版社来说,既是机遇,也是挑战。我们本着重点图书重点做的原则,严格于每一个环节和过程,力争不负作者、对得起读者。

我们更希望通过这套丛书的出版,使我们的学术出版在这个领域里与学界的发展相偕相伴,这是我们的理想,是我们的不懈追求。当然,我们最根本的目的,是向读者提交一份出色的答卷。

我们期待着读者的回声。

总序

　　本文库所称"欧亚"(Eurasia)是指内陆欧亚,这是一个地理概念。其范围大致东起黑龙江、松花江流域,西抵多瑙河、伏尔加河流域,具体而言除中欧和东欧外,主要包括我国东三省、内蒙古自治区、新疆维吾尔自治区,以及蒙古高原、西伯利亚、哈萨克斯坦、乌兹别克斯坦、吉尔吉斯斯坦、土库曼斯坦、塔吉克斯坦、阿富汗斯坦、巴基斯坦和西北印度。其核心地带即所谓欧亚草原(Eurasian Steppes)。

　　内陆欧亚历史文化研究的对象主要是历史上活动于欧亚草原及其周邻地区(我国甘肃、宁夏、青海、西藏,以及小亚、伊朗、阿拉伯、印度、日本、朝鲜乃至西欧、北非等地)的诸民族本身,及其与世界其他地区在经济、政治、文化各方面的交流和交涉。由于内陆欧亚自然地理环境的特殊性,其历史文化呈现出鲜明的特色。

　　内陆欧亚历史文化研究是世界历史文化研究中不可或缺的组成部分,东亚、西亚、南亚以及欧洲、美洲历史文化上的许多疑难问题,都必须通过加强内陆欧亚历史文化的研究,特别是将内陆欧亚历史文化视做一个整体加以研究，才能获得确解。

中国作为内陆欧亚的大国，其历史进程从一开始就和内陆欧亚有千丝万缕的联系。我们只要注意到历代王朝的创建者中有一半以上有内陆欧亚渊源就不难理解这一点了。可以说，今后中国史研究要有大的突破，在很大程度上有待于内陆欧亚史研究的进展。

古代内陆欧亚对于古代中外关系史的发展具有不同寻常的意义。古代中国与位于它东北、西北和北方，乃至西北次大陆的国家和地区的关系，无疑是古代中外关系史最主要的篇章，而只有通过研究内陆欧亚史，才能真正把握之。

内陆欧亚历史文化研究既饶有学术趣味，也是加深睦邻关系，为改革开放和建设有中国特色的社会主义创造有利周边环境的需要，因而亦具有重要的现实政治意义。由此可见，我国深入开展内陆欧亚历史文化的研究责无旁贷。

为了联合全国内陆欧亚学的研究力量，更好地建设和发展内陆欧亚学这一新学科，繁荣社会主义文化，适应打造学术精品的战略要求，在深思熟虑和广泛征求意见后，我们决定编辑出版这套《欧亚历史文化文库》。

本文库所收大别为三类：一，研究专著；二，译著；三，知识性丛书。其中，研究专著旨在收辑有关诸课题的各种研究成果；译著旨在介绍国外学术界高质量的研究专著；知识性丛书收辑有关的通俗读物。不言而喻，这三类著作对于一个学科的发展都是不可或缺的。

构建和发展中国的内陆欧亚学，任重道远。衷心希望全国各族学者共同努力，一起推进内陆欧亚研究的发展。愿本文库有蓬勃的生命力，拥有越来越多的作者和读者。

最后，甘肃省新闻出版局支持这一文库编辑出版，确实需要眼光和魄力，特此致敬、致谢。

余太山

2010 年 6 月 30 日

目 录

前言

　　这本集子是作者近五年来，在承担和完成关于藏族史志的国家重点课题的过程中，陆续撰写的一些心得，大部分论文已先后发表在国内学术刊物上。因皆为藏族在唐代、清代和民国时期的历史，内有史实的考辨，也有历史的论述，故名之为《藏史论考》。

　　关于作者从事藏族史学习和研究的情况，在作者于2006年出版的《唐代吐蕃与近代西藏史论稿》（中国藏学出版社）一书的前言中，已有记述。人一生的生活轨迹真难预测，作者自己也不会想到，从20世纪60年代追随马长寿师，学习藏族史，到80年代至21世纪初主要从事中国民族史研究，如今到晚年，又回到原学习的专业藏族史的研究之上，真令人感慨万千。

　　此集共所收录的14篇论文，按时代和内容可分为4组，即唐代吐蕃与唐朝及其他民族关系的论文3篇；清代藏族史论文3篇；甘青及川边藏区史3篇；民国时期藏族史5篇。内容涉及藏族政治、军事、经济、文化、民族关系等诸多方面。

　　由于作者水平所限,集子内论文存在问题不少,敬请专家、读者不吝赐教。

周伟洲

2009 年 12 月

1 唐蕃长庆会盟地与立碑考

关于长庆元年至二年(821—822年)唐蕃会盟,中外学者研究颇为深入,发表论著甚多。然而,对会盟的一些问题,因所据汉藏文献记载之不同,而意见分歧。比如长庆元年于唐京师长安会盟的地点及会盟所立碑的情况,中外学者即有不同的看法,且众说纷纭。笔者不揣冒昧,想就以上两个问题,发表一些不成熟的意见,求正于专家、读者。

1.1 长庆元年长安会盟地点

关于长庆元年在长安会盟的地点,最早见于记载的应是至今保存在西藏拉萨大昭寺前的唐蕃会盟碑(又称为长庆会盟碑,立于长庆三年)背面(东面)古藏文碑文,内云:"……乃与唐主文武孝德皇帝舅甥和叶社稷如一统,情谊绵长,结此千秋万世福乐大和盟约于唐之京师(Keng-shi)西隅 Shen-san-si(或转写作 Ceg-san-ci)前。时大蕃彝泰七年,大唐长庆元年,即阴铁牛羊(辛丑)冬十月十日。"[1]此碑正面汉文部分未提及长安会盟及地点。

又汉文史籍两《唐书》之《吐蕃传》及《册府元龟》卷981《外臣部》"盟誓"条,均记此次长安会盟情况。其中,《旧唐书》卷196《吐蕃传》下与上引《册府元龟》还录有长安会盟之誓词,内云:"越岁在癸丑冬十月癸酉,文武孝德皇帝诏丞相臣植……与大将和蕃使、礼部尚书论纳罗等,会盟于京师,坛于城之西郊,坎于坛北……"《新唐书》卷216《吐蕃传》下,也记此次长安会盟,在"京师西郊",均未记会盟之具体地点。

---

〔1〕译文引自王尧编著《吐蕃金石录》,文物出版社1982年,第43页及59页注51。

·欧·亚·历·史·文·化·文·库·

可是,《唐会要》卷97"吐蕃"条却明确记载:"十月,命宰相崔植等十四人与吐蕃使论纳罗盟于郡城西王会寺"。

中外学者依据上述各种汉藏文献的有关记载,提出了对此次长安会盟地点的不同看法:

(1)中国著名的藏学家王尧先生在译注拉萨唐蕃会盟碑时,直接将上述碑文中的"Shen-san-si"译作"兴唐寺",理由是永泰元年三月,唐蕃会盟在兴唐寺。[1] 事实上,据《册府元龟》卷981记,唐永泰元年三月和大历二年四月,唐蕃会盟均在兴唐寺。可是,兴唐寺在长安城中东边大宁坊内,不在长安城西郊,明显与上述各种记载不符,故中外学者多不同意此说。

(2)日本藏学家佐藤长于1977年再版的名著《古代チベット研究》下卷附录《唐蕃會盟碑の研究》注中,说碑中"Ceg-san-ci"与《唐会要》所记"王会寺"不一致,如要强求之,则此地当系长安西南郊之"香积寺",此寺在至德二载(757年)曾为郭子仪所夺回;或者系碑文所记寺名有误耶。[2]香积寺为唐代著名寺院,在长安西南郊,而不在西郊,且上述两《唐书》、《册府元龟》对此著名寺院应当记入,而未记,可见此说亦有疑问。

(3)法国著名藏学家石泰安(R. Stein)于1988年《通报》第74卷,发表一篇题为《公元八至九世纪唐蕃会盟盟誓考》的论文,在注中提出:王尧说,"公元765年(永泰元年)有一项条约曾在兴唐寺缔结。然而,'兴唐寺'也不可能拼写成Ceg-san-si。我倒想,正如用ken-ci来拼写'京师'一样,Ceg-san-si拼写的也并非专门名词,而是一个普通名词。说不定就是'释僧寺'。"[3]

(4)中外学者公认研究唐蕃会盟碑的权威学者李方桂和其高足柯蔚南合著之《古代西藏碑文研究》(原著为英文,1987年台北出版),引

---

[1]参见上引王尧编著《吐蕃金石录》碑文译注。其依据见《旧唐书》卷196《吐蕃传》上;又见同书卷11《代宗纪》以及《册府元龟》卷981,《外臣部》"盟誓"条。

[2]见佐藤长《古代チベット研究》下卷,东京,同朋舍昭和五十二年再版,第927页。

[3]此文由刘立德译为汉文,载《国外藏学动态》第4期,1990年内刊。

《唐会要》说，长安会盟是在京师西王会寺完成的，而对碑文记 Shen -san -si 一词，则认为"尚难确定"，并引王尧在注释唐蕃会盟碑时所记，张克强最近研究中说，"可能是石羊寺"。[1]

（5）中国学者张克强在 1981 年《中央民族学院学报》第 2 期上，发表一篇《读吐蕃会盟碑札记二则》，文内如上述，认为碑中 Shen -san -si 一词，系《出三藏记集》等佛教典籍所云之石羊寺。按，查僧佑《出三藏记集》（苏晋仁等点校本，中华书局 1995 年）诸书记"石羊寺"在关中长安，但均在公元 4 世纪末 5 世纪初后秦（姚秦）姚兴（394—415 年在位）于长安石羊寺弘法、译经之时。事隔四五百年，此寺早已不存，更何得在吐蕃古藏文书刻之会盟碑内出现？就是唐宋有关长安的文献中，也无石羊寺之名。因此，张氏之说，难以成立。

以上五种说法的根据，首以《唐会要》所记之"王会寺"最为直接和可信，但是如何理解此"王会寺"，则为关键之问题。我以为，此王会寺并非确指一佛教寺院，而是专为唐蕃会盟，在京师长安西郊筑誓坛而建之暂时官署名。"寺"古代为官署名，如太常寺、鸿胪寺之类。"王会"者，如上述石泰安所云，"'王会'二字似乎暗指两国专使为缔约而聚集在一起，称为'会盟'"。理由是：

（1）如果是京师长安西郊一佛教寺院，又为唐蕃会盟之地点，则唐宋有关长安的地志、佛教典籍或文献应有"王会寺"、"石羊寺"、"释僧寺"或"Shen -san -si"的记载。可是，遍查有关文献典籍，均无上述名称之寺院，说明上述名称之"寺"，只可能是一种官署名，且为会盟暂时所设，会盟后再不见于记载。

（2）早在肃宗元年（756 年）建寅月（一说在宝应元年，762 年），吐蕃使来朝请和，诏宰相等"将诣光宅寺为盟"。吐蕃使者提出："蕃法盟誓取三牲血歃之，无向佛寺之事。请明日复于鸿胪寺歃血，以中蕃之礼。从之。"[2]可见，按当时吐蕃已信佛教之俗，忌杀牲于佛寺，故不

---

〔1〕此书汉文译本，系由王启龙译，清华大学出版社 2007 年，第 71 -72 页。

〔2〕《册府元龟》卷 981，《外臣部》"盟誓"；《旧唐书》卷 196《吐蕃传》上。

愿在佛寺内杀牲盟誓。[1] 后来虽有永泰元年（765 年）和大历二年（767 年），吐蕃使者与唐宰臣盟誓于兴唐寺，但此为小盟，以唐为主使。可是到建中四年（783 年）唐蕃的清水会盟，划定双方边界，据《册府元龟》等文献记载，此年正月，双方于清水筑坛，先杀牲于坛北，"杂血二器而歃盟"，此为唐朝的盟誓习俗。"盟毕，结赞（尚结赞，吐蕃盟誓大臣）请镒（张镒，唐陇右节度使，盟誓大臣）就坛之西南隅佛幄中，焚香为誓，誓毕，复升坛饮酒，献酬之……结赞亦出盟文，不加于坎，但埋牲而已。"此为吐蕃盟誓之俗。自此以后，即为唐蕃会盟之基本程序，照顾到双方之习俗。因此，长庆元年长安唐蕃会盟不可能再在长安西郊一佛寺内举行。

（3）唐蕃长庆会盟的程序与地点，应是按建中清水会盟而来。不同之处是，建中清水会盟先于边界清水筑坛会盟，划定边界，然后，再于唐京师长安和吐蕃拉萨盟誓。据上引《册府元龟》记，建中四年"七月，以国子祭酒李揆为礼部尚书、御使大夫、入蕃会盟使"；旋又在京师长安筑坛，诏宰相尚书与吐蕃宰相尚结赞，"盟于清水之约"。原订筑坛于城内丰邑坊，后吐蕃一方提出："以丰邑坊盟坛在京城之内非便，请卜坛于京城之西，其礼如清水之仪。"[2] 所谓"卜坛于京城之西"，《旧唐书·吐蕃传》云"唯德宗建中末，与吐蕃会盟于延平门（长安城西三门之南门）……"则京城之西，即延平门外占卜之地，建坛会盟。而长庆元年唐蕃先在长安会盟，次在吐蕃拉萨会盟，最后在双方边界附近盟誓。其原因是此年会盟时，边界早已于清水会盟时订立，故誓文中只有彼此谨守疆界之语。总之，长庆元年的长安会盟，应按照清水会盟后之长安会盟，如上引各种文献所说，其会盟地点也应是占卜后所建之"坛于城之西郊，坎于坛北"，亦即可能在延平门外。其仪式，"凡读誓、刑牲、加书、复壤、陟降、周旋之礼，动无违者"，[3] 也即无违清水会盟之

---

〔1〕详细论述，见上引石泰安《公元八至九世纪唐蕃会盟盟誓考》文。
〔2〕又详见上引《旧唐书》卷 196《吐蕃传》下。
〔3〕上引《旧唐书》卷 196《吐蕃传》下引长安会盟誓词，内可能隐去下坛至吐蕃佛帐中"焚香为誓"的程序。

仪式。

长庆二年,唐所遣盟会使、大理卿刘元鼎至拉萨,于臧河(今之拉萨河)之北川赞普之夏牙附近,"逻些东哲堆园"[1](今西藏墨竹工卡西部,拉萨东),与吐蕃盟誓。其仪式,据刘元鼎之记述:"使者与虏大臣十余对位,酋长百余坐坛下,上设巨榻,钵掣逋升,告盟,一人自旁译授于下。已歃血,钵掣逋不歃(因其为佛僧)。盟毕,以浮屠为誓,引郁金水以饮,与使者交庆,乃降。"[2]可见,此亦基本依循清水会盟之故事。

综上所述,长庆元年唐蕃会盟地点是在京师长安城西郊(可能在延平门外),由占卜选定筑坛地点,盟誓结束后,坛即不存,故后世于此难以确指。至于《唐会要》所云盟于郡城西郊之"王会寺",仅是唐蕃两王遣使相会盟誓,而建之暂时官署名,盟罢,即撤销,故以后文献典籍再没有记载。而今存拉萨之唐蕃会盟碑古藏文部分所云之长安会盟地京师西隅之"Shen-san-si",可能如佐藤长所说,"或者系碑文所记寺名有误",因为"寺"仅是暂时之官署名,错记的情况是存在的。其余中外学者的各种推测,均没有什么根据,也无再行讨论、争议之必要也。

1.2 唐蕃长庆会盟所立碑石

在唐代的汉文文献中,没有记载长庆唐蕃会盟后立碑之事,仅记有开元十八年(730 年)因吐蕃使名悉猎等来京师,唐蕃双方商议,定界于赤岭(今青海日月山),各分竖分界之碑。二十二年(734 年),唐朝遣将军李俭于赤岭分界立碑。[3]可是,在今存于拉萨的唐蕃会盟碑背面藏文部分最后提到:"双方登坛,吐蕃主盟;其立石镌碑于此……同一盟文之碑亦树于唐之京师云。"

另外,在唐以后的藏文文献中,也多有长庆会盟立碑的记载。如拔

---

〔1〕上引王尧编著《吐蕃金石录》释注长庆会盟碑文,第 43 页。
〔2〕《新唐书》卷 216《吐蕃传》下。
〔3〕《册府元龟》卷 981,《外臣部》"盟誓"条。

塞囊撰《拔协》(成书于 8—11 世纪)一书说,这次唐蕃会盟在"汉地贡布麦如(gong-bu-dme-ru)地方修建唐朝皇帝的寺庙和吐蕃赞普的寺庙为界","舅甥议定的盟约誓文作三份:其一刻于汉地的姑休宫(kavu-shuvi-po-brang)前的石碑上;其一刻于赞普的拉萨大昭寺前的石碑上;其一刻于贡布麦如的石碑上"。[1]

又成书于 1388 年的索南贤赞撰《西藏王统记》(原名《吐蕃王朝世系明鉴正法源流史》)内记载更详,内云:

> 安达热巴坚(即赤德松赞,798—815 年在位)时,初甥舅未行和议,吐蕃率兵万余劫掠唐地诸城邑。其后唐室僧侣及吐蕃诸受供高僧者出,调停求和,并主盟事。从此修好,甥舅互通聘礼,立盟后,不再相仇。在汉地墨如连界之处,赞普甥舅,各建一庙。于大石上,书日月形,像天上日月相系,地上赞普甥舅和好。汉地墨如以下,蕃不举兵,墨如以上,汉不举兵。彼此轮番护守,结立和盟。并请三宝,日月星辰,天帝神灵等作为凭证。甥舅双方,设坛盟誓。将此和盟文,镌三石碑,石碑阔者,书写唐主赞普二圣和约盟文。石碑窄者,书写汉蕃臣宰以下属吏及星算等人之姓名。此碑一立于拉萨,一立于唐主宫前,一立于汉蕃边界之墨如。若有背盟破约,吐蕃兴兵扰汉,则汉人于王宫前,三读碑文,而蕃人受其祸殃,若汉人兴兵侵蕃,则三读拉萨碑文,而汉人受其祸殃。由二君主加盖玺印,唐蕃各属臣僚均同发愿立誓云。[2]

此外,还有许多藏文典籍,如巴卧·祖拉陈哇著《贤者喜宴》(成书于 1564 年)、班钦·索南查巴著《新红史》(成书于 1538 年)、第五世达赖喇嘛著《西藏王臣记》(成书于 1643 年)均有相同之记载。

根据拉萨现存的唐蕃会盟碑及其藏文部分的记载,上述藏文典籍关于会盟后立三碑的记载,基本可信。那么除拉萨所立碑之外,其余两碑又立于何处?

---

〔1〕拔塞囊著,佟锦华、黄布凡译注《拔协》,四川民族出版社 1990 年藏、汉对照版,第 63、187 页。

〔2〕此系摘自刘立千译注《西藏王统记》,民族出版社 2000 年,第 139 页。

据上引《拔协》、《西藏王统记》等书记载，另一碑立于"汉地贡布麦如"、"汉蕃边界之墨如"。立此碑时间，当在唐使刘元鼎拉萨会盟之后，据《新唐书》卷216《吐蕃传》下记，元鼎从拉萨返回时，"虏［吐蕃］元帅尚塔藏馆客大夏川（今甘肃大夏河），集东方节度诸将百余，置盟策台上，偏晓之，且戒各保境，毋相暴犯"。此应即唐蕃最后于边界之会盟，碑或立于此后。

关于立碑地之"墨如"或"贡布麦如"（实为一地，译名不同），据清代藏族学者智观巴·贡却乎丹巴绕吉撰《安多政教史》（成书于1865年）一书说："……以唐朝的公谷梅如（贡布麦如的另译）作为唐蕃两国交界之地，由吐蕃的赞普及唐朝的皇帝于彼处各修寺庙一座云。此寺被认为即现在之白塔寺（甘肃省永靖县境内）。"[1]中外学者如上述的法国藏学家石泰安及中国藏学家刘立千、黄颢等，均认为"贡布麦如"即赤岭，此说为藏学界一般的看法。但此说有一最大之问题，即赤岭仅是开元年间唐蕃的边界，曾立过界碑；可是到长庆年间，此地早为吐蕃所据有，已不是边界，更非唐朝占有之地，与上述藏文文献明确记载的"汉地贡布麦如"或"汉蕃边界之墨如"不相符。

因此，译注《安多政教史》的吴均等人认为，《安多政教史》撰者云公谷梅如在白塔寺，从对音和当时唐蕃分界的形势来看，"公谷"（gong-gu，即贡布）应是唐代的"同谷县"，县治在今天甘肃的成县。[2]又，中国著名藏学家任乃强在1943年所撰《唐蕃甥舅和盟碑考》一文中，说"秦、陇、兰、会、原、渭、洮、岷诸州地方，蕃人呼为'墨儒'（'贡布麦如'之异译）"。[3]此说"贡布麦如"地过于广泛，且不知何据。

按，长庆会盟碑未明确记述唐蕃边界，一般认为，当时边界大致即清水会盟时的边界。据《旧唐书》卷196《吐蕃传》下记，清水会盟誓文内记之唐蕃边界是："今国家所守界，泾州西至弹筝峡西口，陇州西至

---

〔1〕见吴均等译《安多政教史》，甘肃民族出版社1998年，第22页。

〔2〕见吴均等译《安多政教史》，甘肃民族出版社1998年，第22页注。

〔3〕此文原载《康导月刊》第5卷7、8期，后收入《任乃强藏学文集》，中国藏学出版社2009年，第68页。

清水县,凤州西至同谷县,暨剑南西山大渡河东,为汉界。蕃国守镇在兰、渭、原、会,西至临洮,东至成州,抵剑南西界磨些诸蛮,大渡水西南,为蕃界……"长庆会盟碑正面(西面)汉文盟词中,仅提到:"每须通传彼此驿骑,一往一来,悉遵曩时旧路。蕃汉并于将军谷交马,其绥戎栅已东,大唐祗应,清水县已西,大蕃供应。"[1]因此,上述文献中出现的地名,如弹筝峡西口、清水县、同谷县、将军谷、绥戎栅等,均在当时唐蕃边界唐守的一边,即是说,均有可能是藏文典籍中所说的"贡布麦如"("墨如")。吴均等人以对音和当时唐蕃边界的情况,认为贡布麦如之"贡布",系"同谷县"之"同谷"的对音,有一定的道理。但是,如果从当时整个唐蕃边界情况看,清水县更为重要,上述碑文与文献均提到此县,且此地为建中四年唐蕃会盟之处。因此,贡布麦如位于唐清水县(今甘肃清水县西7.5公里,俗名西城)可能更接近于史实。也即是说,长庆唐蕃会盟后,在双方边界所立之碑,在今甘肃清水西,或在今甘肃成县(唐同谷县)的可能性更大一些。此碑早已不存,且不见于唐以后的文献记载,如果有一天发现此碑,上述问题当可有定论。

　藏文典籍所记长庆会盟所立的另一碑,是立于"汉地的姑休宫前"或"唐主宫前",也即是唐京师长安宫前。"姑休宫"之"姑休"(kavu-shuvi)系藏文译音,到底指长安哪一个宫殿之前,则无法找到相应对音。按,唐长安宫城主要有"三大内",即太极宫、大明宫和兴庆宫。此外,还有整个宫城(皇城)区,其前(南面)有三城门,从西向东分别为含光门、朱雀门、安上门。含光门内向西即唐鸿胪寺,为接待四夷使臣的机构,如果立长庆会盟碑,含光门外是可能的。三大内中,西内太极宫为唐前期的政治活动中心;东内大明宫为唐后期,即长庆时唐朝政事活动中心,内麟德殿是唐朝皇帝接见四夷首领、使臣之地;南内兴庆宫,系唐玄宗开元、天宝时政事活动的中心。三大内宫城相较,东内大明宫前丹凤门立长庆会盟碑的可能性更大。这均是一些推测,因此碑早已不存,可能毁于唐末至五代战乱之时,而且不见于后世文献的记载。如

----

〔1〕上引王尧编著《吐蕃金石录》,第41页。

果长庆会盟后,确在京师长安宫前立碑,那么大明宫遗址前,或含光门遗址前,很有可能在今后的考古发掘中,出土此碑或此碑残块;或许此碑完全毁掉,再也无法寻觅。

(原载于《燕京学报》新 27 期,北京大学出版社 2009 年)

2　唐代吐蕃与北方游牧民族
关系研究

公元 6 世纪中叶后,在中国北方草原地带先后兴起了突厥、回鹘、沙陀等游牧民族及其所建立的政权,而稍后在 7 世纪初,在中国西南西藏高原上也兴起了吐蕃及其所建之吐蕃王朝。在这南北的各族政权之间,是先后崛起的隋、唐王朝。因而,在 7—9 世纪,唐朝与吐蕃及突厥等先后兴起的北方民族政权之间对西域及东亚的激烈争夺,就成为中亚和东亚的历史上最为重要的一页,也成为相距甚远的青藏高原的吐蕃与漠北的突厥等北方游牧民族发生关系的契机。关于它们之间关系的历史,过去中外学者的研究论著中,从不同的角度和主题,多有涉及。本文则以吐蕃与突厥等北方游牧民族的相互关系为主题,依据唐代汉、藏等文献,试作一番梳理和探索。

2. 1　吐蕃与突厥的关系

2. 1. 1　吐蕃联合西突厥与唐朝争夺西域

突厥,是公元 6 世纪中叶兴起于北方蒙古草原的游牧民族。中国史籍记载了一些关于它起源的传说[1],尽管中外学者对其族源的看法,意见分歧,但是大多数学者认为,突厥是以狼为图腾的部落,其原居地在匈奴之西北,其语言系属阿尔泰语系突厥语族。突厥(turk,turuk)一词原有"气力"或"权力"之意。以后,突厥又迁于金山(今阿尔泰山)之阳,故中国史籍又记:"金山形似兜鍪,其俗谓兜鍪为'突厥',遂

---

[1]见《周书》卷 50《突厥传》;《北史》卷 99《突厥传》。

以为号。"[1]此时,突厥为蒙古草原强大的柔然(又作"蠕蠕"、"茹茹"等)所役属,为其冶铁之"锻奴"。

到6世纪中叶,突厥首领土门自称伊利可汗,始正式建立汗国;其子科罗(乙息记可汗)、燕都(木杆可汗)先后继立,于西魏恭帝二年(555年)灭柔然汗国;"又西破嚈哒,东走契丹,北并契骨,威服塞外诸国"。其疆域,"东自辽海以西,至西海(今里海),万里;南自沙漠以北,至北海(今贝加尔湖),五六千里;皆属焉"[2]。而突厥控制西域,将势力伸入中亚,是由木杆可汗弟室点密(又译作"瑟帝米")可汗带领十部落完成的[3],故中外学者以此可汗为西突厥始祖。大约到隋开皇三年(583年),东西突厥始正式分立。[4]最早与吐蕃发生关系的即是统治西域的西突厥。

吐蕃于6世纪末兴起于西藏高原后,与远在蒙古草原的突厥汗国几乎没有什么交往。但是,在敦煌发现的古藏文历史文书赞普传记(P.T.1287)中,却记载了6世纪末松赞干布父论赞赞普(后称"郎日论赞")攻杀于那城(今西藏拉萨北彭域)的古陕森波结,"芒布杰松木布(王子)逃往突厥(Dru-gu)"[5]。在古藏文文献中,"Dru-gu"一词确系这一时期吐蕃对突厥的称谓,系由突厥(turk)一词转写而来[6],故中外学者大都认为,这是吐蕃与突厥发生关系之始[7]。也有的学者认为,此事"在多大程度上符合史实现在还很难判断,在这件事上,很可能突厥之境并不意味着真正的突厥领域,而只是不为人知的遥远的北方地区而已"[8]。1954年法尊大师在翻译近代藏族著名学者更敦群

---

[1]见《周书》卷50《突厥传》;《北史》卷99《突厥传》。

[2]《北史》卷99《突厥传》。

[3]《通典》卷199《突厥下》。

[4]关于东、西突厥分立的时间,中外学者意见分歧,有多种说法。本文取开皇三年说。

[5]前引黄布凡、马德《敦煌藏文吐蕃史文献译注》,第193页;王尧、陈践《敦煌本吐蕃历史文书》,第161页。

[6]森安孝夫,チブット語史料に現われる北方民族-DRU-GUとHOR,アジア・アフリカ言語文化研究,第14期(1977年)。

[7]王小甫《唐、吐蕃、大食政治关系史》,北京大学出版社1992年,第27、43页。

[8]乌瑞(G.Uray)撰,荣新江译《有关公元751年以前中亚史的藏文史料概述》,中央民族学院藏族研究所编《藏族研究译文集》第2辑,1983年。

11

·欧·亚·历·史·文·化·文·库·

培撰《白史》时,却直接将此句译作:"芒波结松布逃往吐谷浑。"[1] 或许法尊大师的理解更符合当时的历史,因上引敦煌藏文献是 8 世纪后的作品,故用"突厥"一词代替早已亡于吐蕃之吐谷浑。

7 世纪初,吐蕃名王松赞干布大约在唐贞观十八年(644 年)最终兼并了西边的象雄(Zhang-zhung,唐代文献称为"羊同",地在今西藏阿里地区),杀其王李聂秀,将象雄各部收于治下。[2] 这样,吐蕃象雄北部就与西突厥统治下的西域地区相接。当时吐蕃象雄通西域有三道:一即由象雄北穿过喀喇昆仑山,可至于阗(今新疆和田地区);二由象雄西部,今阿克赛钦地区或拉达克,向北翻越喀喇昆仑山山口,至朱俱波(今新疆叶城一带);三由象雄西经勃律(今克什米尔西北巴尔提斯坦、吉尔吉特),再北至中亚或由葱岭(今帕米尔高原)入今新疆地区。[3] 因此,事实上吐蕃在兼并象雄之后,即与西域的西突厥各部有了交往,只是汉、藏文献没有记载而已。更为重要的是,唐朝在贞观四年(630 年)灭亡了东突厥汗国之后,即向西突厥统治下的西域扩展,暂时抑制了吐蕃向西域地区的渗透。

贞观二十二年(648 年),唐朝派军击降西域龟兹(今新疆库车),徙安西都护府于此,统新设置的龟兹、于阗、焉耆、疏勒四镇(安西四镇)。到唐高宗显庆二年(657 年),唐朝一举灭亡西突厥汗国,统一西域地区,"西尽波斯,并隶安西都护府"[4] 在原西突厥十姓部落及其属部之地,唐朝先后设置了一批羁縻府州,以原西突厥首领为都督、刺史,统属于安西都护府管辖。如在碎叶水(今中亚楚河)之东的西突厥五咄陆部,设有六个都督府,归新置之昆陵都护直辖,任命原西突厥首领阿史那弥射为昆陵都护、兴昔亡可汗;在碎叶水之西的西突厥五

〔1〕见西北民族学院研究所编印《白史》,第 38 页,1981 年;格桑曲批译,周季文校:《更敦群培文集精要》内《白史》突厥也译作吐谷浑,中国藏学出版社 1996 年,第 159 页。
〔2〕王尧、陈践《敦煌本吐蕃历史文书》,第 145 页;《唐会要》卷 99《大羊同国》。
〔3〕参见上引王小甫《唐、吐蕃、大食政治关系史》,第 20 – 41 页。
〔4〕《新唐书》卷 215 下《突厥传》。

弩失毕部,设都督府若干[1],归新置之濛池都护府直辖,任命阿史那步真为濛池都护、继往绝可汗。是时,西域的西突厥各部与吐蕃还未发生直接的关系。

可是,到7世纪60年代吐蕃芒松芒赞在位时,噶尔·禄东赞父子掌政,即向唐青海、西域及剑南等地扩张,遂与西域的西突厥各部发生了直接的关系。事实上,自唐朝灭亡了西突厥汗国后,西突厥各部上层贵族大多不甘心接受唐朝的统治,在他们之间不仅内争一直没有停息,而且企图"反叛"唐朝,重新自立,并与向西域扩张之吐蕃联合。据唐代史籍载,龙朔二年(662年)前后,吐蕃先策动龟兹叛唐,唐高宗诏飐海道总管苏海政率昆陵都护阿史那弥射、濛池都护阿史那步真击龟兹。因弥射与步真原有矛盾,步真诬告弥射反,苏海政不查,竟诱杀弥射及诸酋长。五咄陆之鼠尼施部、五弩失毕之拔塞干部叛走。海政与步真率军追击,讨平之,还至疏勒南,西突厥别种弓月部就引吐蕃之众阻击唐军,海政以师老不敢战,"以军资赂吐蕃,约和而还"。这一事件表明,吐蕃势力早已深入西域,且在西突厥诸部中进行策动反唐的活动。而唐朝西域的官吏、将帅,如苏海政之流,处理西突厥内部事务不当,枉杀兴昔亡可汗弥射,引起西突厥部众的不满,由是"各有离心"。不久,继往绝可汗步真死,"十姓无主,有阿史那都支及李遮匐收其余众,附于吐蕃"。[2]

从此,西突厥诸部多倒向吐蕃,危及唐在西域的统治。龙朔三年至麟德二年(663—665年),吐蕃与弓月、疏勒等多次攻唐四镇之一的于阗,安西都护高贤领兵击弓月以救于阗,后又命西州都督崔知辩等率兵救之,但收效不大。[3] 此时,吐蕃已灭青海吐谷浑,可由青海路入西域,并占据原属吐谷浑的鄯善(今新疆若羌)、且末,在西域的势力大增。到咸亨元年(670年),吐蕃遂"入残羁縻十八州(属安西都护府),

---

〔1〕唐朝在五咄陆部所设都督府名,见《新唐书》卷215下《突厥传》;在五弩失毕部所设都督府名,失载。

〔2〕《资治通鉴》卷201,唐"龙朔二年十二月"条;《新唐书》卷215下《突厥传》。

〔3〕《资治通鉴》卷201,唐"龙朔三年"、"麟德二年"条;《册府元龟》卷414,《将帅部》"赴援"条。

率于阗取龟兹拨换城(今新疆阿克苏),于是安西四镇并废"[1] 这是唐安西四镇设置以来第二次废置,安西都护府还治于西州。敦煌藏文吐蕃历史文书纪年部分,记此年吐蕃"于且末国击唐军多人"[2],似与吐蕃取安西四镇有关。唐朝罢四镇后,积极争取西突厥十姓及西域诸国,以与吐蕃抗衡,规复四镇。咸亨二年,唐朝以西突厥阿史那都支为左骁卫大将军兼匐延都督,以瓦解其与吐蕃之联盟,委其统五咄陆之众。[3] 咸亨四年,原已附吐蕃之疏勒、弓月入唐请降;上元元年(674年),于阗王伏阇雄入唐朝见,次年(675年),唐在于阗置毗沙都督府,以伏阇雄为都督;又先后在焉耆、疏勒设立都督府。[4] 一时,唐在西域的势力有所恢复。敦煌藏文历史文书纪年部分,记上元二年(675年),"突厥(指西突厥)地方有内乱";次年(仪凤元年,676年),"论赞悉若(禄东赞子)领兵赴突厥"。[5] 可能即指上述西突厥部及于阗等降唐之事("内乱"),故吐蕃重臣论赞悉若领兵至西突厥(西域)。

仪凤元年,吐蕃赞普芒松芒赞卒,其子墀都松赞普立。唐朝于仪凤四年(679年,此年六月改元调露)初,方知吐蕃赞普去世消息,高宗欲命裴行俭乘间图吐蕃,行俭认为,"钦陵(禄东赞子)为政,大臣辑睦,未可图也"。[6] 然而,是年六月,情况发生了变化:西突厥阿史那都支及李遮匐复叛,煽动十姓部落,联合吐蕃,侵逼安西。裴行俭向朝廷献策,以送波斯王子泥涅斯返国为由,出其不意平息西域动乱。唐朝遂遣裴行俭依策而行,行俭率军出其不意擒都支、遮匐,立碑碎叶(今吉尔吉斯斯坦托克马克阿克别希姆遗址)而还。[7] 唐朝遂于此年第二次复四

---

〔1〕《新唐书》卷216上《吐蕃传》。

〔2〕王尧、陈践《敦煌本吐蕃历史文书》,第146页。黄布凡、马德《敦煌藏文吐蕃史文献译注》,第41页译"且末国"为"大非川"。

〔3〕《新唐书》卷215下《突厥传》。

〔4〕《新唐书》卷221上《西域传》,"于阗"、"焉耆"、"疏勒"条;同书卷43下《地理志》。

〔5〕黄布凡、马德《敦煌藏文吐蕃史文献译注》,第41-42页。

〔6〕《资治通鉴》卷202,唐"调露元年二月"条。

〔7〕《新唐书》卷108《裴行俭传》。

镇,移安西都护府还治龟兹。此时,四镇中碎叶代焉耆者。[1]

到永淳元年(682年),又有西突厥阿史那车薄等率十姓叛,后为安西都护王方翼击败。[2] 垂拱二年(686年),西突厥再次掀起反唐浪潮,吐蕃在西域势力再为增长,则天武后不得不再次放弃安西四镇,移安西都护府还治于西州。敦煌藏文历史文书纪年部分记:垂拱二年,"大论钦陵声言领兵赴突厥,实延缓未行";次年,"大论钦陵领兵赴突厥龟兹之境"。[3] 这均与吐蕃支持西突厥迫使唐第三次放弃四镇有关。吐鲁番出土的《延载元年氾德达告身》中,也有"准垂拱二年敕金牙军拔于阗、[安西、疏]勒、碎叶四镇"的记载。

安西四镇关系着唐朝西部边疆的安全,唐朝势必与吐蕃展开激烈之争夺。垂拱二年前后,武后以继往绝可汗步真子斛瑟罗为右玉钤卫将军,袭继往绝可汗号,押五弩失毕部;以兴昔亡可汗弥射子元庆为左玉钤卫将军,袭兴昔亡可汗号,押五咄陆部。[4] 永昌元年(689年),武后又以韦待价为安息道大总管,率军与吐蕃激战于寅识迦河(在今新疆霍城西南),但为吐蕃所败,安西副都护唐休璟收余众,武后即以休璟为西州都督。[5] 由于吐蕃这次战争的胜利,故敦煌藏文历史文书纪年部分,记此年"大论钦陵自突厥引兵还"[6]。天授二年(691年),武后再以岑长倩为武威道行军大总管击吐蕃,后中道召还,军未出。这一系列的军事行动都是针对吐蕃的,目的是夺回四镇。终于在长寿元年(692年),王孝杰、阿史那忠节等率军大破吐蕃,一举夺回安西四镇,移安西都护府还治龟兹,用汉兵三万以镇之。[7] 此乃唐朝第三次复置四镇。

到延载元年(694年),因阿史那元庆被诬处死,西突厥十姓遂拥立

---

〔1〕参见周伟洲《略论碎叶的地理位置及其作为唐安西四镇之一的历史事实》,载《新疆历史论文集》,新疆人民出版社1978年;吴玉贵:《唐代安西都护府史略》,载《中亚学刊》第2辑。

〔2〕《新唐书》卷111《王方翼传》;《唐会要》卷94。

〔3〕王尧、陈践《敦煌本吐蕃历史文书》,第147 – 148页。

〔4〕《新唐书》卷215下《突厥传》。

〔5〕《新唐书》卷111《唐休璟传》。

〔6〕王尧、陈践《敦煌本吐蕃历史文书》,第148页。

〔7〕《新唐书》卷216上《吐蕃传》;同书卷114《王孝杰传》。

·欧·亚·历·史·文·化·文·库·

元庆子阿史那俀子为可汗,与吐蕃联合攻安西。阿史那俀子遂被吐蕃封为"东叶护可汗(ton-ya-bgo-khagan)"。[1]同年,武威道总管王孝杰破吐蕃与俀子于冷泉(在今新疆焉耆东南)和大岭,各三万余人;碎叶镇守使韩思忠又破吐蕃及西突厥泥熟俟斤等万余人。[2]万岁通天元年(696年),吐蕃遣使请和,并请唐罢四镇兵,分十姓突厥之地。武后遣郭元振与吐蕃论钦陵辩论,唐朝廷议而未决。元振遂上疏建议:以吐蕃归还吐谷浑青海之地,则可以将西突厥五俟斤(五弩失毕部)归吐蕃为条件,塞钦陵之口。武后从之。[3]此时,吐蕃因连年争战,引起国人的不满;加之噶尔家族长期专政,逐渐年长的赞普对此也甚为不平。因而,终于酿成了圣历元年(698年)赞普迫钦陵自杀,赞婆(禄东赞子)等降唐的事件。[4]敦煌藏文吐蕃历史文书纪年部分还记载:圣历二年(699年),"东突厥可汗将来致礼";次年(700年),"遣送东突厥可汗往突厥"。[5]如上述,此"东突厥可汗"即阿史那俀子,在延载元年为唐王孝杰击破后,至是到吐蕃朝见,次年又为吐蕃遣还突厥(西域)。大约在8世纪初,阿史那俀子还出现于西域,即拔汗那(今中亚撒马尔罕),因唐税甲税马,而招引其与吐蕃"重扰四镇"。但是,对唐安西四镇并未构成大的威胁。也正因为西突厥一些上层贵族投附吐蕃,故敦煌藏文吐蕃历史文书赞普传记中,记墀都松赞灭噶尔家族之后,说"赞普掌执政事权位高于往昔诸王,突厥等天下别部均一一降归治下,征其贡赋"。[6]长安四年(704年),墀都松赞征南诏时卒,至此,吐蕃联合西突厥与唐争夺西域的斗争暂告一段落。

2.1.2 吐蕃与后突厥汗国的关系

自贞观四年唐灭东突厥汗国后,经五十余年,原东突厥颉利可汗

---

[1]敦煌藏文历史文书纪年记有此"东叶护可汗"事,中外学者均考证此可汗即阿史那俀子。见杨铭《吐蕃统治敦煌研究》中《东叶护可汗》部分,新文丰出版公司1997年版,第223－230页。

[2]《新唐书》卷215下《突厥传》;《资治通鉴》卷205,"武周延载元年二月"条。

[3]《新唐书》卷122《郭元振传》;同书卷216上《吐蕃传》。

[4]《新唐书》卷216上《吐蕃传》;王尧、陈践《敦煌本吐蕃历史文书》,第149页。

[5]王尧、陈践《敦煌本吐蕃历史文书》,第149页。

[6]王尧、陈践《敦煌本吐蕃历史文书》,第166页。

族人骨咄禄于永淳元年(682年)率部反唐,自称颉跌利施可汗,重建突厥政权,后世史家称为后突厥汗国或第二突厥汗国。不久,骨咄禄在老臣暾欲谷的帮助下,用其计谋,东征契丹,北服九姓铁勒,建牙乌德鞬山(今蒙古杭爱山东麓),以其弟默啜为"杀"(官号)。武周天授二年(691年)骨咄禄卒,弟默啜立,称默啜可汗,不时与吐蕃联合,寇扰唐边境。长安元年(701年)"突厥(指默啜)、吐蕃联兵寇凉州",武后以主客郎中郭元振为凉州都督、陇右诸军大使。[1]长安三年(703年),默啜向西征服拔悉密,后威服黠戛斯,又南下杀西突厥突骑施部娑葛。此时,后突厥汗国势力已达西域天山以北地区。[2]据汉文文献记载,唐开元三年(715年)二月,时任北庭都护的郭虔瓘"累破吐蕃及突厥默啜,斩获不可胜计,以其俘来献",因而得到玄宗的嘉奖。[3]由此可知,吐蕃曾与后突厥默啜联合,不断寇扰西域及河西等地。

又据敦煌藏文吐蕃历史文书纪年部分载:"及至猴年(开元八年,720年)……默啜(bug-cor,或作 vbug-cor)之使者前来致礼。"[4]中外学者大多将"bug-cor"译为后突厥可汗默啜,但默啜可汗早于开元四年(716年)征拔曳固时被杀,故此应指后突厥汗国(东突厥)。也有的学者提出,敦煌发现的一份文书《北方若干国君之王统叙记》(P. T. 1283)中,记突厥的 bug-cor 包括 12 个部落。[5]到开元十五年(727年),后突厥毗伽可汗遣其大臣梅录啜入贡于唐,揭发此年九月吐蕃寇瓜州(治今甘肃安西东南)时,曾遗毗伽可汗书信一封,约其共发兵入寇。毗伽献此书于唐朝廷。玄宗嘉之,允其于西受降城互市。[6]此后,汉、藏史籍再未见吐蕃与后突厥汗国交往之事。古突厥文阙特勤碑,即后突厥汗国第三任毗伽可汗(默啜侄)为其弟阙特勤记功而立,内记述其功时

---

〔1〕《新唐书》卷 122《郭元振传》;《资治通鉴》卷 207,"则天武后长安元年十一月"条。

〔2〕《新唐书》卷 215 上《突厥传》;突厥文阙特勤碑、毗伽可汗碑、暾欲谷碑,见芮传明《古突厥碑铭研究》,上海古籍出版社 1998 年,第 217 – 294 页。

〔3〕《册府元龟》卷 133,《帝王部》"褒功二"。

〔4〕王尧、陈践《敦煌本吐蕃历史文书》,第 151 页。

〔5〕张琨撰,李有义等译《敦煌本吐蕃纪年之分析》,载《民族史译文集》第 9 期。

〔6〕《资治通鉴》卷 213,唐"开元十五年九月"条。

说:"……我向南征伐,直至九曲(今青海黄河河曲),我几乎达到吐蕃(tuput)。"又记:开元十九年(731年)阙特勤卒后,"从吐蕃可汗那里来了一位论"。[1]由此,亦反映出后突厥与吐蕃是有交往的。

2.1.3 吐蕃与西突厥突骑施的关系

8世纪初,在西域的原西突厥中的突骑施部逐渐强大。突骑施包括三个核心部落,即突骑施、车鼻施和处木昆,[2]原居于今伊犁河流域。武周久视元年(700年),武后以继往绝可汗步真子斛瑟罗为平西大总管,进驻碎叶,以统西突厥各部。斛瑟罗为政残暴,十姓不服。这就为突骑施的兴起创造了条件。

首先兴起的是突骑施首领乌质勒及其子娑葛,其尽统十姓之地,唐朝曾封娑葛为十姓可汗。到开元二年(714年)因娑葛内部发生内讧,娑葛为后突厥默啜所攻杀,西突厥十姓大乱,纷纷降唐。然而不久,十姓之地很快又被突骑施中车鼻施部首领苏禄所据有。三年,苏禄遣使向唐朝贡,玄宗即封其为左羽林大将军、金方道经略大使。同时,苏禄又南与吐蕃,东与后突厥汗国联盟。五年(717年),苏禄遂"勾引大食(阿拉伯帝国)、吐蕃,拟取四镇,见围拨换城及大石城(今新疆乌什)"。唐安西副大都护汤嘉惠发三姓葛逻禄兵与阿史那献(唐封之西突厥十姓可汗)击之。[3]六年(718年),吐蕃遣使奉表至唐盟誓,其表文云:

> ……又以北突厥骨吐[咄]禄共吐蕃交通者,旧时使命实亦交通。中间舅甥(唐与吐蕃)和睦已来,准旧平章,其骨吐禄,阿舅亦莫与交通,外甥亦不与交。今闻阿舅使人频与骨禄交通,在此亦知为不和。中间有突厥使到外甥处,既为国王,不可久留外国使人,遂却送归,即日两国和好,依旧断当。吐蕃不共突厥交通,如舅不和,自外诸使命,何入蕃,任伊去来?阿舅所附信物并悉领。外甥

---

[1]见芮传明《古突厥碑铭研究》,第217页、238页,第227页。

[2]见薛宗正《突骑施汗国的兴亡》,载《历史研究》1984年第5期。

[3]《册府元龟》卷992,《外臣部》"备御"条;《资治通鉴》卷211,唐"开元五年七月"条。

今奉金胡瓶一,玛瑙杯一,伏维受纳。[1]

显然,此表文系唐朝由藏文译为汉文之作。内"北突厥骨吐禄"是指突骑施苏禄,因唐册封突骑施可汗多用"骨咄禄毗伽"可汗号,这早为学者所指出。[2]从表文可知,苏禄不仅与唐朝多有"交通"(交往),而且已派使人到吐蕃(表文自称"外甥")处,吐蕃已将使人遣还。因此,吐蕃在表文中,要求唐朝与吐蕃和好,双方都不要与突骑施苏禄交往。然而,双方此后均未遵行。唐朝仍对苏禄备加笼络,于开元七年(719年)封其为"忠顺可汗",并从其居碎叶之请,以焉耆代碎叶为四镇之一。十年(722年),唐又以阿史那怀道女为金河公主妻苏禄。[3]而吐蕃仍阴与苏禄相结,与唐争夺西域。

开元十五年(727年)闰月,苏禄遂与吐蕃赞普发兵围安西城(今新疆库车),为唐安西副大都护赵颐贞击走。次年初,安西大都护赵颐贞即击败吐蕃于曲子城。[4]据敦煌藏文吐蕃历史文书纪年部分记,吐蕃大论穷桑于蛇年(开元十七年)"征集、增加预备军旅之数字,引兵赴突厥地,还"。这很可能是当时吐蕃进攻河西瓜州及西域,急需增加兵力;而大论穷桑之赴突厥(指西突厥),可能与前一年兵败于西域曲子城有关。此后,吐蕃加强了与突骑施苏禄的联盟,敦煌藏文吐蕃历史文书纪年部分先后记载:

及至猴年(开元二十年,732年)……大食与突骑施(Dur-gyis,指苏禄)之使者均前来赞普王廷致礼。

及至狗年(开元二十二年,734年)……王姐卓玛遣嫁突骑可汗(苏禄)为妻。[5]

苏禄不仅娶唐金河公主,而且又娶后突厥汗国可汗女及吐蕃赞普

〔1〕《册府元龟》卷981,《外臣部》"盟誓"条。
〔2〕王忠《新唐书吐蕃传笺证》,科学出版社1958年,第65-66页。
〔3〕《资治通鉴》卷212,唐"开元七年"、"十年"条;《新唐书》卷215下《突厥传》。两书记唐以"交河公主"妻苏禄,误;见岑仲勉《唐史余渖》卷2"金河或交河公主"条,中华书局2004年新版,第90-92页。
〔4〕《旧唐书》卷8《玄宗纪》。
〔5〕王尧、陈践《敦煌本吐蕃历史文书》,第153页。

姐卓玛为妻,正如《新唐书》卷215下《突厥传》所说:苏禄"又交通吐蕃、突厥,二国皆以女妻之,遂立三国女并为可敦,以数子为叶护"。就在开元二十二年,突骑施阙俟斤以羊马入朝贸易,行至北庭,为北庭都护张涣所杀。唐朝为平息苏禄之怨,借口杀张涣[1]。苏禄并不满足,遂于开元二十三年进攻北庭及四镇[2]。次年(开元二十四年),据敦煌藏文吐蕃历史文书纪年部分记,有吐蕃"属庐莽布支绮穷领兵赴突厥"。[3]此年春正是北庭都护盖嘉运大破突骑施之时,吐蕃遣军赴突厥(指西突厥之地),或与此有关。[4]

苏禄年老多病,敛聚为己,部内百姓又分为黄姓(自谓娑葛部者)和黑姓(自谓苏禄部者),更相猜疑;部内大首领莫贺达干、都摩支争权不已,故势力大衰。开元二十六年(738年),苏禄为属下莫贺达干所杀,其子骨啜立为吐火仙可汗,与都摩支据碎叶,与黑姓可汗连兵拒唐。次年,唐朝遣安西都护盖嘉运,联合莫贺达干,擒吐火仙可汗,收金河公主。唐朝遂以阿史那怀道子昕为十姓可汗,派兵护送至十姓地。这引起莫贺达干的不满,发兵拒之。开元二十八年(740年),唐朝遂立莫贺达干为可汗,以统突骑施部众。至天宝元年(742年),莫贺达干击杀唐遣至十姓地的阿史那昕,旋其又为唐安西节度使所击杀。突骑施部遂立黑姓伊里底密施骨咄禄为可汗。[5]突骑施在内乱及纷争的过程中,似仍与吐蕃有所交往。据敦煌藏文吐蕃历史文书纪年部分记:天宝三载(744年),有"突骑施使者前来致礼"。[6]此使者可能是上述突骑施黑姓可汗所派遣。天宝十载(751年),时任安西四镇节度使的高仙芝在与吐蕃争夺大、小勃律的战争胜利后,又攻占中亚的石国(今乌兹别克斯坦塔什干),入朝所献俘获中,有"生擒突骑施可汗、吐蕃大首领及

---

〔1〕《全唐文》卷286《敕突骑施毗伽可汗书》。

〔2〕《旧唐书》卷8《玄宗纪》。

〔3〕王尧、陈践《敦煌本吐蕃历史文书》,第153页。

〔4〕此早为学者所指出,见森安孝夫著,劳江译《吐蕃在中亚的活动》,载《国外藏学研究译文集》第1辑,西藏人民出版社1986年,第107页。

〔5〕以上均见《新唐书》卷215下《突厥传》。

〔6〕王尧、陈践《敦煌本吐蕃历史文书》,第154页。

石国王并可敦及羯师王”等。[1] 此“吐蕃大首领”与突骑施可汗等并列，从一个侧面也反映出两者的关系。天宝十二载（753年），突骑施黑姓更立登里伊罗密施为可汗，势力更加衰落。

至天宝十四载（755年），安史之乱爆发后，吐蕃先后占据唐陇右、河西诸州；至8世纪末，又占据西域天山以南大部分地区。以上这些地区的突厥部落也均为吐蕃所统治。因史籍记载不多，故所知甚少。仅在新疆米兰、玛扎塔格等地发现的8世纪及以后的藏文简牍中，有关于吐蕃统治天山以南一些突厥人活动的记载。如王尧、陈践编号70号木简记：“突厥（Drug）人芒顿之妻领取谷子六升。”编号118号木简记：“……在凉包抚服突然入境之汉人与突厥人……”编号134号木简记：“给巴本以下突厥啜尔（Drugu-vjor）以上斥候之木牍……”编号223号木简记：“那雪部落二十名汉属突厥人及零旧生小部之堡乌玛桑和门结穷二人派往布拉林去替换。”编号262号木简记：“贪通向甲珑以上及突厥君门（郡）以下之驿吏悉诺等禀报。”此外，编号269号记有“突厥啜尔”，289号记有“汉属突厥人向于阗……”334号有“……查看突厥人住处”等。这些藏文简牍所记，反映出吐蕃统治今新疆南部地区仍有不少的突厥部落，以及他们为吐蕃服役及生活的片断。[2]

最后，还必须提及的是，上述敦煌发现的一份藏文文书，即《北方若干国君之王统叙记》（P. T. 1283），中外学者对此文书研究成果颇多。学者们大多认为，这份文书大致书于回纥汗国兴起时期，即8世纪中叶。[3] 文书开首记：“往昔，回鹘（Hor）王颁诏：北方究竟有多少国君？命五名回鹘（Hor）人前往侦察。此即其回报文书，系取自玉府也。”即是说，吐蕃所获得的关于北方诸族的情况是来自回鹘人。文书中提到，在汉人称之为“室韦”（ji-ur）的方向，有“突厥（Dru-gu）默啜（Bug-chor）

<hr>

〔1〕《册府元龟》卷170，《帝王部》“来远”条。
〔2〕见王尧、陈践《吐蕃简牍综录》，文物出版社1986年。
〔3〕森安孝夫，チブット語史料中に現われる北方民族-DRU-GUとHOR，アジア・アフリカ言語文化研究，第14期（1977年）；汉译文引自王尧《敦煌本吐蕃文书〈北方若干国君之王统叙记〉》，载《敦煌学辑刊》第2辑，1983年。

十二部落〔1〕：王者阿史那部（Rgyal -po -zha -ma -mo -ngan）、颉利部（ha -li）、阿史德部（A-sha-sbe）、舍利突利部（shar-du-livi）、奴剌部（lo-lad）、卑失部（Par-sil）、移吉部（Rngi-kevi）、苏农部（So-ni）、足罗多部（Jol-to）、阿跌部（Yan-ti）、悒怛部（He-bdal）、颉跌（He-bdal）、葛罗歌布逻部（Gar-rga-pur）"。如前所述，默啜，即藏文 Bug-chor，是指后突厥汗国（主要是原东突厥汗国）的突厥部落。

文书还记："自默啜（Bug-chor）而西，番人（吐蕃）称之为突厥（Drg-gu）九姓。九姓部落联盟之首长，名之为'回鹘都督'（Vu-yi-hor-du-tog），汉人册封为'Kha-gan'。其族姓为'药罗葛'（yag-le-ker），门上均竖有九面幡标。"此"突厥九姓"，如学者指出，即是"九姓铁勒"，包括回鹘（回纥）、同罗、思结、拔野古、浑、契苾、仆骨、拔悉密、葛逻禄等（不一定只指此九部）。此外，文书还记述了一些其他的突厥部落，不再一一列出。从这份藏文文书，可知当时吐蕃对北方突厥了解的情况，此乃吐蕃与突厥及铁勒诸部建立关系的基础。

2.2 吐蕃与回纥的关系

2.2.1 回纥建国前后与吐蕃的关系

回纥，是北方蒙古草原的游牧民族。据中国史籍载，早在公元 4 世纪末，回纥部落已活动在蒙古草原鄂尔浑河流域，当时其名为"袁纥"，为高车（也作"敕勒"，隋唐时名"铁勒"）之一部〔2〕与突厥一样，其语言系属阿尔泰语系突厥语族，风俗亦与突厥同。正如《新唐书》卷 217 上《回鹘传》记："回纥……元魏时亦号高车部，或曰敕勒，讹为铁勒……至隋曰韦纥。"到 6 世纪中，突厥汗国兴起，铁勒诸部（包括回纥）均为突厥所役属。隋大业元年（605 年），东突厥处罗可汗攻胁铁勒诸

---

〔1〕除王者阿史那部之外为十二部落。

〔2〕《魏书》卷 2《太祖纪》云：登国五年（390）三月，"帝（托跋珪）西征，次鹿浑海（今蒙古鄂尔浑河畔乌吉淖尔），袭高车袁纥部，大破之，虏获生口、马牛羊二十余万"。

部,于是"韦纥乃并仆骨、同罗、拔野古叛去,自为俟斤(官号),称回纥"。[1]即是说,此时回纥部落联盟初步建立。唐贞观四年(630年),唐朝灭东突厥汗国后,回纥为铁勒中薛延陀所建汗国的组成部分之一。贞观二十一年(647年),回纥助唐灭薛延陀汗国,与铁勒诸部降附唐朝。唐朝遂于回纥之地(今蒙古鄂尔浑河、土拉河一带)设瀚海都督府,后又改为瀚海都护府。

到唐永淳元年(682年)后突厥汗国兴起后,回纥及铁勒诸部复役属于后突厥汗国。武周时,默啜继立为后突厥可汗,"迫夺铁勒之地,故回纥、契苾、思结、浑四部度碛徙居甘(治今甘肃张掖)、凉(治今甘肃武威)之间以避之"。[2]时任唐凉州都督的王君㚟因与此四部有矛盾,故诬奏四部阴谋反叛,朝廷不查,流放回纥部首领、瀚海大都督承宗于濊州。承宗族子瀚海司马护输乘吐蕃遣使后突厥,王君㚟出兵返回之际,杀君㚟于甘州南巩笔驿,"载其尸奔吐蕃"。后为凉州兵追及,护输弃尸而走。[3]这是文献首次提到回纥在建国前欲与吐蕃联络的记录。

至天宝初,后突厥汗国因内部矛盾和其统治下的属部的反抗,而日益衰弱。天宝元年(742年)七月,回纥酋长骨力裴罗(护输子)与拔悉密、葛逻禄三部击杀后突厥骨咄叶护可汗,推拔悉密酋长为颉跌伊施可汗。天宝三载(744年)八月,拔悉密攻斩后突厥新立之乌苏可汗,后突厥国人又立白眉可汗,但国内已大乱。此时,回纥骨力裴罗又联合葛逻禄,攻杀拔悉密颉跌伊施可汗。骨力裴罗自立为骨咄禄毗伽阙可汗,并遣使至唐,唐玄宗封其为怀仁可汗。回纥汗国正式建国。后骨力裴罗又击杀后突厥白眉可汗,后突厥汗国灭亡。其时,回纥汗国"斥地愈广,东极室韦,西金山,南控大漠,尽得古匈奴地"。[4]以上这段历史,在前述敦煌藏文《北方若干国君之王统叙记》文书中也有记载:

其北,有拔悉密(Ba-Fe)五部落,与回鹘(Hor)、葛逻禄(Gor-

---

[1]《新唐书》卷217上《回鹘传》。

[2]《资治通鉴》卷213,唐"开元十五年九月"条;《新唐书》卷217上《回鹘传》。

[3]《资治通鉴》卷213,唐"开元十五年九月"条。

[4]《新唐书》卷217上《回鹘传》;《资治通鉴》卷215,唐"天宝三载"条。

log）三方联盟，击溃默啜（Bug-chor）可汗。拔悉密部落长乃即可汗大位。后，回鹘又与葛逻禄合谋杀拔悉密可汗。（突厥或铁勒）九部落联盟之首长，名之为回鹘都督，汉人（指唐朝）册封为可汗。

回纥建国后，与唐朝一直保持着和好的关系。至天宝十四载（755年）安史之乱爆发后，长安失陷。至德元载（756年）八月，"回纥可汗、吐蕃赞普相继遣使请助国讨贼（安禄山军），宴赐而遣之"。[1] 此后，吐蕃势力北上，先后占据了陇右诸州，并于广德元年（763年）一度攻陷长安，后退走。二年，在平定安史之乱中多立大功，被封为大宁郡王、朔方节度使的仆固怀恩招引回纥、吐蕃等，从灵州（治今宁夏吴忠西）向关中京师长安进攻。九月，仆固怀恩前军至宜禄（今陕西长武），吐蕃军为唐军所败。十月，怀恩引回纥、吐蕃军至邠州（今陕西彬县），唐军闭城拒守；又进逼奉天（今陕西乾县），郭子仪夜陈大军，怀恩等退回邠州。后唐河西节度使杨志烈发兵攻灵州，怀恩始从永寿退兵。

接着，在永泰元年（765年）九月，仆固怀恩又诱回纥、吐蕃、吐谷浑、党项和突厥奴剌部数十万向关中长安进攻，"命吐蕃大将尚结悉赞摩、马重英等自北道趣奉天……回纥继吐蕃之后，怀恩又以朔方兵继之"。怀恩中途暴卒，吐蕃军至邠州、奉天，为唐军击败；复移兵攻礼泉，大掠男女，北至醴州。十月，吐蕃退至邠州，"遇回纥，复相入寇"，至奉天；又合兵围泾阳。时因怀恩卒，吐蕃与回纥"已争长，不相睦，分营而居"。郭子仪遂与数骑兵入回纥营，见回纥大帅合胡禄都督药葛罗，说以恩义，药葛罗等遂与子仪为誓，与唐军击吐蕃，大破之。[2] 这是吐蕃与回纥汗国关系史上唯一的一次联合，旋即告破裂。

2.2.2　8世纪末9世纪初吐蕃与回鹘对西域等地的争夺

自唐至德、宝应后，吐蕃逐渐据有陇右、河西之地，阻断了唐长安与西域的交通，然而西域安西、北庭仍为唐守。唐朝待回纥甚厚，希冀联回纥以抗吐蕃。贞元四年（788年），唐以咸安公主许回纥可汗，可汗遣

---

〔1〕《资治通鉴》卷218，唐"至德元载八月"条。
〔2〕《资治通鉴》卷223，唐"广德二年"、"永泰元年"条；《新唐书》卷216上《吐蕃传》。

其妹骨咄禄毗伽公主及大臣至京师迎公主;"又请易回纥曰回鹘,言捷鸷犹鹘然"。[1] 这就是回纥后期也称"回鹘"之由来。

此时,漠北回鹘汗国的势力也伸入西域北庭(治今新疆吉木萨尔)一带,该地之沙陀、葛逻禄三部、白眼(一作"白服")突厥等均附于回鹘。回鹘统治者对沙陀等部横征暴敛,诸部苦之。时唐安西、北庭守将、使者与长安使臣的往来,均经过漠北回鹘。这就是历史上所谓的"回鹘道"。回鹘汗国为进一步控制中西方贸易,与北上的吐蕃在北庭一带展开了激烈的争夺。

唐贞元五年(789年),臣属于回鹘的葛逻禄、白眼突厥等降附吐蕃,并为之向导,大举进攻北庭。唐北庭大都护杨袭古求援于回鹘,回鹘遣其相颉干迦斯率军援北庭。六年(790年)五月,颉干迦斯与吐蕃大战于碛口,战败而退。北庭沙陀及居民降吐蕃,杨袭古率2000人奔西州。[2] 六月,颉干迦斯败回后,因其国内发生政变,新立可汗(唐所封之"忠贞可汗")为其弟所杀,其弟自立,又为国人所诛,国人立忠贞可汗子阿啜为可汗,年15,故颉干迦斯急于引兵还国。国人惧颉干迦斯有所废立,迦斯见阿啜年幼恭顺,遂事臣礼,其国稍安。同年秋,颉干迦斯举国兵数万,召在西州的杨袭古,复与吐蕃争北庭,又为吐蕃所败,死者太半。袭古收余众数百欲返西州,颉干迦斯邀请其返漠北牙帐,后杀之。至此,北庭终为吐蕃所据有,西州仍为唐守。接着,葛逻禄乘机取浮图川(在新疆吉木萨尔南),回鹘迁其西北部落于牙帐之南以避之。[3] 大约在贞元八年(792年),西州也为吐蕃所攻占。

过去许多中外学者认为,贞元五年至六年吐蕃击败回鹘后,据有北庭和西州,天山东北地区一直处于吐蕃的统治之下,吐蕃是胜利者。但是,也有一些学者持相反的意见,他们认为,吐蕃与回鹘对北庭的争夺,最终胜利者是回鹘,而且回鹘在以后很长一段时期内均控制着天

---

〔1〕《新唐书》卷217上《回鹘传》。按《旧唐书》卷195《回纥传》记,回纥改回鹘名是在元和四年(808年),误。见《通鉴考异》辩正。

〔2〕《资治通鉴》卷233,唐"贞元五年"、"六年"条。

〔3〕两《唐书》之《回鹘传》;《资治通鉴》卷233,唐"贞元六年"条。按,两《唐书》所记年代与事实与《通鉴》稍异,此以《通鉴》为主,参以两《唐书》有关记载。

山东北地区,这也就是以后回鹘汗国灭亡后,回鹘部众西迁至此的重要原因之一。[1]随着目前中外学界对于西域史研究的深入,后一种意见越来越为人们所接受。事实上,中国唐代史籍就记载,贞元七年(791年),回鹘又大举向占领北庭的吐蕃、葛逻禄进攻,"胜之,且献俘"于唐朝。[2] 因此,史籍又载贞元十年(794年),吐蕃因北庭与回鹘战,死伤甚众,故征南诏兵万人。[3]

到贞元十一年(795年),回鹘奉诚可汗阿啜卒,国人立其国相骨咄禄为可汗。骨咄禄原为铁勒阿跌部酋,而非回鹘可汗药葛罗一族。唐朝册骨咄禄为怀信可汗。在今蒙古哈喇巴尔哈逊地方发现的"九姓回鹘毗伽可汗碑"(汉文部分),据中外学者多数的意见,是为颂扬保义可汗(808—831年在位)而立,大约立于公元841年。碑文第14—15行记天可汗任国相时,"复葛禄与吐蕃入寇……北庭半收半围之次,天可汗亲统大军,讨灭元凶,却复城邑。……遂□□□狐媚碛,凡诸行人,及于畜产"。论者多以此证回鹘从吐蕃手中夺回北庭,使北庭的狐媚碛成为行人之坦途。碑文第16行还记,回鹘击败了攻围龟兹的吐蕃,使"吐蕃落荒,奔入于术(唐于术手捉,今新疆焉耆南)"。忠贞可汗在位时,回鹘还曾"攻伐葛禄、吐蕃,骞旗斩馘,追奔逐北,西至拔贺那国(今中亚费尔干纳),克获人民及其畜产"(碑文第18—19行)。此外,吐鲁番还发现一卷用中古波斯文写的《摩尼教赞美诗集》(现存德国柏林),其题记云此《诗集》撰于回鹘保义可汗在位时,记有回鹘摩尼教高级神职人员驻在高昌、北庭、焉耆、龟兹等地,其中有高昌的药葛罗亦纳尔(Yaglaqar inal)和两位焉耆的同名者 Uyrur。药葛罗氏原系回鹘王族姓氏。[4]以上事实均说明8世纪末至9世纪初,回鹘控制了包括北庭、

---

〔1〕见森安孝夫著,耿升译《回鹘吐蕃789—792年的北庭之争》,载《敦煌译丛》第1辑,甘肃人民出版社1985年。

〔2〕《新唐书》卷217上《回鹘传》;《旧唐书》卷195《回纥传》。

〔3〕《资治通鉴》卷234,唐"贞元十年正月"条。

〔4〕见上引森安孝夫《回鹘吐蕃789—792年的北庭之争》文。

高昌等地的天山东北地区,吐蕃与回鹘对北庭的争夺,回鹘是胜利者。[1]

在吐蕃与回鹘争夺北庭之时,双方在陇右、河西以北一带也展开了争夺,时有争战。贞元八年(792年)四月,吐蕃进攻灵州,为唐军及回鹘所击退;十二月,回鹘遣将"献吐蕃俘大首领结心,德宗御延喜门观之"。[2]至唐宪宗元和三年(808年),回鹘保义可汗曾攻取吐蕃的凉州,可能旋退回。[3]四年(809年),吐蕃5万余骑进至拂梯泉(在今内蒙古乌梁素海北),不久,又有万骑到丰州(治今内蒙古包头西、河套北)大石谷,"掠回鹘入贡还国者"。[4]八年(813年)十月,回鹘发兵渡碛南,自柳谷(今新疆吐鲁番交河故城北)西击吐蕃;接着又有数千骑进至鹏鹈泉(在丰州北)。时唐礼部尚书李绛奏言,以为北边空虚,应加强防备,内提出"边忧"有五条,其中一条即"北狄西戎,素相攻讨,故无边虞。今回鹘不市马,若与吐蕃结约解仇,则将臣闭壁惮战,边人拱手受祸。五可忧"。为此,李绛还主张同意回鹘的请婚,尽管嫁公主费多,但总比军费开支少矣,且可进一步笼络回鹘,以抗吐蕃。[5]宪宗不听。元和十一年(816年),吐蕃发大军渡碛进攻回鹘牙帐。此事在长庆二年刘元鼎至逻些(今拉萨)与吐蕃会盟时,吐蕃都元帅、尚书令尚骑[绮]必[心]儿对刘元鼎说:"回鹘小国也,我以丙申年(元和十一年)逾碛讨逐,去其城郭二日程,计到即破灭矣。会我本国有丧而还。"[6]敦煌藏文文书中,有一份文书(P. T. 1294)也记此事:"大尚论

---

〔1〕参见上引森安孝夫、程朔洛文;继仁竹内著,陈楠译《公元790—860年吐蕃、回鹘在北庭、安西(龟兹)与西州》,载《国外藏学研究译文集》第8辑,西藏人民出版社1992年,第232–252页。

〔2〕同上。按,《资治通鉴》卷234,唐"贞元八年四月"条记:"吐蕃寇灵州,陷水口支渠,败营田",后唐诏各路军救之,吐蕃退走,未记有回鹘败吐蕃、收复灵州之事。"十二月"条也未记回鹘献俘事。参酌此,叙述《旧唐书》所记之事。

〔3〕《资治通鉴》卷237,唐"元和三年六月"条。

〔4〕《资治通鉴》卷238,唐"元和四年九月"条;《新唐书》卷216下《吐蕃传》。

〔5〕《资治通鉴》卷239,唐"元和八年十月"条;《新唐书》卷217上《回鹘传》。

〔6〕《册府元龟》卷660,《奉使部》"敏辩二"。

尚绮心儿与论赞热、论多赞引汉人军部落赴攻回鹘（Hor）牙帐。"[1]如前所述，敦煌发现的藏文文书称回鹘为 Hor，但到 8 世纪至 9 世纪，藏文文书中又将突厥（Dru-gu）一词称呼回鹘。敦煌发现的一份汉文《张淮深修功德记》残卷（P. 2762）背面，有蕃汉对照语汇集，内汉文回鹘，藏文作 Dru-gu；但有时仍用 Hor 称回鹘。[2]

至唐穆宗继位后，于长庆元年（821 年）许嫁太和公主为回鹘可汗可敦。吐蕃闻唐与回鹘和亲，"犯青塞堡（在今陕西定边西北）"，为唐盐州刺史击走；回鹘遣使上奏：将"以一万骑出北庭，一万骑出安西，拓吐蕃以迎太和公主归国"。后太和公主发赴回鹘，丰州刺史李祐奏："迎太和公主回鹘三千于柳泉下营拓吐蕃。"[3]此年，吐蕃遣使至唐求和及会盟，唐许之。次年（长庆二年，822 年）吐蕃与唐朝举行会盟。这就是历史上著名之"长庆会盟"。随着唐与吐蕃关系的改善，吐蕃与回鹘的关系也有所改变，双方保持和好。上述敦煌藏文《岱噶玉园会盟寺愿文》就记载，在长庆会盟前后，吐蕃在朵甘思的将帅们在"札西雅莫"（今青海湖一带）建立岱噶玉园会盟寺庙，"此为三个大国（吐蕃、唐朝、回鹘）两年一轮的会盟处"，说明当时三大强国暂时处于友好交往的时期。[4]

此外，在 8 世纪后吐蕃逐渐据有今新疆天山以南地区之后，进入这一地区的一些回鹘部落即为吐蕃所统治，上述新疆米兰、玛札塔格等地出土的藏文简牍中有所反映。如王尧、陈践编号为 100 号木简记："狗年，驯化回纥（Hor）部落温到肯"，146 号木简记："武乡坝子，此侧潜伏有回纥（Hor）人斥候一名"，225 号木简记："已归化回纥部落之江玛支……"336 号木简记："回纥内鸟雄报告"等。[5]

---

[1]以上所引及论述，见杨铭《唐代吐蕃与西域诸族关系研究》，黑龙江教育出版社 2005 年，第 20 页。

[2]森安孝夫，チベット語史料中に現われる北方民族-DRU-GU と HOR，アジア・アフリカ言語文化研究，第 14 期（1977 年）。

[3]《旧唐书》卷 195《回纥传》。

[4]见杨铭《〈岱噶玉园会盟寺愿文〉研究》，载周伟洲主编《西北民族论丛》第 6 辑，中国社会科学出版社 2008 年。

[5]见上引王尧、陈践《吐蕃简牍综录》。

2.2.3 9 世纪初以后吐蕃与回鹘的关系

唐武宗会昌元年(840 年),回鹘汗国因内部亲属反叛、诸部外侵和连年灾荒,而最终为内部引西北的黠戛斯所灭亡,回鹘诸部溃散,分几支向西和向南迁徙,唐代史籍多有记载。如《旧唐书》卷 195《回纥传》记:"有回鹘相驱职者,拥外甥庞特勤及男鹿并遏粉等兄弟五人、一十五部奔葛逻禄(时已迁至中亚楚河流域),一支投吐蕃,一支投安西(治今新疆库车)。又有近可汗牙十三部,以特勤乌介为可汗,南来附汉(指唐朝)。"内"一支投吐蕃"者,应即吐蕃所据之河陇地区。《新五代史》卷 74《四夷附录第三》回鹘条记:"其国本在娑陵水上,后为黠戛斯所侵……其余众西徙,役属吐蕃。是时吐蕃已陷河西、陇右,乃以回鹘散处之。"

过了两年(会昌二年,842 年),统一的吐蕃王朝也随之瓦解,王室分裂,属部叛离。这种混乱的形势也影响到其原统治的河陇地区。原吐蕃洛门川(今甘肃武山)讨击使论恐热乘机参与吐蕃王室的内争,并与原吐蕃鄯州(治今青海乐都)节度使尚婢婢混战不已。在这种形势下,史籍载,大中元年(847 年)有"吐蕃合党项、回鹘残众寇河西(黄河河套西),太原王宰统代北诸军进讨"。[1]接着,在大中二年(848 年),沙州土豪张议潮一举驱逐吐蕃守将,据瓜、沙二州;大中三、四年又据肃、甘、伊州;五年,议潮遣兄议谭向唐献十一州地图,唐朝遂于沙州设归义军,以议潮为节度使。河陇吐蕃势力日趋衰落。此时,活跃于河陇的民族,主要有汉、吐蕃、吐谷浑(退浑)、羌(党项)、嗢末(原吐蕃河陇的奴部)、龙家(原为焉耆人)、回鹘等,[2]相互关系尽为复杂。

至咸通二年(861),张议潮又取凉州。不久,迁入河西的回鹘便兴起于甘州(治今甘肃张掖)。敦煌遗书 S.5139 号咸通六年(865 年)《凉州节院使押衙刘少晏状》称:"甘州回鹘兵强马装[壮],不放凉州使

---

〔1〕《新唐书》卷 218《沙陀传》;同书卷 172《王宰传》。

〔2〕关于嗢末,参见周伟洲《嗢末考》,载《西北历史资料》1981 年第 1 期;龙家,见荣新江《龙家考》,载《中亚学刊》第 4 辑,北京大学出版社 1995 年,第 144—160 页。

29

人拜奉沙州……"七年(866年),依附于归义军的北庭回鹘仆固俊又取西州、北庭、轮台、清镇等城。[1]乾符元年(874年),屡次遣使至唐,要求册命之甘州回鹘,"为吐谷浑、嗢末所破,逃遁不知所之"。可是,到中和四年(884年),回鹘又卷土重来,向据有甘州的龙家、吐蕃、吐谷浑发动进攻。龙家向凉州的嗢末求援,请其发兵三百家至甘州,并说:"如若不来,我甘州便共回鹘为一家,讨尔嗢末,莫道不报。"最后,龙家、吐谷浑等退出甘州,甘州复为回鹘所据有。[2]此后,回鹘据有甘州,后建甘州回鹘政权,成为河西一大割据势力。

2.3 吐蕃与沙陀的关系

2.3.1 沙陀的兴起及其与吐蕃的关系

沙陀,据唐宋史籍载,源于"西突厥别部处月种也"。处月为西突厥统属下的一个部落,从史籍所载,永徽年间(650—655年)其有"处月朱邪阙俟斤"和"射脾俟斤沙陀那速"两位俟斤的情况分析,处月部下可能分为"朱邪"和"射脾"两姓(部)。处月的原居地,在"金娑山之阳,蒲类之东,有大碛,名沙陀,故号沙陀突厥云"[3]。中外学者对金娑山、蒲类,甚至处月的原居地有各种不同的解释。但是,沙陀一名必与"大碛"(戈壁)相关,故"金娑山之阳"当指今阿尔泰山之阳(南),"蒲类之东"即唐蒲类县(治今新疆奇台东南)之东,大致可确定在今新疆准噶尔盆地沙碛(古尔班通古特沙漠)的东南部,也即是唐北庭都护府北面的沙碛。

贞观末,西突厥阿史那贺鲁降唐,其所属处月朱邪阙俟斤阿厥亦内属于唐。至永徽二年(651年),贺鲁反唐,处月部朱邪孤注杀唐招慰

---

〔1〕《资治通鉴》卷250,唐"咸通七年二月"条。按,《新唐书》卷216下《吐蕃传》云,仆固俊取西州后,又击杀论恐热,误。应从《资治通鉴》:鄯州拓跋怀光击杀论恐热。

〔2〕见敦煌遗书S.0389《肃州防戍都给归义军状》。状文年代,取引唐长孺《关于归义军节度使的几种资料跋》,载《中华文史论丛》第1辑。

〔3〕《新唐书》卷218《沙陀传》;《旧五代史》卷25《武皇纪》等。

使单道惠,与贺鲁相结。处月另一部射脾俟斤沙陀那速则不肯从贺鲁反。次年,朱邪孤注为唐军击斩,俘9000人。永徽五年(654年),唐朝于处月部地置金满州(治今新疆吉木萨尔西南)、沙陀州(治今新疆吉木萨尔北),皆领都督。[1] 至龙朔二年(662年),处月部酋长沙陀金山从武卫将军击反唐的铁勒诸部有功,被授"墨离军讨击使"。长安二年(702年),武周置北庭都护府于庭州(治今新疆吉木萨尔),以沙陀金山为金满州都督,封张掖郡公。先天元年(712年),史称金山因"避吐蕃,徙部北庭,率其下入朝"。[2] 大约在开元二年(714年),金山卒,其子辅国嗣,"复领金满州都督……"所谓"避吐蕃"的"吐蕃",当为吐蕃从鄯善(今新疆若羌)、且末北上的一支。[3] 这应是吐蕃与沙陀发生关系之始。

唐天宝初年,回鹘汗国兴起于漠北,其西边达金山(今阿尔泰山)一带。从此,居北庭一带的沙陀诸部与回鹘汗国有了交往,故史称唐朝曾以沙陀辅国子骨咄支为"回纥副都护"。安史之乱后,骨咄支率部助唐平乱。[4] 至广德二年(764年),吐蕃占据陇右诸州之后,曾随仆固怀恩等进攻关中长安,时任唐河西节度使的杨志烈曾从凉州遣军5000,攻怀恩后方灵州,以解关中之危,怀恩回军夜袭唐军于灵州,唐军死者殆半。接着,吐蕃攻围凉州,杨志烈遂逃至甘州,旋"为沙陀所杀"。学者们以为,杨志烈为河西节度使,此职从广德元年起,兼任伊西庭观察留后,志烈到甘州后,出玉门巡视伊州以西管内,且调兵援河西,为伊西庭留后周逸唆使沙陀杀害。[5]

吐蕃与沙陀发生直接关系是在唐贞元五年(789年),如前所述,此年役属于回鹘汗国的葛逻禄、白服(白眼)突厥因不堪回鹘的侵渔,引

[1]《新唐书》卷218《沙陀传》;《资治通鉴》卷199,唐"永徽二年至五年"条。按,以上两书记载不完全相同,参酌以书之。

[2]《册府元龟》卷971,《外臣部》"朝贡"条记:先天元年"十月,突厥汝[沙]陀金山……并遣使来朝"。同书卷974"褒异"条记:开元二年"十二月壬戌,沙陀金山等来朝,宴于内殿"。

[3]《新唐书》卷218《沙陀传》。

[4]《新唐书》卷218《沙陀传》。

[5]见王小甫《唐、吐蕃、大食政治关系史》,北京大学出版社1992年,第204页。

·欧·亚·历·史·文·化·文·库·

吐蕃攻北庭。唐北庭大都护杨袭古向回鹘求援,而赵凤撰《后唐懿祖纪年录》则记:

> 德宗贞元五年,回纥葛禄部及白眼突厥叛回纥忠贞可汗,附于吐蕃,因为乡导,驱吐蕃之众三十万寇我北庭。烈考(朱邪尽忠,骨咄支子)谓忠贞可汗曰:"吐蕃前年屠陷灵、盐,闻唐天子欲与赞普和亲,可汗数世有功,尚主,恩若骄儿,若赞普有宠于唐,则可汗必无前日之宠也。"忠贞曰:"若之何?"烈考曰:"唐将杨袭古固守北庭,无路归朝,今吐蕃、突厥并兵攻之,倘无援助,陷亡必矣。北庭既没,次及于吾,可汗得无虑乎!"忠贞惧,乃命其将颉干迦斯与烈考将兵援北庭。[1]

据此,似乎是沙陀部酋朱邪尽忠劝说回鹘可汗出兵援北庭,赵凤书多为后唐溢美之词,可能不确。此次北庭之战,以回鹘及杨袭古的失败而告终。沙陀部7000帐遂降附于吐蕃。

2.3.2 沙陀的东迁及其与吐蕃的关系

贞元五年至六年,北庭之战后,可能是出于害怕沙陀部复投附回鹘的考虑,吐蕃在沙陀降附不久,即贞元七年左右将以朱邪尽忠为首的沙陀7000帐悉迁之于甘州,以朱邪尽忠为"军大论"(藏文为 blon-ched-po)。从此,勇悍的沙陀部众即成为吐蕃作战之先锋。[2]关于降附吐蕃的沙陀部在甘州的活动情况,因汉藏史籍阙载,具体情况已不得而知。

沙陀在甘州大约居住了17年,直到唐元和三年(808年)。此年,回鹘曾攻取凉州,吐蕃惧沙陀复投归回鹘,议徙沙陀部于河外(黄河外,即今青海之地),引起沙陀部众疑惧。加以时任唐灵盐节度使的范希朝甚有廉政爱民之称誉,且多方招诱沙陀附唐。因此,朱邪尽忠及其子执宜商议,准备投唐。据《新唐书》卷218《沙陀传》载:

---

[1]见《资治通鉴》卷237,唐"元和三年五月"条;胡三省注《通鉴考异》引赵凤《后唐懿祖纪年录》。

[2]见《资治通鉴》卷237,唐"元和三年五月"条;胡三省注《通鉴考异》引赵凤《后唐懿祖纪年录》;《新唐书》卷218《沙陀传》。

元和三年，悉众三万落循乌德鞬山而东，吐蕃追之，行且战，旁洮水，奏石门，转斗不解，部众略尽，尽忠死之。执宜哀瘢伤，士裁二千，骑七百，杂畜橐它千计，款灵州塞，节度使范希朝以闻。[1]

关于沙陀第二次由甘州东迁至灵州所行之路线，唐代史籍记载不尽相同，且对上述历经的地名及所在，学者们看法分歧。沙陀朱邪尽忠父子率部众"三万落"[2]，可能最初是想"循乌德鞬山（今蒙古杭爱山东麓）而东"，从回鹘道南下至灵州，以避吐蕃之阻击。然而，"行三日"即为吐蕃追兵所击，于是南下至洮水，且战且行，至石门（今宁夏固原西石门关），最后达灵州塞。[3]抵达灵州的沙陀部众人数，以上所说"士裁［才］二千，骑七百"，仅是执宜所率的主要部分。上引《新唐书·沙陀传》还记："其童耄自凤翔、兴元、太原道还者，皆还其部。尽忠弟葛勒阿波率残部七百叩振武（今内蒙古托克托）降……"加上这些陆续会合的沙陀残部，共近万人。[4]

沙陀部到灵州降唐后，唐灵盐节度使范希朝将沙陀部安置在盐州（治今陕西定边）北，唐朝设阴山都督府以处之，并以执宜为府兵马使，以尽忠弟葛勒阿波为左武卫大将军兼阴山府都督。范希朝欲用沙陀抵御吐蕃，遂市牛羊以发展沙陀之畜牧。元和三年（808年）三月，范希朝还奏请以太原兵600人衣粮给沙陀。[5]

可是，到次年六月，范希朝调任河东节度使，朝议以为沙陀部在灵州迫近吐蕃，虑其反复，为吐蕃所诱，又其部众兹多，恐近边粮食价涨，故决定趁希朝迁任河东节度使之际，命沙陀部随希朝一起迁往河东。这应是沙陀向东的第三次大迁徙。沙陀部迁入河东后，希朝简选沙陀部1200人，号沙陀军，置军使以统之。余众则散居于定襄川（今山西牧

---

〔1〕《资治通鉴》卷237，唐"元和三年五月"条记载与《新唐书》略同。又上引赵凤《后唐懿祖纪年录》云此事为贞元十七年事，误。

〔2〕此"三万落"，或为三万人之误，或为原七千帐十余年发展至三万落（帐）。

〔3〕见樊文礼《唐末五代的代北集团》，中国文联出版社2000年，第40－41页。

〔4〕《资治通鉴》卷237，唐"元和三年五月"条记为"犹近万人"；《旧唐书》卷151《范希朝传》记为"众且万人"。

〔5〕《资治通鉴》卷237，唐"元和三年三月"条。

马河一带),执宜则居神武川之黄花堆(今山西山阴北),更号阴山(当作"陉山")北沙陀。[1]

沙陀虽经三次向东的大迁徙,但在其第二次从吐蕃统治下的甘州迁徙到灵州时,仍遗留下一小部分的沙陀部众。后晋天福三年(938年)高居诲出使于阗,过甘州,见州南山(今祁连山)有"别族号鹿角山沙陀,云朱耶[邪]氏之遗族也"。[2]这部分沙陀遗众,当在9世纪40年代吐蕃统一政权瓦解之前,仍为吐蕃所统治,具体情况已不得而知。

(原载于周伟洲主编《西北民族论丛》第7辑,
中国社会科学出版社2009年)

---

[1]《新唐书》卷218《沙陀传》。
[2]《新五代史》卷74《四夷附录》"于阗"条。

3 吐蕃与南诏

关于唐代吐蕃与南诏的关系,实际上也是唐朝、吐蕃与南诏三者之间的关系,历来为中外史家所瞩目,发表论著颇多。重要的如台湾王吉林《唐代南诏与李唐关系之研究》(台北,1976 年)、王永兴《论韦皋在唐和吐蕃、南诏关系中的作用》(《北京大学学报》1980 年第 2 期)、陈楠《吐蕃与南诏及洱河诸蛮关系丛考》(王尧主编《贤者新宴》,北京出版社 1999 年)、方铁《从南诏与唐朝之关系看唐朝治边及其边疆官吏》(《法国汉学》第 12 辑,中华书局 2007 年)等,以及一些相关论著,如我的老师马长寿先生的《南诏国内的部族组成和奴隶制度》(上海人民出版社 1962 年)、向达先生《蛮书校注》(中华书局 1962 年)、王忠《新唐书南诏传笺证》(中华书局 1963 年)、美国查尔斯·巴克斯(C. Backus)《南诏国与唐代的西南》(剑桥大学出版社 1981 年,林超民汉译本,云南人民出版社 1988 年)等。学者们从不同的角度,利用汉、藏文文献,或以唐与南诏,或以吐蕃与南诏的关系为重点,探讨三者的关系。笔者不揣冒昧,在前人研究及充分利用已知古藏文资料的基础上,再对吐蕃与南诏的关系,作一探索。

3.1 吐蕃与唐朝对西洱河诸蛮的争夺
及神川都督府的建立

公元 7 世纪 70 年代,即吐蕃墀都松赞(又作都松芒波杰)在位时(676—704 年),吐蕃在与唐朝争夺青海、西域的同时,也将势力伸入到西洱河地区(今云南洱海地区),与唐朝展开了对这一地区诸蛮族的争夺。这应是南诏统一五诏之前,吐蕃与南诏关系之始。

·欧·亚·历·史·文·化·文·库·

今四川西南及云南地区,即魏晋以来称之为"南中"、"宁州"等地,自远古以来就是一个多民族多部落的地区。唐初,先后设置嶲州(治今四川西昌)都督府、戎州(治今四川宜宾)都督府和姚州(治今云南姚安北),以控御云南诸族。当时,与吐蕃邻近的是唐代史籍所称之"松外蛮"和"西洱河蛮"(又称"河蛮")。前者是指唐初嶲州以南的诸蛮族[1],以麽么蛮(今纳西族)为主,后者则指今洱海地区的诸蛮族,以白蛮(主要成分为今白族)、麽么蛮等为主。唐贞观二十二年(648年)四月,唐右武侯将军梁建方因松外诸蛮复叛,出师进击,"蛮酋双舍帅众拒战,建方击败之,杀获千余人。……建方分遣使者谕以利害,皆来归附,前后至者七十部,户十万九千三百。建方署其酋长蒙[睑]、和[舍]等为县令[2],各统所部,莫不感悦。因遣使至西洱河,其帅杨盛大骇,具船将遁,使者晓谕以威信,盛遂请降。其地有杨、李、赵、董等数十姓,各据一州,大者六百,小者二三百,无大君长,不相统一……"[3] 梁建方招抚西洱河诸蛮后,曾撰《西洱河风土记》一书,记西洱河诸蛮的情况更为详细。[4] 至唐显庆元年(656年)七月,又有西洱河蛮酋长杨栋附等帅众内附于唐。[5] 于是唐朝于麟德元年(664年)将姚州升置姚州都督府(治今云南姚安),管州(羁縻州)32,其中就包括在西洱河诸蛮所设的各州。[6] 总之,唐朝经过半个多世纪对云南地区的经营,使西洱河诸蛮部先后归附,唐设置一些羁縻州对之进行管理。

可是,到7世纪70年代后,吐蕃向唐朝西南边扩张,情况遂发生了变化。据唐代史籍载,调露二年(680年,此年八月改元永隆)七月记:

> 先是,剑南募兵于茂州(治今四川茂县),西南筑安戎城,以断

---

〔1〕《资治通鉴》卷199,"唐贞观二十二年四月"条胡三省注:"松外诸蛮依阻山谷,亦属古南中之地,盖以其在松州之外而得名也。"松州治今四川松潘,其实此松外指今四川盐边以南各蛮部。

〔2〕"蒙、和"为两人,见马长寿《南诏国内的部族组成和奴隶制度》,上海人民出版社1961年,第37页。

〔3〕《资治通鉴》卷199,唐"贞观二十二年四月"条。

〔4〕见方国瑜《云南史料目录概说》,中华书局1984年,第1册,第14页。

〔5〕《资治通鉴》卷200,唐"高宗显庆元年七月"条。

〔6〕《通典》卷176《州郡六》"姚州";《旧唐书》卷4《高宗纪》等。

吐蕃通蛮之路。吐蕃以生羌为乡导,攻陷其城,以兵据之,由是西洱河诸蛮皆降于吐蕃。吐蕃尽据羊同、党项及诸羌之地,东接凉、松、茂、嶲等州……

唐筑安戎城(在今四川理县)并非如上述是"断吐蕃通蛮之路",因吐蕃通松外蛮、西洱河诸蛮的道路主要在今云南西北及四川西南,不在偏东北的茂州。然而,安戎城是吐蕃争夺唐之西南的重要据点,吐蕃据有此城,表明其在这一争夺战中占了上风,其影响更多地是使西洱河诸蛮在心理上更倾向于吐蕃,于是才有"西洱河诸蛮皆降于吐蕃"之事。[1]唐朝亦于此年废置姚州都督府。西洱河诸蛮对吐蕃的降附也时有反复。如永昌元年(689 年)五月,有"浪穹州(原属唐姚州都督府属州之一,后之浪穹诏)蛮酋傍时昔等二十五部,先附吐蕃,至是来降;以傍时昔为浪穹州刺史,令统其众"[2]。西洱河诸蛮最后附于吐蕃,应是在武周长安三年(703 年)。据敦煌发现的古藏文吐蕃历史文书大事纪年(P. T. 1288)记:"及至兔年(703 年)……冬,赞普(墀都松赞)赴南诏(原藏文为' vjang-yul',译作绛域,是吐蕃对今丽江及洱海一带的称呼,后也指南诏),攻克之。"[3]"及至龙年(704 年)……冬,赞普牙帐赴蛮地,薨。"[4]又同书赞普传记(P. T. 1287)中,记墀都松赞"又推行政令及于南诏(vjang),使白蛮(mywa-dkar-po)来贡赋税,收乌蛮(mywa-nag-po)归于治下"[5]。关于上述墀都松赞于长安四年征蛮地而卒,《旧唐书》卷 196《吐蕃传》上记,赞普南征泥婆罗门(今尼泊尔),"卒于军中"。从唐以后藏文文献(如《贤者喜宴》、《汉藏史集》等)所记墀都松赞死于征南诏(ljang-gi-yul)来看,上述"蛮地"应指南诏。

吐蕃在征服西洱河一带蛮部后,派兵戍守,于剑川北金沙江畔,架设铁桥,设置神川都督府(治今云南巨甸北塔城村)于此。关于此都督

〔1〕参见〔美〕查尔斯·巴克斯著,林超民译《南诏国与唐代的西南边疆》,云南人民出版社1988 年,第 30-33 页。
〔2〕《资治通鉴》卷 204,"武周永昌元年五月"条。
〔3〕王尧、陈践译注《敦煌本吐蕃历史文书》(增订本),民族出版社 1992 年,第 149 页。
〔4〕上引王尧、陈践《敦煌本吐蕃历史文书》,第 149 页。
〔5〕上引王尧、陈践《敦煌本吐蕃历史文书》,第 166 页。

·欧·亚·历·史·文·化·文·库·

府的设置,藏文文献阙载,仅在唐代文献(《新唐书》卷22上《南蛮南诏传》、樊绰《蛮书》)中有记载,但设置时间不详。根据吐蕃完全据有西洱河一带诸蛮情况分析,神川都督府当设置于长安三年(703年)。

1992年春,在今云南丽江金沙江畔边格子村发现一通古藏文石碑,碑正面列五行藏文,其余三面无字。据王尧先生译注,全文如下:

> 诏戎木陇拉达(mtsho-rum-long-la-dag):初,唐王仅[允予]部曲编氓,不予世侯[之封],故倾心投靠赞普天子,遂致礼于论结桑,祖公策桑芒弥获大金字[告身],陇拉达获将军[名衔],祖公年登九十而薨……后嗣繁衍……[1]

据王尧考释,此碑文系吐蕃"厘定译语"(826年)之前的古藏文,文中"论结桑"似与《敦煌本吐蕃历史文书》大事纪年中,公元757年任副大相而薨的"论结桑"为同一人。如此,"似乎此碑之立早于757年"。此说不一定确切,因为文书及其他藏文史料中名论结桑之人很多,很难断定。但是,碑文所云:"初,唐王仅[允予]部曲编氓,不予世侯[之封]……"正反映了唐朝于7世纪初经营西洱河诸蛮,而至7世纪70年代西洱河诸蛮纷纷降附吐蕃的情况。"诏戎木陇拉达",王尧释为"浪穹(或施浪)诏的拉达",似也有些牵强。不妨将拉达此人视为今丽江一带一位蛮族(麽么蛮)首领,因不满于唐朝未曾封爵于他及其家族,而转投吐蕃(赞普天子)。他向驻守西洱河一带的吐蕃将领论结桑投诚致礼,于是吐蕃授予其祖父(祖公)"大金字[告身]",即仅次于一等瑟瑟告身(分大、中、小三级)之告身,而拉达本人则被授予"将军"名位。此碑的发现,可以说补充和证实了西洱河诸蛮降附吐蕃的具体史实。

在吐蕃征服西洱河诸蛮前后,唐朝与吐蕃争夺这一地区的斗争也更为激烈。垂拱四年(688年),唐朝复置姚州都督府,这与上述永昌元

---

[1]王尧《云南丽江吐蕃古碑释读札记》,载《唐研究》第7卷,北京大学出版社2001年,第421－427页。

年原投吐蕃的浪穹州刺史傍时昔率 25 部重新归服唐朝有关。[1] 然而,姚州都督府复置后,唐朝廷上下为其废与置的问题长期争论不休。圣历元年(689 年),时任蜀州刺史的张柬之上言,以姚州路险远,"空竭府库,驱率平人,受役蛮夷",故"请废姚州,以隶巂州,岁时朝觐,同之蕃国"。朝廷不纳。[2] 至神龙二年至三年(706—707 年),唐朝乘吐蕃赞普卒后局势不稳的时机,诏姚巂道讨击使、侍御史唐九征率军击破姚州叛蛮(西洱河诸蛮),俘虏 3000 计,焚毁吐蕃在漾水、濞水所建铁桥(非剑川北金沙江畔铁桥),勒石记功而返。[3] 此时,唐在西洱河一带的势力有所恢复,可是此后,该地诸蛮又时叛服吐蕃。因此,在景云元年(710 年),摄监察御史李知古请求发兵击姚州群蛮,遭黄门侍郎徐坚的反对,朝廷不从,遂令知古募剑南兵出征。李知古率军征服诸蛮后,重置州县,诛其酋豪,掠子女,重税之。结果引起群蛮怨怒,"蛮酋傍名引吐蕃攻知古,杀之,以其尸祭天,由是姚、巂路绝,连年不通"[4]。至此,唐朝在与吐蕃争夺西洱河诸蛮的斗争中处于劣势,吐蕃在该地势力大为增长。于是,唐朝转而积极支持西洱河南的地方势力,继续与吐蕃争夺在西洱河一带的控制权。

3.2　南诏统一五诏及与吐蕃的关系

至迟到 7 世纪 60 年代前后,在洱海周围地区,先后形成"六诏"或"八诏"的地方割据势力。"夷语谓'王'为诏。"[5] 所谓"六诏",即是:

(1)浪穹诏,地在今云南洱海北洱源县,原诏主名丰时,即上述永昌元年先附吐蕃,至是降唐之浪穹州蛮酋"傍时昔"。

(2)邓赕诏,又作邓睑诏,地在今云南洱海北邓川县,诏主系丰时

〔1〕见郭声波《唐代姚州都督府建置沿革再研究》,载《西南边疆民族研究》第 2 辑,云南大学出版社 2003 年。

〔2〕《资治通鉴》卷 206,"武周圣历元年"条。

〔3〕刘肃《大唐新语》卷 11,"褒锡"第二十三;《旧唐书》卷 7《中宗纪》等。

〔4〕《资治通鉴》卷 210,唐"景云元年"条。傍名,有学者认为,此即六诏之一"邓赕诏"主"丰咩"(上引马长寿《南诏国内的部族组成和奴隶制度》,第 54 - 55 页)。

〔5〕《新唐书》卷 222 上《南诏传》。

弟丰咩,袭据此地为诏主。上述引吐蕃杀李知古即此人,又译作"傍名"。

(3)施浪诏,在邓赕诏东北,今云南北衙一带。

以上三诏,"总谓之浪人,故云三浪诏也"。[1]此三浪诏与吐蕃临近,多有反复降附于唐、蕃之间。

(4)越析诏,又名麽么诏,其地多有从嶲州南迁入的麽么人,故名。地在今洱海东宾居一带,原为越析州。

(5)蒙嶲诏,地在今洱海南巍山县北阳瓜江(唐原阳瓜州地),其原领地最广。

(6)蒙舍诏,又名南诏,因在五诏之南,故名。其地在蒙嶲诏南,今巍山蒙化坝。

此外,还有"时傍诏",在白崖城(今云南祥云);"矣罗识诏",在剑川(今云南剑川)。此两诏系在唐开元年间所建。加上此两诏,是为"八诏"。

《蛮书》卷3云:"六诏并乌蛮";同书卷四又说:"西爨,白蛮也。东爨,乌蛮也。"关于乌蛮和白蛮,历来中外学者讨论颇多,然意见分歧。[2]事实上,从民族成分而言,乌蛮主要与今彝族、纳西族有渊源关系,白蛮则主要与今白族有渊源关系。从文化分野而言,则白蛮汉化较乌蛮更深,文化较为发达,大多从事农耕,而乌蛮则大多从事畜牧。所谓"六诏并乌蛮",指六诏统治者是乌蛮,被统治者多为白蛮。

在吐蕃势力进据西洱河地区之前后,唐朝对六诏基本上是一视同仁的。[3]但是,自7世纪70年代后,唐朝逐渐支持离吐蕃较远的蒙舍诏(以下均称"南诏"),以抗吐蕃。南诏诏主系乌蛮,姓蒙氏。武周时,诏主逻盛(一作逻盛炎)曾入朝,则天武后赏赐甚丰。开元初年,逻盛卒,其子盛罗皮立,唐朝授其为特进、台登郡王、沙壶州刺史,授其长男

---

〔1〕见向达《蛮书校注》卷3《六诏》,中华书局1962年,第62页。

〔2〕见赵吕甫《云南志(〈蛮书〉)校释》,中国社会科学出版社1985年,第130-131页。

〔3〕见上引马长寿《南诏国内的部族组成和奴隶制度》,第66页。

阁罗凤为特进、杨瓜州刺史。[1] 杨瓜州即阳瓜州,此原为越㑸诏地,阁罗凤既已为此州刺史,说明邻近南诏之越㑸诏于此前后已为南诏所兼并,南诏已开始了兼并五诏之进程。开元二十年(732年)南诏并越析诏。[2] 据敦煌古藏文历史文书纪年部分记:"及至鸡年(唐开元二十一年,733年)……唐廷使者李尚书(暠),蛮罗阁(阁罗凤)等人前来赞普王廷致礼。"[3] 这可能是南诏以这种方式希望吐蕃对其统一五诏加以支持,或至少保持中立。

到开元二十五年(737年),南诏先与邓赕诏主咩罗皮(丰咩子)进攻各自为政的西洱河诸蛮,夺其地之太和城(今云南大理)、大厘城(今云南喜洲)和阳苴咩城(一作"羊苴咩城",在太和城北)等,诸蛮奔三浪诏,咩罗皮分得大厘城。接着,南诏又攻大厘城,咩罗皮退回邓赕(今云南邓川),联合浪穹、施浪两诏,以拒南诏。结果三浪军大败,咩罗皮退至野共川(今云南鹤庆南),邓赕诏亡。施浪诏主施望欠与咩罗皮等联合拒南诏,遣其弟施各皮出兵,为皮逻阁子阁罗凤击破于石和城(今云南凤仪华藏寺),被俘;施望欠退至矣[牟]苴和城(今云南浪穹蒙次和村)。南诏又攻下此城,降其众,施望欠仅以家族之半,西走永昌(今云南保山),最后降于南诏。施浪诏为南诏所并。施望欠弟望千当矣苴和城破时,北走吐蕃神川,吐蕃立其为诏,众有数万。浪穹诏主铎逻望(丰时后裔)在与咩罗皮、施望欠共抗南诏失败后,"以部落退保剑川,故盛称剑浪"。[4] 浪穹诏之地亦为南诏所并。

列为"八诏"之一的时傍诏主时傍,其母即南诏皮罗阁女。开元二十五年,邓赕诏咩罗皮为南诏所败,退出邓川后,时傍入居邓川,召浪人数千,自立为诏。后为南诏所逼,迁于白崖城,并与"八诏"之一的剑川矣罗识诏主矣罗识暗中相结,派使至吐蕃神川都督府,求立为诏。南诏侦知后,联合唐御史严正诲军,攻占白崖城,杀时傍;又与唐中使王承训

〔1〕向达《蛮书校注》,第70-71页。
〔2〕关于南诏并越析诏时间,取马长寿说,见其著《南诏国内的部族组成和奴隶制度》,第57-58页。
〔3〕王尧、陈践《敦煌本吐蕃历史文书》,第153页。
〔4〕向达《蛮书校注》卷3,第62页。

同破剑川矣罗识。矣罗识北走吐蕃神川,神川都督送之逻些城(今西藏拉萨)。[1]至此,南诏统一五诏(包括时傍、矣罗识二诏)之地基本完成。开元二十六年(738年)九月,唐朝以南诏征西洱河诸蛮之功,授皮逻阁为特进、越国公、云南王,赐名归义;长男阁罗凤被授右金吾卫大将军,兼阳瓜州刺史,次男诚节为蒙舍州刺史。[2]或在此前后,皮逻阁徙都太和城。

从上述南诏统一其余诸诏的过程中,可看出唐朝对它的支持是不遗余力的,其目的主要是扶植南诏以与吐蕃争夺西洱河诸蛮之地。比如唐朝廷同意剑南节度使王昱奏请南诏"求合六诏为一"的请求[3],对南诏兼并洱海诸蛮之功封官加爵;甚至派军协助南诏击破时傍、矣罗识两诏等。而吐蕃在南诏统一五诏过程中,并没有派兵直接帮助三浪诏抵抗南诏的进攻。此中原因,可能是南诏一度表示归服于吐蕃;更重要的是,开元末年吐蕃与唐朝在青海、四川西部的争夺战争激烈,互有胜负,故一时无力派兵支持三浪诏。然而,为南诏兼并的洱海地区的诏主或部落逃入神川后,被吐蕃所收容和重用,如上述的施浪诏主弟望千、矣罗识诏主矣罗识等。此外,原居于剑川、野共川的施蛮和顺蛮(皆乌蛮种类),在邓睒诏咩罗皮为南诏击败后,夺此两蛮居地。于是,施蛮北迁于铁桥西北大施睒、小施睒、剑寻睒地,"部落主承上,皆吐蕃伪封为王"。顺蛮则迁于铁桥以北,名剑羌,"其部落主吐蕃亦封王"。[4]

南诏在唐朝的支持下统一五诏,虽没有与吐蕃直接发生冲突,但唐、蕃之间争夺洱海诸蛮的斗争始终隐现其间。南诏处于唐、蕃两大政权之间,受到唐、蕃的制约;而其所领之剑川以北之地仍为吐蕃所控制。

---

〔1〕向达《蛮书校注》卷3附《南诏德化碑》,载上引书附录2,第319—320页。

〔2〕向达《蛮书校注》卷3及附录2《南诏德化碑》;《资治通鉴》卷214,唐"开元二十六年九月"条。

〔3〕《资治通鉴》卷214,唐"开元二十六年九月"条。

〔4〕向达《蛮书校注》卷4,第94—95页。

3.3 南诏与吐蕃联盟及两者的关系

唐朝全力支持南诏统一五诏,基本上达到了阻遏吐蕃向西洱河诸蛮进逼和渗透的目的,但是,南诏的日益强盛又威胁到唐朝在西南地区的稳定和利益。天宝七载(748年),皮逻阁卒,子阁罗凤立,唐朝以其袭云南王爵,以其长子凤迦异为阳瓜州刺史。其后,唐朝与南诏因争夺滇池以东之"东爨乌蛮"诸部的控制权而发生矛盾。时任剑南节度使的鲜于仲通、云南太守张虔陀等,采取抑制南诏势力的种种措施,引起南诏统治者的不满。阁罗凤甚至以为张虔陀与吐蕃相结,"遂与阴谋,拟共灭我"[1]。南诏与唐朝的这种明争暗斗,到天宝九载(750年)终因张虔陀的暴虐及污侮阁罗凤妻女而公开爆发。[2]年底,阁罗凤发兵攻破姚州,杀张虔陀(一说其自尽),尽取姚州都督府所属32州及安宁(今云南安宁)重镇。[3]

天宝十载初,唐剑南节度使鲜于仲通遣大军由戎州、嶲州两路进攻南诏。阁罗凤遣使至鲜于仲通处谢罪,同意归还所俘虏官兵及城镇;并提出吐蕃正诱其归顺,"倘若蚌鹬交守,恐为渔父所擒",云南非唐有。[4]然而,刚愎自用的鲜于仲通不听,继续进军。南诏只好遣使至浪穹,向吐蕃御史论若赞求援,论若赞则分师入救。结果唐军在江口(今云南大姚北)被南诏军大败,士卒死者6万余。[5]在这种形势下,南诏惧强大的唐朝再发兵攻己,遂降附吐蕃。南诏德化碑记此事说:"……遂遣男铎传、旧大酋望赵佺邓、杨传磨侔及子弟六十人,赍重帛珍宝等物,西朝献凯。属赞普皆仁明,重酬我勋效……赐为兄弟之国。天宝十一载正月一日,于邓川册诏为赞普锺南国大诏。授长男凤迦异大瑟瑟告身、都知兵马大将。凡在官寮,宠幸咸被。山河约誓,永固维

---

〔1〕上引《南诏德化碑》。

〔2〕《新唐书》卷222上《南诏传》。

〔3〕《新唐书》卷222上《南诏传》。

〔4〕上引《南诏德化碑》。

〔5〕《资治通鉴》卷216,唐"天宝十载四月"条;《新唐书》卷222上《南诏传》。

·欧·亚·历·史·文·化·文·库·

城。改年为赞普锺元年。""赞普锺"(btsan-po-gcung),意为赞普弟。"大瑟瑟告身",则为吐蕃告身官衔制之 12 级中的最高一级。[1]从此,南诏与吐蕃的关系发生了根本的变化:从前南诏依靠唐朝统一五诏,与吐蕃虽未发生直接冲突,但双方是对立的;至此,与吐蕃联盟,共同对抗唐朝。南诏与吐蕃的联盟,名为兄弟之国,实系附属于吐蕃。敦煌古藏文历史文书赞普传记(P. T. 1287)记墀德祖赞(墀都松赞子,704—754 年在位)时,南诏归服吐蕃之事:

> 南方之东(下)部,南诏地面,有谓白蛮子者,乃一不小之酋长部落,赞普以谋略诏赐之,南诏王阁罗凤者遂归降,前来致礼,赞普乃封之曰"锺"(弟),民庶皆归附庸,[吐蕃]地域,增长一倍。以南诏王降归吐蕃为民之故,唐廷政权大为低落,且极为不安。[2]

至天宝十二载(南诏赞普锺二年),唐朝遣内史贾奇俊等复置姚州,以将军贾瓘为都督。南诏并合吐蕃"神州都知兵马使论绮里徐同围府城",贾瓘被俘,驱走唐军。[3] 十三载(754 年),唐朝命侍御史、剑南留后李宓率几路大军,水陆并进,进攻南诏,进逼邓川,时吐蕃"神州都知兵马使论绮里徐来救",遂大败唐军,李宓战死。[4]唐宰相杨国忠隐瞒败绩,谎言报捷。接着,天宝十四载安史之乱爆发,唐朝再也无力征南诏。

次年(广德元年,赞普锺五年),南诏因唐安史之乱,与吐蕃联合,向唐会同(今四川会理)、嶲州进攻。据南诏德化碑记:

> 赞普差御史赞郎于恙结赍敕书曰:"树德务兹长,去恶务去本。越嶲、会同谋多在我,图之此为美也。"诏恭承上命,即遣大军将洪光乘……统细于藩,从昆明路(从今四川盐源东进),及宰相倚祥叶乐、节度尚检赞同伐越嶲(嶲州)。诏亲帅太子藩围逼会同。越嶲固拒被僇,会同请降无害。子女玉帛,百里塞途,牛羊积

---

〔1〕参见《新唐书》卷 216 上《吐蕃传》。

〔2〕上引王尧、陈践《敦煌本吐蕃历史文书》,第 166 页。

〔3〕上引《南诏德化碑》。

〔4〕上引《南诏德化碑》;《新唐书》卷 222 上《南诏传》。

储，一月馆谷。

此事在敦煌藏文历史文书纪年中也有记载，云此年"论墀桑、尚东赞与阁罗凤以兵陷嶲州，孜基以下尽为抚服，收归属户"[1]。广德二年初，唐复置嶲州，固台登（今四川西昌北）。南诏与吐蕃合兵再次攻陷之[2]。吐蕃也乘机占据长期与唐争夺之昆明城（今四川盐源）盐池[3]。此后，南诏又击降寻传蛮（在今云南腾冲一带）、骠国（今缅甸）及破灭原越析诏残余于赠等[4]。或在此前后，南诏清平官段国忠至吐蕃赞普大帐，"在庞塘大殿之中，致礼示效敬，时，赞普君臣引吭而高歌（歌词略）"[5]。段忠国，在南诏德化碑阴为首列之大臣。

据唐代以后藏文文献，如《贤者喜宴》、《汉藏史集》、《王朝世系明鉴》等的记载，墀德祖赞曾娶南诏女墀尊（ljang-mo-khri-btsun）为妃，生一子名绛查拉本（ljang-tsha-lha-dbon）。此事虽不见于唐代汉藏文献的记载，但吐蕃与南诏既已建立兄弟之国，双方和亲之事很有可能。因此，可以说，在南诏与吐蕃联盟初期，双方因共同对抗唐朝的目的，关系较为友好，吐蕃对南诏的控制也较弱。

可是，到墀松德赞（755—797年在位）即立后，吐蕃逐渐加强了对南诏的控制。据敦煌藏文历史文书赞普传记的记载，在墀松德赞时：

> 其后，白蛮南诏之部归于诏下，忽心生叛逆，时，召有庐·茹木夏拜为将军，于山巅布阵进击之时，杀南诏多人，擒获悉编掣逋等大小官员，及民庶以上三百一十二人，南诏之王阁罗[凤]亦前来致礼[6]，列为直属藩民户，征贡赋，并委以往昔时之职司。

此事应发生在阁罗凤在位后期，南诏可能有部分企图叛吐蕃，遭到吐蕃的进攻，平息叛乱。阁罗凤（南诏王）亲自到蕃廷致礼，事毕，吐

〔1〕王尧、陈践《敦煌本吐蕃历史文书》，第155页。
〔2〕上引《南诏德化碑》。
〔3〕向达《蛮书校注》卷7，第189页。
〔4〕《新唐书》卷222上《南诏传》。
〔5〕王尧、陈践《敦煌本吐蕃历史文书》，第166页。
〔6〕黄布凡、马德《敦煌藏文吐蕃史文献译注》（甘肃教育出版社2000年）第295页，此句译作："……执副都护、微末小吏及平民以上大小官员共一百一十二人。南诏王迷途知返，又前来致礼。"其注云：此"南诏王"为异牟寻，而非阁罗凤，且此应为唐贞元五、六年之后事。此说不确。

蕃加强了对南诏的控制,"列为直属藩部民户,征贡赋,并委以往昔旧时之职司"[1]。即是说,吐蕃于此后进一步加强了对南诏的控制。此事不见汉文文献记载。大历十四年(779年)阁罗凤卒,因其子凤迦异早亡,其孙异牟寻继立。史称其"有智数,善抚众,略知书"。[2]同年十月,吐蕃与南诏联军约10万(一作20万),分向茂州(治今四川茂县)、扶州(治今四川松潘)和黎州(治今四川汉源北)、雅州(治今四川雅安)三路进攻。吐蕃下令:"为我取蜀为东府,工伎悉送逻娑城,岁赋一缣。"唐朝发禁兵及各地军,以名将李晟率领,连破吐蕃、南诏军。吐蕃将此次战争的失败归罪于南诏,改封异牟寻为"日东王",南诏由此从兄弟之国而变为属下邦国。吐蕃对其"责赋重数,悉夺其险立营候,岁索兵助防,异牟寻稍苦之"[3]。或于此时,异牟寻由太和城迁都至阳苴咩城。

于是,南诏始有背离吐蕃之心。时任南诏清平官(相当于唐之宰相)的郑回,原系广德元年南诏攻唐嶲州时所俘之西泸县令,后教南诏王子弟,改名郑蛮利,成为南诏之重臣。他一再劝异牟寻重新附唐,说:"中国(指唐朝)有礼义,少求责,非若吐蕃惏刻无极也。今弃之复归唐,无远戍劳,利莫大此。"[4]异牟寻信之。贞元四年(788年),唐德宗用李泌北结回纥,西交大食(阿拉伯帝国),南联南诏以抗吐蕃之策,命剑南节度使韦皋积极南联南诏。韦皋遂遣使招诱南诏投唐,并使离间之计,以离沮南诏与吐蕃的关系。同年十月,吐蕃发兵攻西川,征兵南诏,异牟寻亦发兵屯于泸水北。韦皋致书南诏,云其归化之诚,将书置于银函内,使东蛮(雷蛮、梦蛮和粟栗两姓蛮等,在台登东西)转致吐蕃。吐蕃中计,怀疑南诏投唐,发兵2万屯会川,以断南诏通蜀之路。南诏怒,引兵归。[5]此后,吐蕃连为唐军所败,也屡遣使诱胁南诏。贞元五年韦皋又大破吐蕃,收复嶲州;并频遣使人招诱南诏。贞元七年五

---

[1]此云南诏重新归服吐蕃,故此事决非在贞元五、六年之后,因此时南诏降唐已成定局。

[2]《新唐书》卷222上《南诏传》。

[3]《新唐书》卷222上《南诏传》;《资治通鉴》卷226,唐"大历十四年十月"条。

[4]《新唐书》卷222上《南诏传》。

[5]《资治通鉴》卷233,唐"贞元四年十月"条。

月,韦皋遣还原南诏使段忠义,携德宗正式招降书予异牟寻。[1]同年底,由于唐使在南诏的出现,吐蕃派人责之,异牟寻无奈,只好将唐使人执送吐蕃;"吐蕃多取其大臣之子为质,云南愈怒"。[2]此时,韦皋又遣军击降东蛮中的雷蛮和梦蛮。梦蛮首领梦冲,自开元末以来曾私通吐蕃,煽动诸蛮,阻断通云南之路。八年二月,唐军击杀梦冲,别立鬼主统其部,"云南之路始通"。[3]这样,南诏归唐之心愈坚。

贞元九年(793年)五月,南诏异牟寻遣使三路,一至西川,一出黔中(今贵州地),一到安南(今越南河内),使者各携帛书及金器、丹砂等物。在所遗韦皋的帛书内,叙述其与吐蕃的关系,兹引如下:

……鲜于仲通比年举兵,故自新无繇。代祖弃背,吐蕃欺孤背约。神川都督论讷舌使浪人利罗式眩惑部姓,发兵无时,今十二年。此一忍也。天祸蕃廷,降衅萧墙,太子弟兄流窜,近臣横污,皆尚结赞阴计,以行屠害,平日功臣,无一二在。讷舌等皆册封王,小国奏请,不令上达。此二忍也。又遣讷舌逼城于鄙,敝邑不堪。利罗式私取重赏,部落皆惊。此三忍也。又利罗式骂使者曰:"灭子之将,非我其谁?子所富当为我有。"此四忍也。

今吐蕃委利罗式甲士六十侍卫,因知怀恶不谬。此一难忍也。吐蕃阴毒野心,辄怀搏噬。有如婼生,实污辱先人,辜负部落。此二难忍也。往退浑王(吐谷浑王)为吐蕃所害,孤遗受欺;西山女王,见夺其位;拓拔(党项)首领,并蒙诛刈;仆固志忠,身亦丧亡。每虑一朝亦被此祸。此三难忍也。往朝廷降使招抚,情心无二,绍函信节,皆送蕃廷。虽知中夏至仁,业为蕃臣,吞声无诉。此四难忍也。[4]

内云之吐蕃"神川都督论讷舌"、"浪人利罗式",是吐蕃派委具体执行对南诏政策之人。利罗式,据学者研究,应即八诏中矣罗识诏主矣

〔1〕《资治通鉴》卷233,唐"贞元七年六月"条。

〔2〕《资治通鉴》卷233,唐"贞元七年"条。

〔3〕《资治通鉴》卷233,唐"贞元七年十二月"、"八年二月"条;向达《蛮书校注》卷4,第105－106页。

〔4〕《新唐书》卷222上《南诏传》。

罗识。前述开元二十五年南诏与唐军破矣罗识诏后,矣罗识逃至神川,被送至逻些城。至是返回神川,被吐蕃封为诏,其所统为逃至神川的三浪诏残余,故称之为"浪人"。[1]吐蕃支持三浪诏残余,对南诏进行欺侮,并构成威胁,帛书中所说的"四忍"、"四难忍"中,此事占其五。这是南诏无论如何难以容忍的事。其次,吐蕃在赤松德赞在位后期,统治集团内兴佛和信奉苯教的大臣的内争更为激烈。所谓"天祸蕃廷,降衅萧墙,太子弟兄流窜,近臣横污,皆尚结赞阴计,以行屠害……"即赤松德赞子牟茹赞普被流放事。此时,出身那囊氏的尚结赞在内部斗争中取得大权,对附属于吐蕃的小邦国采取"压制"的政策,即如帛书所举退浑王、西山女王(东女国)、党项拓拔首领、回纥仆固氏等例。这使同为吐蕃邦国的南诏感到寒心,下情不能上达,虽表忠诚,仍受猜疑,故不自安。以上这一切也是促使南诏重新附唐的主要原因。

3.4　南诏重新附唐及其与吐蕃之关系

贞元九年,唐剑南节度使韦皋接受南诏帛书后,立即护送南诏使进京,唐德宗赐以诏书,并令韦皋遣使南诏,以观察虚实。韦皋遣节度巡官崔佐时至羊苴咩城,与南诏异牟寻盟于点苍山。盟文主要内容:南诏起誓承诺,"兴兵动众,讨伐吐蕃",不起二心攻占唐界内田地;唐使起誓承诺,不窥图南诏领土,南诏若有患难,及时救恤。南诏还与唐使商定,由南诏出兵收复吐蕃神川、昆明、会同等地,以铁桥为界,唐复旧有疆土。[2]

盟誓后,南诏即发兵先攻杀吐蕃在南诏使者。贞元十年(794年)初,南诏以吐蕃在贞元七年与回纥争夺西域北庭(治今新疆吉木萨尔)战争失败,征兵于南诏的机会,先许以兵3000随行,继后发数万兵破吐蕃军于神川,断铁桥,收铁桥以东城垒16,擒其王5人,降众1万余。[3]

---

〔1〕见王忠《新唐书南诏传笺证》,中华书局1963年,第57-58页。

〔2〕盟誓全文,见向达《蛮书校注》卷10,第261-265页。

〔3〕《资治通鉴》卷234,唐"贞元十年正月"条;《新唐书》卷222上《南诏传》。

南诏所擒"五王",即原浪穹诏逃入神川后称"剑浪"主的矣罗君、原邓赕诏主咩罗皮后裔颠之讬,此两王被俘后,南诏徙之于永昌(今云南保山);还有施蛮主寻罗,南诏徙其及宗族于蒙舍城;顺蛮主傍弥潜及宗族,南诏将其置于白崖城;长裈蛮(原在剑浪附近)主,被擒后迁其部与施、顺蛮居之。[1]而南诏攻据的 16 城中,当包括原吐蕃所据之昆明城及盐池。除此而外,南诏还乘胜破西洱河北原附吐蕃之麽么蛮万余户,迁之于昆川及西爨故地(今云南滇池一带);又破弄栋蛮(今云南姚安西),迁之于永昌;破吐蕃铁桥时,俘虏的裳人(原为汉人)千余户,也移之于云南东北诸川。[2]至此,吐蕃势力基本退出洱海地区,只是在铁桥以北还保存着若干领地。同年,为配合南诏进攻吐蕃神川等地,唐剑南节度使韦皋也出兵西川峨和城(在今四川茂县北)及黎、雅等州,以援南诏,多有斩获。[3]同年二月,南诏使臣入朝献捷;唐朝遂正式遣工部员外郎袁滋兼御史中丞、册南诏使,入云南。袁滋一行经戎州石门道入南诏,至今在石门关(今名豆沙关)还保存有袁滋一行过此留下的摩崖题记。袁滋到羊苴咩城后,册立异牟寻为王,颁金印银窠,其文曰"贞元册南诏印"。[4]

贞元十三年(797 年)五月,剑南节度使韦皋收复嶲州。[5]随即吐蕃遣军三路逼台登城,为守军所击败。[6]此年,吐蕃赤松德赞卒,其子牟尼赞普即位,一年多后即被杀,国内政局不稳,吐蕃新立赞普墀德祖赞(牟尼弟,798—815 年在位)继立。贞元十五年(799 年),南诏异牟寻欲乘吐蕃政局变化的时机,在洱海北各城修战备,并遣使韦皋,约共同出兵击吐蕃。韦皋"以兵粮未集,请俟它年"[7]。然而,同年底,吐蕃却开始反攻,遣军 5 万攻南诏及唐嶲州。南诏与唐军有备,吐蕃无功而

---

〔1〕向达《蛮书校注》卷3、卷4;王忠:《新唐书南诏传笺证》,中华书局 1963 年,第 61 页。

〔2〕向达《蛮书校注》卷4。

〔3〕《册府元龟》卷 987,《外臣部》"征讨六"。

〔4〕《册府元龟》卷 965,《外臣部》"封册三"等。

〔5〕《旧唐书》卷 13《德宗纪》下。

〔6〕《册府元龟》卷 987,《外臣部》"征讨六"。

〔7〕《资治通鉴》卷 235,唐"贞元十五年四月"条。

返。这次吐蕃的军事行动,可能只是一次试探性的进攻。昆明城一带或于此时复为吐蕃所踞守。次年(贞元十六年),"吐蕃大臣以岁在辰,兵宜出,谋袭南诏。以阅众治道,将以十月围嶲州,军屯昆明[城]凡八万,皆命一岁之粮"。大军屯于西贡川(又作"曩贡川",在台登北)。异牟寻和韦皋各遣军分防。唐军分屯于黎、嶲等州,并与南诏约定:一旦唐军过南诏境俄准添馆(在今四川会理县北),军粮由南诏供给。吐蕃分二军攻南诏,分一军自诺济城(今四川汉源西南)攻嶲州。南诏先收东蛮粮草于城中,悉烧之,严壁以待;韦皋则严兵于西川数州,屯戍相望而守之。年底,与唐军对峙的吐蕃守将,如"禺城将杨万波约降,事泄,吐蕃以兵五千守,皋将击破之。万波与笼官拔禺城以来,徙其人二千于宿川"。唐军又攻拔末恭城。接着,吐蕃曩贡、腊城等九节度婴笼官(一作"国师")马定德、西贡节度监军野多输煎先后降于唐军。[1] "于是,虏(吐蕃)气衰,军不振"[2];又见南诏与唐军掎角,不敢图南诏。

到贞元十七年(801年)初,吐蕃复屯于三泸水(今四川越西河、大渡河、安宁河一带),为南诏、唐军结蛮酋击破于泸水西。吐蕃昆明城所管麽么蛮千余户又降唐。[3]在南诏与唐军的夹击下,吐蕃以为不得嶲州,患不能消,于是,开始在国内大征兵,名之为"大料兵"(又作"大调集"),即"率三户出一卒,虏法为大调集(mkho-sam-chen-pho)"。七月,吐蕃集大军攻唐北边的灵(治今宁夏吴忠西)、盐(治今陕西定边)等州,陷麟州(治今陕西神木),杀刺史,掠居人而去。唐朝诏剑南节度使韦皋出兵击吐蕃,以纾解北边之困境。韦皋于是督诸将分道攻吐蕃维州及南边诸州附近的屯军。此时,韦皋已命将武勉率弩士3000赴南诏边境。南诏异牟寻知吐蕃声言取嶲州,实为窥占云南,故请韦皋命武勉军3000进驻羊苴咩城,共击吐蕃。此次唐、蕃的大战,结果是唐军在北边击败了吐蕃对灵、盐等州的进攻,唐振武、灵武军破吐蕃兵2万,泾原、凤翔军则大败吐蕃于原州(治今宁夏固原)。而在唐之西南,韦皋

〔1〕《新唐书》卷222上《南诏传》;《资治通鉴》卷235,唐"贞元十六年十二月"条。

〔2〕《新唐书》卷222上《南诏传》。

〔3〕《新唐书》卷222上《南诏传》;《新唐书》卷140《韦皋传》。

与南诏联军,更是取得了大胜利,史称:"自八月出军齐入,至十月破蕃兵十六万,拔城七、军镇五、户三千,擒生六千,斩首万余级,遂进攻维州。"后又生擒吐蕃内大相兼东境五道节度兵马都群牧大使论莽热。在这次唐朝取得大胜利的战争中,南诏为自身之存亡,深入吐蕃腹心,俘获最多,唐德宗为此遣中使慰抚之。至此,吐蕃屯昆明、神川、纳川(在神川铁桥北)自守。[1]

经过这次大战,南诏与吐蕃的力量对比发生了一些变化,此后,双方再未发生过大的战争。南诏虽然此后每年都遣使向唐朝贡,然其势力不断增强,大有自立之势。元和三年(808年),异牟寻卒,子寻阁劝(又名梦凑、蒙阁劝)立,自称"骠信",夷语"君"也。唐赐以"元和册南诏印"[2]。此后,南诏王位变动频繁,至丰佑(823—858年在位)继立后,遂向四周扩张:先后向北进攻唐剑南,入成都,大掠士女、财物;向西征服骠国;并开始向唐之安南(治今越南河内)进攻。

在敦煌发现的一份藏文文书《岱噶玉园会盟寺愿文》(千佛洞.9,Ⅰ.37号),乃吐蕃驻守今甘青一带(吐蕃称为"朵甘思",mdo-gams)的将帅们建立一座寺庙,与唐、回鹘(Drug,此处应释作回鹘,而非突厥)三国会盟之"愿文"。据学者们考证,此《愿文》应书于唐蕃长庆会盟(821—822年)前后。《愿文》中追述吐蕃过去赞普及其大臣们之功绩,多次提到:吐蕃"大论尚绮心儿(赤松杰)和大尚塔藏(拉桑藏)……征服了边境地区的国王,包括唐朝、回鹘(drug)、南诏(vjang)和其他国家";"当唐朝、回鹘、南诏不愿与这个国家(指吐蕃)和睦相处时,无坚不摧的王子和足智多谋而又英勇善战的大臣们,以高超的军事技能和激情打败了敌人……""无坚不摧的高贵大臣图康……使唐人、回鹘人和南诏人等,皆平等地与我族人和睦相处,安居乐业……"[3]此份9世纪初的藏文文书,将唐、吐蕃、回鹘和南诏并列为当时强国,反映了此时

〔1〕《新唐书》卷222上《南诏传》;《新唐书》卷140《韦皋传》。
〔2〕《唐会要》卷99,"南诏蛮"条。
〔3〕《岱噶玉园会盟寺愿文》译文及考释,见杨铭《〈岱噶玉园会盟寺愿文〉研究》,载周伟洲主编《西北民族论丛》第6辑,中国社会科学出版社2008年。

南诏的兴盛。

唐会昌二年(842 年),吐蕃朗达玛赞普(836—842 年在位)为一僧人所杀,统一的吐蕃王朝瓦解,国内形成分裂割据的局面。或于此前后,南诏乘机从剑川以北扩张,据有了原吐蕃神川都督府以北的地区。[1] 统一的吐蕃王朝虽然瓦解,但神川以北吐蕃官吏、士卒仍在,吐蕃与南诏民间的往来仍十分频繁,只是史籍阙载而已。至唐大中十三年(859 年),南诏王丰佑卒,其子世隆(避唐讳,唐史籍作"酋龙")立。世隆不受唐封,自号大礼国,并多次北攻唐西川,二度攻陷安南,东寇黔中。直到唐乾符二年(875 年)高骈节度西川后,"结吐蕃尚延心、嗢末鲁耨月等为间,筑戎州马湖、沐源川、大度河(今四川大渡河)三城,列屯拒险,料壮卒为平夷军,南诏气夺"。[2] 此吐蕃尚延心及吐蕃奴部嗢末鲁耨月等,原系高骈任秦州刺史任内招降之陇右吐蕃,后迁于西川。高骈只是利用这批吐蕃的力量,来抑制南诏对西川的攻掠。

3.5 吐蕃与南诏经济、文化的交往

吐蕃自公元 7 世纪 70 年代将其势力伸入到西洱河诸蛮之地,于长安三年左右正式设置神川都督府,与唐朝及后统一五诏的南诏争夺这一地区。所谓南诏与吐蕃的关系,事实上是南诏、吐蕃与唐朝三者之间的关系。南诏在政治上归属唐或吐蕃之间,虽是几经反复,但吐蕃统治今云南剑川以北地区,长达百余年之久。吐蕃驻守该地区的将士及移民带来了吐蕃本土的风俗文化,使当地诸蛮逐渐吐蕃化。上述在云南丽江发现的古藏文碑,可证藏语文在该地区之通行。这种情况与吐蕃统治今青海、甘肃南部的情况相似,今天云南西北迪庆藏族的形成和发展当肇始于此。

不仅如此,吐蕃文化还通过各种渠道传入南诏。特别是在南诏与吐蕃联盟时期(752—794 年),吐蕃的一些政治制度推行于南诏。如吐

---

〔1〕此事不见汉、藏史籍的记载,据《蛮书校注》卷 6 云南城镇"宁北城"条推之。
〔2〕《新唐书》卷 222 中《南诏传》。

蕃封南诏阁罗凤为"赞普锺",而南诏即以此名为年号;后又封异牟寻为"日东王",将南诏作为其所属之邦国。藏文史籍中,还记载吐蕃墀德祖赞曾娶南诏女墀尊为妃,双方通过"和亲",进一步加强了文化的交流。此外,南诏与吐蕃频繁的使臣来往,以及南诏军队经常为吐蕃征调外出打仗等,都从不同的渠道和以不同的方式,加强了双方的交往。比如,吐蕃以犀革为坚甲之法,即为南诏所吸取。特别应提出的,是南诏在异牟寻时,佛教开始传入,在丰佑时,则大为盛行。南诏佛教是从印度、唐朝和吐蕃三个方向传入的,但吐蕃地区应是传入的主要渠道,至今在云南剑川石窟中,还可找到唐代吐蕃佛教的影响。

在经济交往方面,南诏与吐蕃的关系更为密切。前述从 7 世纪 70年代以后,吐蕃与唐朝、南诏反复争夺昆明城,其原因主要是该地有盐池。据《蛮书》卷 7 记:"昆明城有大盐池,比陷吐蕃。蕃中不解煮法,以咸池水沃柴上,以火焚柴成炭,即于炭上掠取盐也。贞元十年春,南诏收昆明城。今盐池属南诏,蛮官煮之,如汉法也。"内记吐蕃煮盐之法,实学习当地诸蛮煮盐的较原始的方法。《华阳国志》卷 3"定筰县"条记:"县在郡西,渡泸水……摩沙夷有盐池。积薪,以齐水灌而后焚之成盐。"在藏族史诗《格萨尔王传》中有《姜岭大战之部》,内即反映姜国(绛国,南诏所领之麽么诸蛮地)与吐蕃岭国争夺盐池的战争。在南诏附属于吐蕃期间,吐蕃不时征调南诏的物品,南诏向吐蕃朝廷献纳的贡品也源源不断流入吐蕃。至于吐蕃与南诏民间的贸易则更为兴盛,双方经济贸易和文化交流的道路,主要有两条:

其一,从洱海南诏都城羊苴咩城,北上至其北边重镇宁北城(今云南邓川北),此地可能设有宁北节度使。[1]贞元十年异牟寻再次附唐,大攻吐蕃,取剑川、铁桥等地,将宁北节度使改治于剑川(今云南剑川),更名为剑川节度使;又更置铁桥节度使于铁桥(今云南巨甸北塔城关)。正如《蛮书》卷 6 所记:"宁北城,在櫟榆县之东境也。本无城池,今以浪人诏矣罗君旧宅为理所。"又云:"铁桥城在剑川北三日程,

---

〔1〕见方国瑜《中国西南历史地理考释》上册,中华书局 1989 年,第 460 页。

川中平路有驿。贞元十年南诏蒙异牟寻用军破东西两城,斩断铁桥,大笼官已下投水死者以万计。"按上引《蛮书》所记,宁北城"又北有郎婆川(今云南鹤庆),又北有桑川(今云南丽江),即至铁桥城南[北]九赕(今云南巨甸)。又西北有罗眉川(今云南兰坪),又西牟郎共城(今兰坪城西五十里),又西至傍弥潜城(今剑川西南沙溪)。有盐井,盐井西有剑[敛]寻城(今云南维西),皆施蛮、顺蛮部落今所居之地也。又西北至聿赍城(今云南德钦南),又西北至弄视川(今云南奔子栏)",由此入吐蕃境。可知,从南诏羊苴咩城北至剑川,经郎婆川、桑川、九赕,至铁桥,由铁桥北可沿金沙江入西藏东部巴塘、昌都;或由铁桥至聿赍城、弄视川,沿澜沧江入西藏东部,再至吐蕃首府逻些(今拉萨)。

在这条主要的通道上,铁桥是双方贸易的集中地。《蛮书》卷7记:"大羊多从西羌、铁桥接吐蕃界三千二千口将来博易。"此仅云"大羊"在铁桥贸易的情况,其余商品也应如此,因为铁桥曾长期为吐蕃与南诏之边界通道。

其二,在南诏永昌(今云南保山)西北,还有一条通吐蕃的道路。《蛮书》卷2记:"大雪山在永昌西北。从腾充(今云南腾冲)过宝山城,又过金宝城以北大赕,周回百余里……三面皆是大雪山,其高处造天。往往有吐蕃至赕货易,云此山有路,去赞普牙帐不远。"此大雪山即今缅甸迈立开江上源之大雪山,直北即今西藏察隅地区。

此外,吐蕃军队或商人也从巂州、会川南下弄栋(姚州),也可到南诏各地贸易。但是,此路系唐朝与南诏的主要通道之一,吐蕃、南诏与唐朝对该地争夺激烈,时有战事,故作为吐蕃与南诏贸易及文化交往的通道,作用不大。

4 清驻藏兵制考

清朝驻防西藏官兵的制度是清朝对西藏地方主权的标志之一,在维护以清朝驻藏大臣、达赖喇嘛为首的西藏地方政府的权力,以及维持西藏社会的安定、保卫边防等方面起了重要的作用。过去中外学者对此问题也多有论述。然而,国外一些相关的论著,却说清朝驻藏官兵是一支为数不多的、保护驻藏大臣的"卫队",只是一种"摆设"。因此,有必要依据历史事实,再对清朝驻藏官兵制度的形成、特征及作用作一考述。

4.1 清朝驻藏兵制的初步形成

康熙五十九年(1720 年)九月,清廷派遣定藏将军噶尔弼、平逆将军延信率南、北两路大军,护送新封敕的"第六世达赖喇嘛",先后攻入拉萨,袭据西藏的准噶尔部军败逃。次年一月,青海和硕特蒙古王公贵族和达赖喇嘛等,因惧准噶尔部来年遣兵复来,故一再要求清军酌留驻藏。经抚远大将军允禵与延信商议,上奏清廷,决定留清军 3000 名驻藏,内包括内蒙古札萨克兵 500 名、额驸阿宝兵 500 名、察哈尔兵 500 名、云南兵 300 名、四川兵 1200 名,以公策旺诺尔布总统管辖,在拉萨布达拉宫前河沿筑营 12 座,并分防各紧要关口。[1]此乃清朝驻防西藏官兵之始。

六十年三月,康熙帝又谕令:"藏地甚属紧要,现在虽有蒙古、绿旗兵三千名驻彼,但延信已将将军印信带回,并无将军统管兵马,又无满

---

〔1〕吴丰培编辑《抚远大将军奏稿》卷 14,康熙六十年二十三日折,全国图书馆文献综述缩微复制中心 1990 年印,第 13 - 15 页;《清圣祖实录》卷 291,康熙六十年正月丁卯。

·欧·亚·历·史·文·化·文·库·

55

兵驻扎,不可不加筹画。"寻经议政大臣议复后,决定令都统武格、副都统吴纳哈领云南满兵 500、四川绿旗兵 500,入藏驻守;又命已前往青海的将军延信返回,带领四川兵进藏。[1] 后因延信病重,返京。[2] 康熙帝复令四川总督噶尔弼为定西将军,率兵入藏。噶尔弼走到泸定桥地方,患病不能前进,奉旨将定西将军印著在藏的公策旺诺尔布署理,额驸阿宝、都统武格俱参赞军务。[3] 六十一年七月,四川陕西总督年羹尧据驻藏喇嘛楚尔齐木藏布、西藏办事知府石如金等禀称,在藏官兵不睦,公策旺诺尔布软弱,副都统常龄、侍学士满都、员外郎巴特麻任意生事,因而上奏清廷,建议将上述官员及驻藏大军撤回。议政大臣议复中,认为年羹尧听信捏造之语,诽谤官员,擅奏撤兵,应"严加议处"。康熙帝未议处年羹尧,下旨将喇嘛楚尔齐木藏布、知府石如金及满都、巴特麻等从西藏调回,命西安布政使事塔林入藏办事,并署理巡抚事务色尔图进藏,管辖驻防四川绿旗兵丁。[4] 同年九月,清廷从色尔图之请求,从驻守察木多(今四川昌都)至拉里(今西藏嘉黎)挽运粮饷的四川绿旗、土司兵 3500 余名中,撤回 1600 名,以节省钱粮。[5] 同年十一月二十日康熙帝卒,其四子允禛即位,改元雍正。

雍正元年(1723 年)正月初二日,摄抚远大将军延信与年羹尧共同商议,以驻藏官兵历时二载,千里运粮艰辛,就地采买,致使藏地物价上涨,驻兵久住绝域,可能妄生事端等为由,上奏清廷,请于元年四五月青草出时将驻藏官兵撤回,仅于察木多处暂留四川绿旗兵 1000 名。[6] 三月初五日,雍正帝谕总理事务王大臣集议后,决定将驻藏官兵撤回;令公策旺诺尔布、都统武格、额驸阿宝等率察哈尔及阿宝所领军于西宁返回,副都统吴纳哈领云南满兵由云南南返,副将李现光率四川绿

---

〔1〕《清圣祖实录》卷 291,康熙六十年三月己丑。

〔2〕《清圣祖实录》卷 292,康熙六十年四月庚申。

〔3〕《清圣祖实录》卷 294,康熙六十年九月甲午。

〔4〕《清圣祖实录》卷 298,康熙六十一年七月壬寅。

〔5〕《清圣祖实录》卷 299,康熙六十一年九月戊子。

〔6〕《宫中档雍正朝奏折》第 28 辑,台湾故宫博物院 1977—1980 年刊,第 5 - 8 页;转见胡进杉《雍正朝西藏事务宫中档满汉奏折汇编》(台湾西藏研究会《西藏研究论文集》第 4 辑,第 99 - 129 页),附录《署理大将军延信等奏撤回驻藏兵丁并请旨事折》(原件为满文)。

旗兵由察木多遣回;又挑选四川绿旗兵 1000 名,驻防通西藏大路之察木多。[1] 至此,驻防西藏约 4000 名官兵陆续撤离了西藏。

可是就在此后数月,爆发了青海和硕特蒙古亲王罗卜藏丹津的反乱。七月,雍正帝下诏切责罗卜藏丹津,以年羹尧为抚远大将军进剿。为了防止罗卜藏丹津逃至西藏,年羹尧咨行四川总督岳钟琪,令昌都总兵周瑛火速率四川绿旗兵入藏,堵防罗卜藏丹津可能入藏要道。十二月十八日,周瑛所率 600 名四川绿旗兵抵达拉萨。[2] 清朝仅用了四个多月的时间,就迅速平定了罗卜藏丹津之乱,罗卜藏丹津只身逃往准噶尔部。雍正三年初,因准噶尔部策妄阿喇布坦遣使清廷,表示息战求和,西藏局势稳定,雍正帝采纳年羹尧的建议,决定将周瑛及所率兵士撤回。七月二十九日周瑛及驻藏 600 名川兵撤回。达赖喇嘛还给予撤回的兵士每名银二两,并差藏官沿途催办乌拉,备办口粮。[3]

雍正五年(1727 年)六月,西藏发生了噶伦阿尔布巴等杀害首席噶伦康济鼐的事件,驻后藏的噶伦颇罗鼐率军进攻前藏阿尔布巴,西藏扰乱。阿尔布巴和颇罗鼐均请求清廷派兵入藏。同年底,雍正帝下诏,决定派兵入藏。六年八月,清廷所遣由左都御史查郎阿、副都统迈禄所率北路军和四川周瑛率四川、云南的南路军抵达拉萨,清军总数达 6520 人。[4] 由于颇罗鼐早已胜利地进入拉萨,故清军未有战斗,顺利抵达。查郎阿等遵旨迅速处理善后事宜,并决定将达赖喇嘛移居到理塘(今四川理塘)。然而,6000 多名官兵驻扎在前藏,使当地的供应和粮饷的运输成了大的问题,因此在同年八月二十一日,雍正帝谕令:"从前降旨,令留兵三千名驻藏,今闻藏地收成歉薄,若多驻兵丁,未免粮谷不敷。著将川陕兵丁各留一千名驻藏,共成二千之数,令正蓝旗满洲副都统迈禄、銮仪使周瑛总统管理,并令永昌协副马纪师一同驻藏

---

〔1〕《清世宗实录》卷 5,雍正元年三月甲申。

〔2〕《宫中档雍正朝奏折》第 5 辑,十二月十九日周瑛奏,第 176 页。

〔3〕《宫中档雍正朝奏折》第 4 辑,雍正三年七月二十六日周瑛奏;第 5 辑,雍正三年十二月初二日周瑛奏。

〔4〕《清世宗实录》卷 75,雍正六年十一月己巳。

料理。"[1]十一月,查郎阿等遵旨除留驻川陕兵 2000 名,交迈禄、周瑛、马纪师统领外,于二十四日将撤离的清兵分为 5 队,经察木多撤离前藏,第二队即由查郎阿、马喇率防护达赖喇嘛军队,撤迁至理塘。[2]

雍正七年(1729 年)闰七月,雍正帝又谕令兵部,对驻藏兵丁在内地的家庭,"著照出征兵丁之例,给与坐粮,以为养赡之资。若家有喜丧事件,亦照出征兵丁例,赏给银两"。[3]九年,因陕西清军防剿西北准噶尔部,清廷下令,从此年起,驻藏兵丁皆由四川拣选 2000 名入藏换防。[4]

十一年(1733 年)三月,雍正帝鉴于清军大败准噶尔部,藏内自颇罗鼐主政后,藏兵较前"气壮",藏地无事,而驻藏官兵钱粮仍苦劳藏民,因此,谕令军机大臣等评议,酌留数百名官兵,余者尽行撤回。经军机大臣议定:

> 西藏居住之四川二千兵内应留兵五百名,以为该地守护之用,余俱撤回原处。所留之兵,俟三年后仍于四川官兵内派换。其又[察]木多居住之云南兵一千名,原为救援兵而设,今驻藏之兵既已酌减,则此项兵亦应撤回五百名。照四川兵丁之例,三年更换。[5]

七月十九日,办理西藏事务的满洲都统青保等奏复:已亲选兵 500 驻藏,其余 1500 名兵丁已分批撤回;并与颇罗鼐详议如何设兵防守、放哨、巡查及从喀木(康地)至拉萨分设台站运送粮饷等事。在奏复中,青保还遵军机大臣所议,会同颇罗鼐为驻拉萨的 500 名官兵选择色拉寺与大昭寺之间札什塘地方,建筑长久性驻防城址,"方圆二百丈,南东西三门,城基宽一丈,高一丈三尺,垛墙三尺,共一丈六尺,均以石砌,城上宽五尺,三门,每门阶梯一"。官、兵(每两人一间)住房及北城火药、炮弹等物库房,共建 341 间。其建城、房经费,颇罗鼐甘愿自力承

---

[1]《清世宗实录》卷 72,雍正六年十月己亥。

[2]《清世宗实录》卷 75,雍正六年十一月己巳。

[3]《清世宗实录》卷 84,雍正七年闰七月庚辰。

[4]《清世宗实录》卷 103,雍正九年二月乙巳。

[5]《清世宗实录》卷 129,雍正十一年三月壬午。

担,青保以"业经奉旨"已赏修建城堡匠役以工银,婉言谢绝。所建城堡所需料木,则取自原工布地方罪人阿尔布巴入官房舍,拆运至拉萨。[1] 札什城的修建,从五月二十八日兴工,至九月初四完工,驻防官兵移住新城。[2]

自康熙六十年清朝在西藏驻防官兵始,其间驻防官兵人数不等,且时有撤回内地之举,到雍正十一年议定由四川选派于西藏驻防官兵500名,三年仍由四川官兵派换,且有驻防官兵永久性居住城堡——札什城,说明清朝在西藏派驻官兵制度已初步形成。

4.2 清朝驻藏兵制的完善和成为定制

到乾隆二年(1737年)闰九月,办理西藏事务的杭奕禄奏请撤回驻藏兵丁,乾隆帝谕令:"……若果有益,数百兵丁所费粮饷几何? 著将此驻防与台站兵丁暂停撤回,照旧轮班驻扎,俟过一二年后再定。"[3] 可是,到乾隆十四年(1749年)八九月间,继为西藏郡王的珠尔默特那木札勒(颇罗鼐子)野心膨胀,竟奏请裁撤400名驻藏官兵,仅留100名为驻藏大臣卫队;并控制江达至拉萨五塘站,使台站时有断绝。[4] 十二月三十日,四川总督策楞即奏请恢复西藏驻兵成例,乾隆帝认为,"如此,反恐启彼(指珠尔默特那木札勒)之疑也"[5],没有表态。十五年(1750年)正月,乾隆帝谕军机大臣传知驻藏大臣拉布敦,筹议恢复驻藏官兵是否可行。最后,乾隆帝以为,若拉布敦还未告珠尔默特那木札勒恢复驻藏500兵丁事,"则已撤之兵复往驻守,势必动彼之疑,或致滋事",故暂不必派驻官兵。[6]

〔1〕第一历史档案馆藏军机处满文录副奏折,转见张羽新《清朝治藏典章研究》下,中国藏学出版社2002年,第1063－1067页。

〔2〕第一历史档案馆军机处来文,转见张羽新《清朝治藏典章研究》下,第1067页。

〔3〕《清高宗实录》卷52,乾隆二年闰九月丙辰。

〔4〕见《清高宗实录》卷355,乾隆十四年十二月甲辰;《清高宗实录》卷376,乾隆十五年十一月癸丑;《清高宗实录》卷388,乾隆十六年四月戊寅。

〔5〕《清高宗实录》卷355,乾隆十四年十二月甲辰。

〔6〕《清高宗实录》卷356,乾隆十五年正月乙卯。

十五年十月,珠尔默特那木札勒因反乱为驻藏大臣傅清、拉布敦所诱杀,接着,傅清、拉布敦又为其党所杀。后在达赖喇嘛及西藏公班第达等的努力下,变乱平息。十二月初二日,乾隆帝谕令:"现今藏地大局已定,重兵已无所用,但一切事宜尚须料理,著四川总督策楞率兵八百名,带领进藏。"〔1〕十二月二十六日云南提督冶大雄奏请,"藏内仍照前安设重兵驻防,令提镇大员弹压,三年一换"。乾隆帝下旨:"所见是,亦即如此办理矣。"〔2〕

十六年三月,经策楞等会商后,订立了《善后章程十三条》〔3〕,经皇帝批准,颁布施行。这是清朝关于藏事的第一个重要文件。然而,章程十三条中无关于驻防官兵和设立台站事。这是因为策楞早已遵旨,将其所带官兵800名一一查照旧例,照数(500名)拣留驻藏,〔4〕故章程中再未提及。而设立台站事,乾隆帝也有察觉,下旨指问。五月,策楞等奏复:西藏台站官兵所需各项俱由各喋巴(地方头人)办应。"番地之操纵权在喋巴,喋巴去取,议归达赖喇嘛、驻藏大臣主持。台站一切无庸更办,故未专款另议。然未声明情节,实属疏忽。"乾隆帝对此回答甚不满意,谕令军机大臣:"台站一事,于内地外番往来关键,最为紧要……此等关系紧要情节,何以疏忽若此?今既查明,此时自可毋庸更张另办,然迟一二年后,究应令驻藏大臣便中办妥为是。"〔5〕

乾隆五十三年(1788年)六月,西藏南边廓尔喀(又作巴勒布,今尼泊尔)向西藏发动第一次入侵战争。时驻藏大臣庆林一面上奏清廷,一面调令驻藏官兵和藏兵往后藏防堵,并将七世班禅移驻前藏。七月二十八日,谕令四川总督李世杰、四川提督成德等迅速调集四川绿旗

〔1〕第一历史档案馆藏军机处上谕档,转见《元以来西藏地方与中央政府关系档案史料汇编》(2),中国藏学出版社1994年,第528页。

〔2〕《清高宗实录》卷379,乾隆十五年十二月戊戌。

〔3〕《善后章程十三条》汉文本,见张其勤原稿,吴丰培增辑《清代藏事辑要》,西藏人民出版社1983年,第179-183页。

〔4〕《清高宗实录》卷387,乾隆十六年四月癸未。

〔5〕《清高宗实录》卷388,乾隆十六年五月丁酉。

兵及藏兵三四千名入藏堵剿。[1] 后因廓尔喀退兵,仅成德率领1000名官军进入后藏,收复、安抚失地。战争结束后,成都将军鄂辉等遵旨议订善后章程,至五十四年六月二十七日,军机大臣和珅等依旨议定鄂辉等奏《藏地善后事宜十九条》。这是清朝制定的有关西藏的第二个重要章程。十九条内,与驻防官兵有关的部分有:

(1)鉴于后藏地位之重要,在原前藏驻防绿旗官兵510员名的同时,酌派官兵分驻后藏。即于察木多抽拨外委1员,兵丁60名,江卡(今西藏芒康)抽拨兵丁30名,硕板多(今西藏洛隆西北)抽拨都司1员,兵丁20名,前藏抽拨兵丁40名,以上4处,共抽拨兵丁150名,移驻后藏。其官兵钱粮,在西藏粮员处按月支领。再从前藏至后藏一路,安设塘汛12处,每塘挑选附近藏兵4～5名,并交噶伦办给口粮,均由后藏都司管束。后藏驻防官兵驻防之处,利用札什伦布空闲寨堡,不再添建。

(2)全藏藏兵(包括达古蒙古轮差兵)定期操练,驻防绿旗官兵则承担教习。

(3)驻藏大臣二人按年分为两次赴后藏巡查,操演官兵。

(4)规定驻藏各衙门役使驻藏兵丁数目:驻藏大臣衙门不得超过40名,游击不得过20名,都司不得过15名,守备不得过10名。又饬禁驻防兵丁雇番妇,不许有奸情,以肃营伍。

(5)内地转解驻藏军饷仍改用元宝,以免长途零散和利于兵番实用。

(6)由四川入藏(包括至后藏)台站,自川藏分界南敦以东归川省将军、督提衙门管理,南敦以西西藏台站归驻藏大臣管理。派驻台站文武官员三年期满,应保题升转,换班驻防等。[2]

以上善后十九条中有关驻藏官兵的规定,进一步调整和完善了清

〔1〕第一历史档案馆藏军机处上谕档,转见《元以来西藏地方与中央政府关系档案史料汇编》(2),第620－621页。

〔2〕第一历史档案馆藏朱批奏折(《和珅等遵旨议复藏地善后事宜十九条折》),转见《元以来西藏地方与中央政府关系档案史料汇编》(2),第641－654页。

·欧·亚·历·史·文·化·文·库·

朝驻防西藏官兵的制度。

乾隆五十六年七月至五十七年,发生了廓尔喀第二次入侵西藏的战争,清廷派遣大将军福康安、四川总督孙士毅等分别由青海、四川率大军,驱逐廓尔喀军,取得了战争的胜利。在战争结束后,乾隆帝决心整顿和健全西藏各项制度,通过福康安等的筹划,陆续对藏事有所改革,最终于五十八年(1793年)二月形成名为《钦定藏内善后章程二十九条》(藏文本称为《水牛年文书》)的治藏法规性文件。[1] 它标志着清朝治藏政策最终形成,成为以后治藏各项政策的准则。与上述乾隆十六年订立的《善后章程十三条》一样,在钦定章程二十九条中也没有关于驻防官兵的条文。其原因是在订立二十九条章程前,已制定了关于驻防官兵的改革条文。此即五十七年十二月初六日福康安等所奏:在扼要总路的江孜、定日两处设汛防,于江孜派守备1员、外委1员,带兵20名驻扎;于定日派守备1员、把总1员、外委1员,带兵20名驻扎。所有添设巡查官弁兵丁,应遵旨于藏内及台站兵丁内抽拔,照前藏驻防之例,班满更换;亦即于驻藏大臣巡查之便,就近查验操演,以肃营伍。[2]

此外,在《钦定藏内善后章程二十九条》及其形成过程中,福康安等所奏准的善后事宜中,还有关于驻防官兵的有关规定:西藏官兵(包括藏军)所需火药,可在西藏工布地方就地制运,其铅丸、火炮由川省解运;[3] 每年春秋两季,驻藏大臣轮流巡察前后藏,并督察操演;[4] 再行裁减驻藏各衙门应差兵丁人数等。[5]

始编于乾隆五十九年,完成于嘉庆二年(1797年)的《卫藏通志》

---

〔1〕《钦定藏内善后章程二十九条》藏文本汉译文,见《元以来西藏地方与中央政府关系档案史料汇编》(3),第825–836条;牙含章《达赖喇嘛传》,人民出版社1984年,第62–71页。

〔2〕《钦定廓尔喀纪略》卷47;《清高宗实录》卷1418。

〔3〕《钦定章程二十九条》中的二十六条。至嘉庆二十年(1815年)十一月四川总督常明奏,前后藏所需火药已全由川省制运(《清仁宗实录》卷312)。

〔4〕《钦定章程二十九条》中的第十二条。乾隆五十九年五月因驻藏大臣和琳等奏请,改驻藏大臣每年巡边一次(《卫藏通志》卷8《兵制》)。

〔5〕《钦定廓尔喀纪略》卷48,军机处议复福康安等所拟西藏善后章程(乾隆五十七年十二月二十七日)。

（时任驻藏帮办大臣和宁撰[1]），其书卷 12《条例》（原作《章程》）"绿营"条，对乾隆五十八年后清朝驻藏官兵最后形成的定制，有总结性的记述：

绿营

一、驻扎前藏游击一员、守备一员、千总二员、把总二员、外委五员，汉兵四百五十名；后藏都司一员、把总一员、外委一员，汉兵一百四十名。

一、驻扎江孜守备一员、外委一员，汉兵二十名；定日守备一员、把总一员、外委一员，汉兵四十名。

一、驻扎察木多游击一员、千总一员、把总一员、外委一员；江卡汛守备一员、把总一员；梨树汛外委一员；石板沟汛把总一员、外委一员；昂地汛把总一员；硕板多千总一员、外委一员；拉里汛把总一员、外委一员；江达汛外委一员。共兵六百八十名。（以上为西藏东台站驻官兵）

一、驻藏大臣衙门应差兵丁，每处三十名，游击八名，都司六名，守备二员每员四名，驻藏司员四名，笔帖式二名，千总、把总每员一名。前藏粮员看库兵丁八名。每遇操演日期操演，勿许藉口应差致有旷废。

乾隆五十八年，清朝经过七十多年时间，最终建立和完善了驻藏官兵的制度，自此之后实施，一直到清末。其间虽然小有变动，但其驻防官兵地点、人数等基本沿袭这一定制。道光年间（1821—1850 年），曾任驻藏帮办大臣钟方所撰《驻藏须知》中，前后藏驻防官兵地点、人数大致与乾隆五十八年定制相同，仅前藏驻兵 435 名，内原注"内有满印房四名、额外外委五名，均在此兵丁数"，即是说兵丁数减少 20 余名，而江孜汛兵由 20 名增加到 40 名，可能是前藏拨调至江孜 20 名兵丁的缘故。而原察木多至江达汛的东台站驻藏官兵共 680 名，增加了自江

---

〔1〕关于《卫藏通志》撰者为和宁的考证，见张羽新《〈卫藏通志〉的著者是和宁》一文，载《西藏研究》1985 年第 4 期。

·欧·亚·历·史·文·化·文·库·

孜后藏定日西台站,东西台站共有 1273 名兵丁。[1]

至于驻藏官兵的饷银、火药供给,如前述,由清廷从四川解运,部分火药在工布地区制造。嘉庆六年(1801 年)十一月,时驻藏大臣英善等因川省拨至前后藏驻防官兵饷银未解到,向前藏达赖喇嘛和后藏班禅额尔德尼借银支发,遭到嘉庆帝的训斥,谕令:"此项银两解到后,所有英善向前藏达赖等所借银一万四千两,向后藏班禅所借银六千两,俱即如数拨还。"[2]至于驻藏官兵口粮,"俱系先将米价银两交商上噶布伦(噶伦),由帕克里、错拉二处营官采办"[3]。驻藏官兵规定由川省抽调,每三年换防。驻藏大臣每年按期操练驻藏官兵及藏军;驻防官兵则承担教习藏兵之责。

由此可见,清驻藏兵制的特征:一是驻藏官兵为清朝正规的绿营官兵,如包括东西台站的官兵,人数在 1500 名以上,三年一换防;二是所有驻藏官兵的口粮及饷银均由清廷负担,饷银由四川解运,口粮则先将米价银两交商上噶伦,由其在藏地采办;三是驻藏官兵主要任务是分防前后藏重要城镇,负责边防,以及保证内地与西藏、前藏与后藏的交通和驿传的畅通;四是驻藏官兵担负操练额设 3000 的藏兵的任务,使之具有清军的风貌及战斗力。

4.3 清后期驻藏兵制的流弊和变革

道光、咸丰后,由于清廷的日益腐朽和列强的入侵,驻藏兵制的各种弊病开始逐渐显露出来。

道光二十四年(1844 年)七月,驻藏大臣琦善等奏称:"西藏驻防弁兵,原系三年一换,例准雇役番妇代司缝纫樵汲。"以后留防过多,更换日少,弁兵与番妇所生子也在营食粮者,"现已十居二三"。另有兼差

---

〔1〕《驻藏须知》原为抄本,此处引张羽新编《中国西藏及甘青川滇藏区方志汇编》第 3 册,学苑出版社 2003 年,第 385 - 360 页。

〔2〕《清仁宗实录》卷 91,嘉庆六年十一月壬辰。

〔3〕《清仁宗实录》卷 228,嘉庆十五年四月癸卯。

来藏弁兵,准留候补,竟有待至二三年者,方得轮补缺粮。道光帝在谕令中,以为如此下去,"不但帑项有亏,且恐在营弁兵渐成唐古特(西藏)族类"。"著该大臣嗣后遇换防之期,即行照例更换,少准留防。"[1]八月,琦善又奏,前藏应存火药、铅子等项,因滥行借支,不敷操演等。[2]道光二十六年闰五月二十四日,琦善还以今藏兵"演习枪炮之法已明悉"为由,奏请"嗣后番弁兵丁一切操防事宜,均责成噶布伦等经理,经禀驻藏大臣核办,倘有废弛疏懈,即行参奏;其官兵操练,责成驻防将备管理,庶营务各有专责,遇事不致推诿"。[3]即是说,琦善奏革除了原驻藏兵制中驻藏官兵训练藏兵之责,形成了驻防清军与藏军"各管各营"的局面。

到光绪十九年(1894年),根据英国第一次入侵西藏战争后签订的《中英藏印条约》及《续约》,亚东开关与英国贸易。清廷遂于亚东北靖西设同知、游击,派驻兵丁一营。[4]

到光绪末年,英国第二次入侵西藏战争后,清廷上下甚感藏事危岌,遂力图整顿藏事。光绪三十一年(1906年)十二月十三日,奉旨与英谈判的张荫棠致电外务部:"拟请奏简贵胄总制全藏,一面遴派知兵大员,统精兵二万,迅速由川入藏,分驻要隘……并次第举行现办新政,收回治权。"[5]三十二年十二月二十八日驻藏大臣联豫也上疏,建议裁撤原驻藏官兵,以其饷银作为练兵之饷,按新章"练兵六千",以3000驻前藏,1000驻察木多,2000分驻靖西、后藏江孜等处。[6]到宣统元年(1909年)元月,在西藏地方政府扬言阻止新任驻藏大臣赵尔丰入藏的形势下,清廷决定采择上述联豫所拟办法,决定"拟先设兵三千人,由

---

〔1〕《清宣宗实录》卷407,道光二十四年七月丙寅。

〔2〕《清宣宗实录》卷408,道光二十四年八月丙辰。

〔3〕第一历史档案馆藏军机处录副奏折,转见上引《元以来西藏地方与中央政府关系档案史料汇编》(5),第2245-2246页。

〔4〕《清德宗实录》卷340,光绪二十年五月甲申;宣统元年八月联豫在藏所颁告示中,说"光绪十九年亚东辟为商埠,复又增派官兵一营,以为成边。告示为藏文,汉译文见《元以来西藏地方与中央政府关系档案史料汇编》(4),第1583-1584页。

〔5〕吴丰培编辑《清代藏事奏牍》下,中国藏学出版社1994年,第1304页。

〔6〕吴丰培编辑《联豫驻藏奏稿》,西藏人民出版社1979年,第15页。

·欧·亚·历·史·文·化·文·库·

川督挑选精锐川兵一千，饷须极厚，械须极精，并派得力统领一员，带同哨弁目数十员，率之入藏，归驻藏大臣节制调遣……其士兵二千各由联大臣新近选募……"[1]同年八月，清廷派遣钟颖率川军1000余名入藏驻防，联豫为此在藏内颁发告示，说明奉旨调兵入藏系为三商埠（亚东、江孜、噶大克）设立巡警，并护卫达赖喇嘛、班禅额尔德尼，俾黄教日益，百姓安谧。[2]可是，入藏川军却遭到藏军的阻击。二年正月十三日，钟颖所率川军抵达拉萨，达赖喇嘛逃到印度。此时，联豫在西藏积极推行"新政"，先后奏设督练公所，在拉萨、亚东、江孜等地开办巡警，对原驻防官兵的制度多有改革。宣统三年三月，联豫奏请将"驻藏绿营官弁制兵共计尚存一千余名，拟一律裁辙。凡游击以下各员，拟请悉予开缺，分别回藏回川，酌加录用……至各塘汛传递折奏、公文，事关紧要，制兵既裁，拟改为邮夫，即归地方理事官经理……"下部议。[3]然而，因此年辛亥革命爆发而中止。

（原载于《清史研究》2009年第1期）

---

〔1〕王彦威编辑《清宣统朝外交史料》卷1，第34页。

〔2〕西藏档案馆档案（原为藏文），汉译文见《元以来西藏地方与中央政府关系档案史料汇编》(4)，第1583－1584页。

〔3〕《宣统政纪》卷50，宣统三年三月丙午。

5   19 世纪西藏与森巴战争的
几个问题

5.1   关于然吉森、索热森和谷朗森

在清道光二十一年(1841 年)西藏与森巴战争中,时驻藏大臣孟保的奏折中提到:"臣等访查得拉达克迤南有然吉森一大部落,其属有二:一曰索热森,一曰谷朗森,皆其所属,而通呼之为森巴。"〔1〕又撰于光绪十二年(1886 年)的《西藏图考》(黄沛翘撰)卷 6《藏事续考》亦云:"森巴者,其部有三:最大而远者,曰然吉森,次曰索热森,曰谷朗森。道光二十一年,索热森酋俄斯尔遂因拉达克来侵藏。"这是驻藏大臣孟保等从西藏人口中了解到的情况。然吉森、索热森和谷朗森是何意,指何国、何地? 长期以来,无人阐释。

我以为,"然吉森",应指 19 世纪初在印度北部旁遮普一带建立的锡克王国,其统治者名兰吉特・辛格(Ranjit Singh)。在他统治期间,锡克王国逐渐吞并了其西北的克什米尔地区,遂与中国西藏所属之拉达克邻界。〔2〕所谓"然吉森"是兰吉特・辛格一名之异译,辛格(Singh)之"格"又可不发声,可译作"森";以其统治者之名,来代表其统治的锡克王国。

在当时,兰吉特・辛格统治的克什米尔西南有一个名叫"查谟"(Jammn)的小邦,其族称道格拉(Dogra)人,统治者名古拉伯・辛格(Gulab Singh),原也臣属于兰吉特・辛格之锡克王国。所谓的"谷朗

〔1〕孟保《西藏奏疏》卷 1,西藏汉文文献编辑室编印,1985 年。

〔2〕〔印度〕辛哈・班纳吉著,张恭达等译《印度通史》,商务印书馆 1964 年,第 598 - 600 页。

森",应即查谟土邦统治者"古拉伯·辛格"之异译。

古拉伯·辛格势力逐渐向北扩张,兼并了北部基希德瓦尔(Kishtwar)等地,并设立省区,任命瓦齐尔佐尔阿弗尔·辛格(Wazir Zowar Singh)为该地区省长。[1] 瓦齐尔,系官职名,中国史籍译为"倭色尔"或"俄斯尔",而佐尔阿弗尔·辛格,则译作"索热森",即指查谟古拉伯·辛格所属一个省区,以长官名为代表。此即在道光二十一年率军入侵西藏拉达克之"索热森"的"俄斯尔"。

总之,中国汉文史籍的"然吉森"系锡克王国统治者兰吉特·辛格名之异译,指当时印度锡克王国;"谷朗森"为锡克王国所属之查谟土邦统治者道格拉人古拉伯·辛格名之异译,指查谟道格拉人;"索热森"则为"佐尔阿弗尔·辛格"之异译,指查谟古拉伯·辛格所属基希德瓦尔等地所设省区。而西藏所称之"森巴",则是因上述三地统治者姓名最后为"辛格"(森),"巴"(pa)系藏语"人"之意。

5.2　西藏森巴战争最后一战谁是胜者?

清道光二十一年至二十二年(1841年至1842年),西藏西部边外今克什米尔地区查谟土邦统治者古拉伯·辛格派遣其北边一省区的省长瓦齐尔佐尔阿弗尔·辛格率军从其征服的原西藏所属拉达克向西藏西部阿里地区进攻。入侵军队大约有6000人,其中道格拉查谟兵士约3000人,其余是拉达克和司丕提人。道光二十一年(1841年)五月,这支军队分三路入侵,很快占领了西藏西部杂仁、补人、茹妥、达垻噶尔、堆噶尔等五地。驻藏大臣孟保及西藏地方政府派遣代本比喜及噶伦索康·策垫夺吉等率藏军反击。年底,大雪封山,西藏军队在多玉(Do-yo,藏文作 rdo-khyw,在今阿里玛法木错南)击溃了道格拉(森巴)军队,俄斯尔(瓦齐尔佐尔阿弗尔·辛格)在战斗中被杀死。藏军乘胜西进,收复失地,并一直进军到拉达克首府列城。此后,古拉伯·辛格

---

〔1〕见〔克什米尔〕毛尔维·赫希默杜拉·汗著,陆水林译《查谟史》第六章,转见陈家璡主编《西藏森巴战争》,中国藏学出版社2002年,第7页。

又派遣迪万赫里金德(Dewan Hari Chand,中国史籍作"叠洼")[1]率数千道格拉军队重返拉达克,与藏军展开激战,双方互有胜负。道光二十二年(1842年)四月,藏军退至今班公湖南之咙沃玛(Klug-yogma,孟保《西藏奏疏》作"咙沃")。[2]在此地,双方进行了最后一次决战。

关于这次在咙沃的决战,印度及西方的文献及著作与中国西藏方面的文献记载,其结果大不相同。中国西藏方面的资料,如时任驻藏大臣孟保的奏疏中说:

> 窃于本年九月二十二日,据噶布伦策垫夺吉等报称:今有贼目倭色尔之妻纠约森巴头人巴占并克什米尔缠头回子,现有四千余人,由拉达克界外之夺苦地方前来,声言报复。噶布伦在唐古特边界咙沃地方扎营防守。于七月二十七日,有森巴贼目巴占带领番众,直逼咙沃营盘,与我兵拒敌,连日接仗,随将森巴贼目巴占歼毙,并杀毙番贼一百二十余名,贼众退去二十余里,与噶布伦扎营之所仅隔大河一道。该贼暗将河之上流砌立长堤,灌我下游营盘。噶布伦当将官兵移至高阜紧要之处,设法抵御。复于八月初二日,有森巴头人叠洼带领贼众分起前来,两相接仗。我处阵亡如琫夺结策旺、甲琫吉普巴等二名,定琫二名。我兵尽力抵御,复杀毙贼众二百三十余名、头目二名,未容该贼阑入唐古特境内。该贼因连次败衄,遂派小头目热登及通事阿密足来营求和。噶布伦策垫夺吉及戴琫(代本)比喜密察该贼情形,实有畏惧之意,始行允准。于八月十三日,据谷朗森并然吉森及克什米尔各部落之头人叠洼等,同具悔罪永远不敢滋事切实甘结,该头人等即将各番众全行撤回等情禀报前来。[3]

又据西藏地方藏文档案资料,森巴派两人到藏军"求和",因为没有政府的命令,索康噶伦等接受了森巴人的求和,并"派噶尔本觉杰和三个助手,他们毫无惧色,出城、过河流,迈着矫健的步伐,挺胸昂首进

---

〔1〕迪万(Dewan),为查谟土邦高级官职名。
〔2〕孟保《西藏奏疏》卷1,道光二十二年十二月初七日孟保奏折。
〔3〕孟保《西藏奏疏》卷1,道光二十二年十二月初七日孟保奏折。

入敌战营"。但森巴因其官职小,而不予谈判。后索康噶伦与比喜代本等入森巴营,与之谈判,议订立和约。[1]而关于咙沃之战,有的藏族学者则据上述西藏地方档案作了叙述:森巴人筑堤放水淹藏军军营后,索康噶伦"指挥若定,稳住阵脚,将我军迁到附近的一座大土丘上,并挖壕筑垒,依托沙丘,声势复振。七月二十二日,森巴大头目德恩赫热金等带领众多贼兵,与我军对阵……大头目德恩赫热金看到我军势不可挡只得狼狈收兵。敌军在我军的沉重打击下,最终失去了再次应战的能力,为了挽回败局,只好派人请求和谈。这是藏森战争的最后一战,也是最漂亮的一战,最终以我方完全胜利,敌人彻底失败而告结束"。[2] 但是,也有的藏族学者持不同观点,如恰白·次旦平措等撰《西藏通史——松石宝串》一书,则认为此役"西藏军战败",比喜等人被俘。[3]

在印度、克什米尔及西方一些论著中,却对这次战争的结果有不同的叙述。如原在克什米尔土邦任职的官员毛尔维·赫希默杜拉·汗撰写的《查谟史》一书,对这次战争是这样叙述的:

> ……成功地逃走的人向笔喜(比喜)代本、噶伦若各厦和噶伦索康报告了这一事件。这 6000 军队便带着一门在多玉之战中从道格拉军队缴获的火炮向前开拔,准备和道格拉军作战。到达丹吉后,在珑郁玛(Long-yug-ma)建立了坚固的兵营……迪万一直追击到兵营附近。敌人(藏军)退入兵营后,迪万就包围了兵营。一连八天,除了小规模接触外,没有发生战斗。敌军兵营十分坚固,道路拉人无计可施……在第八天向兵营发动进攻,但未能获胜……古迈丹萨尔道尔·辛格士兵阵亡 300 多人,许多人受伤……和道格拉军队在一起的有一个努尔拉人强巴觉丹……他对迪万说,如果通过某一条路把河水引入平原,便可将兵营淹没,被围困的军队就非出来不可。迪万……立即作了部署,把河水引进了平原。

---

[1] 转见次仁加布《试论西藏抗击森巴入侵之战》,载上引《西藏森巴战争》,第 188 页。

[2] 上引次仁加布文,载《西藏森巴战争》第 187 页。又祝启源《1841—1842 年西藏阿里地方抗击森巴人入侵若干历史问题探讨》(载台湾《中国边政》第 130 期,1996 年)一文,也持此观点。

[3] 见该书汉译本,西藏古籍出版社 2004 年第 2 版,第 884 页。其根据是藏文本《拉达克王统纪》,西藏人民出版社 1987 年,第 88 页。

河水向平原流了三天,兵营全部被淹。敌人想方设法躲避洪水,但终于无计可施,物质和战具全部被水淹没,外面又有道格拉军团团围困。他们无地可居,无路可逃,迫不得已,只好请求迪万饶命。迪万以宽广的胸怀派卡齐·纳迪尔·阿里(Qazi Nadir Ali)和瓦齐尔穆德萨迪(Mu ta sad di)前去安抚他们。拉萨军队的全体官员都不带武器,来到迪万这里。迪万以礼相待,没收了被围军队的武器和战具后,给他们一条离开兵营的道路……总之,迪万对拉萨军队取得了完全的胜利……与他(佐尔阿弗尔·辛格)的打算相反,迪万没有努力去收复瓦齐尔当初征服的地区,由于健康原因,他在庆祝了这一伟大胜利后便回拉达克去了……笔喜代本和索康克本到了拉达克……拉萨政府通过噶尔本交噶木巴(Jorgambqs)求和,噶尔本来到拉达克的迪万那里,代表拉萨政府任命笔喜代本和噶伦索康为和谈代表。[1]

对照上引孟保《西藏奏疏》、西藏地方政府档案资料和《查谟史》记载有关西藏森巴最后一次在咙沃玛之战,有许多相同之处,如最初双方对峙于咙沃玛几次交战,西藏军队略占上风,且取得胜利;后迪万放水淹藏军营地,也是事实。然而,就在此之后,西藏方面的资料说,藏军移至高卓之处,复于八月初二日与迪万又进行交战,取得胜利,迫使迪万遣两使者到藏军处"求和";而《查谟史》及印度方面论著则没有此记载,[2]相反却说藏军失去战斗力,迪万遣两使者到藏军处去"安抚"(劝降),于是藏军全体缴械后,被押送到拉达克,迪万取得了这次决战的胜利。

在历史上,甚至于今天,任何战争的双方在向上级报告或叙述战争的过程之中,也多有避讳或矫饰之处。因此,在分析和判断上述西藏森巴咙沃玛之战的胜负时,不能完全相信双方所叙述的结果。对藏军

〔1〕见上引《查谟史》,汉译文载《西藏森巴战争》第58-60页。

〔2〕如 Chaman Lal Datta, Ladakh and Western Himalayan Politics:1818—1848, The Dogra Conquest of Ladakh, Baltistan and West Tibet and Reactions of other powers, New Delhi, 1973, pp.118-149.

一方而言,在最初的几次战斗中,表现顽强、英勇,取得了一些小的胜利,这在《查谟史》中也有记述;但在被河水淹没营地后,虽然没有像《查谟史》等书所说,完全丧失了战斗力,可是也不可能如西藏方面资料所说,取得像"八月初二日"那样的最后胜利。西藏军队在取得多玉之战的大胜之后,孤军深入拉达克,后被水淹。之后,事实上受挫,不可能取得最后一战的大胜。这显然是藏军夸大胜利,甚至掩盖受挫之事实。而道格拉军方面,虽然水淹藏军,取得了最后一战的小胜(其文献记载也有夸大胜利之嫌),但其征服的拉达克及小西藏(巴尔提斯坦)仍不断起兵反抗,一时又不能完全击溃顽强的藏军,因此有求和的愿望,并首先派出两名使者至藏军处,要求停战。其最终结果,藏军虽受挫,仍顽强战斗,道格拉军一时不能击溃藏军,又要镇压拉达克和巴尔提斯坦人的反抗,双方都有停战和谈的愿望,故最后达到停战和签订互不侵犯的协定。而双方向上级报告时,也就可以各自夸大自己的胜利,而使后世人难以分辨到底谁是最后的胜利者了。

5.3　西藏拉达克地区何时被侵占?

道光二十二年八月十三日(1842 年 9 月 17 日),以西藏噶伦索康、代本比喜为一方,与道格拉代表于列城举行谈判,最后签订了停战协议。目前所见到的协议文本似乎有两种,一为波斯文,一为藏文。两种文本文字出入较大,而且文中未规定以哪种文本为准。"仅仅这一点,就有足够的资料可以使练达的外交家们辩论几代了。"[1]尽管如此,据西藏地方政府所存两种文本来看,[2]双方各自承诺的要点,两种文本一致的方面(有的表述不太一致)有:(1)双方停战,永远保持友好关系,各自承认双方旧有的边界,而不用武力改变这条边界;(2)双方按以前的办法进行贸易(西藏羊毛、盐等商品全部通过拉达克转卖),并彼此为对方官方贸易者提供免费运输及食宿;(3)克什米尔一方"将不

---

〔1〕A. 兰姆著,民通译《中印边境》,世界知识出版社 1966 年,第 49 页。

〔2〕W. D. Shakabpa, Tibet:a political history, Yale University press,1967,pp. 327 – 328.

会阻止从拉达克往拉萨的贡使"等。[1]

从这一协议的签订经过和内容来分析,它完全是一个停战后双方保证互不侵犯和维持旧有的传统边界和贸易的换文,而签字的双方代表仅代表各自国家的地方当局,皆未经过各自中央政府的批准。[2]显然,这一协议不是一个关于划定边界的条约,协议中只提到维持双方的旧界(传统习惯线),因此,它只是一个双方表示互不侵犯的停战协定。藏文称作"甘结",实际只是保证书。[3]

值得注意的是,道光二十二年道格拉、西藏地方官员的换文(协议),表面上似乎是双方平等,维护战争前的传统边界和贸易惯例,然而事实上,却没有能解决道格拉古拉伯·辛格侵占西藏拉达克的问题。

众所周知,拉达克是中国西藏的领土,在 9 世纪以前是吐蕃政权的一部分;13 世纪作为西藏一部分的拉达克又统一于中国的元朝,成为中国西藏的一部分;一直到 19 世纪 30 年代以前,拉达克都在中国清朝中央政府的管辖之下。[4]1834 年 7 月,古拉伯·辛格命其基希德瓦尔地方长官瓦齐尔佐尔阿弗尔·辛格率领约 5000 名全副武装的士兵,从克什米尔越过马努(Maryum)山口,突然侵入拉达克领地,由此开始了侵占拉达克的战争。此后,因拉达克人的不断反抗,佐尔阿弗尔·辛格先后多次出兵,终于在道光十九年(1839 年)侵占拉达克。[5]据中国资

---

〔1〕参见上引《拉达克王统记》(藏文本),第 89 页等。

〔2〕参见上引兰姆《中印边境》(中译本)第 68—69 页,引斯特拉彻语。

〔3〕同上引中印官员《关于边界问题的报告》(中方),第 15—16 页。

〔4〕见拙作《19 世纪前后西藏与拉达克的关系及其划界问题》,载《中国藏学》1991 年第 1 期。又,这一事实,凡是尊重历史,不抱任何偏见的学者都是承认的。比如,英国史学家马克斯韦尔(N. Maxwell)在其著名的《印度对华战争》一书中,引用 A. P. 鲁滨《中印边境争端》一文说:在 19 世纪,"认为拉达克是西藏的一部分大体是最妥当的,其地位与西藏高原的河谷地带中的其他小邦十分相似。它们都对拉萨政府有某种从属关系。拉萨政府的权力来自达赖喇嘛的超凡的地位,而由喇嘛寺院组织管辖之下的、政教合一的体制加以贯彻。西藏当时毫无疑问是在中国控制之下"(《印度对华战争》汉泽本,世界知识出版社 1981 年,第 15 页)。

〔5〕关于道格拉侵占中国西藏拉达克,可阅下列著作:Chaman Lal Datta, Ladakh and Western Himalayan Politics:1818—1848,The Dogra Conquest of Ladakh,Baltistan and West Tibet and Reactions of other Powers,New Delhi,1973,pp. 107—117;W. D. Shakabpa, Tibet:a political history,Yale University press,1967,pp. 176—177;铃木中正,チベトをぁぐゐ中印关系史,昭和三十六年一桥书房刊,第 238—239 页;上引《查漠史》中译文,载《西藏森巴战争》,第 23—26 页等。

料记载,拉达克王曾派人至拉萨要求保护和支援,然而,当时的清朝驻藏大臣却"拒之弗纳"[1],致使拉达克最终陷入森巴人的手中。

如前所述,道光二十二年八月十三日西藏与森巴战争后签订的停战协议中,并没有确定拉达克的所属问题。对于中国西藏地方政府来说,因战争最后受挫,而未能将道格拉入侵者赶出西藏的拉达克,仅满足于协议中所订拉达克"年贡"照旧的虚名。清朝中央政府在战争过程中,虽然多次指示驻藏大臣孟保和西藏地方政府反击森巴人对西藏阿里的侵占,但是,仅听信孟保等人奏报,陶醉于胜利之中。驻藏大臣孟保对于藏军孤军深入受挫及双方换文的具体内容并不十分清楚(或是有意歪曲)。他在道光二十二年十二月初七日奏折中,将八月十三日(公历 9 月 17 日)道格拉与西藏的停战协议,称为森巴及克什米尔头人"同具悔罪永远不敢滋事切实甘结"[2]。

总之,中国西藏拉达克地区是在道光十九年(1839 年)最终为道格拉人所侵占的。而在道光二十二年西藏与道格拉签订的停战协议中,清朝中央政府及驻藏大臣又根本没有考虑到拉达克被道格拉人侵占的事实,致使拉达克继续为道格拉古拉伯·辛格所侵占。[3]到 1845—1846 年,英国发动第一次对锡克王国的战争,通过双方签订的《拉合尔条约》,逐渐控制了锡克王国。战争中,克什米尔查谟大公古拉伯·辛格保持中立。至 1846 年 3 月 16 日,古拉伯·辛格与英国签订《阿姆利则条约》。此后,查谟逐渐沦为英国的附庸,其侵占的西藏拉达克地区才逐渐落入英国之手。

(原载《中国边疆史地研究》2008 年第 3 期)

---

〔1〕见黄沛翘《西藏图考》卷 6,藏事续考。

〔2〕上引《西藏奏疏》卷 1。

〔3〕关于战后古拉伯·辛格如何统治拉达克及西藏地方与拉达克关系,可参阅上引《查谟史》汉译文,载《西藏森巴战争》,第 61-62 页。

6　驻藏大臣琦善改订西藏章程考

6.1　问题之提出

琦善,字静庵,满洲正黄旗人。道光二十年至二十一年初(1840—1841年)鸦片战争期间,时任两广总督的琦善向英国妥协退让,代英向清廷恳求在香港寄居,因而获罪,被革职锁拿回京,家产查抄入官。[1]但不久,在道光二十三年(1843年)十月,清廷重新起用,"赏已革热河都统琦善二等侍卫,为驻藏大臣"[2]。到道光二十六年(1846年)十二月(1847年2月)因在藏有功,清廷赏其二品顶戴,调任四川总督。[3]其任驻藏大臣仅三年有余。

琦善任驻藏大臣三年多时间,正是国内及西藏多事之秋。时西藏地方内部上层矛盾渐为激化,清廷中央对西藏地方管理松弛,外国列强加强了对西藏地方的觊觎等。琦善上任后,首先假七世班禅额尔德尼等之名义,制造了西藏摄政诺们罕策墨林寺法台阿旺降白楚臣(ngag-dbang-dpal-tshul-khrims)以及前任驻藏大臣孟保等的冤案,曾一度引起拉萨色拉寺僧众的反对和扰乱。[4]其间,他与驻藏帮办大臣钟方上奏

---

〔1〕道光朝《筹办夷务始末》,中华书局1964年,第803－804页。

〔2〕《清宣宗实录》卷398,道光二十三年十月庚戌。

〔3〕《清宣宗实录》卷437,道光二十六年十二月庚午。

〔4〕见《清宣宗实录》卷410、卷411、卷412、卷414等;〔法〕古伯察著,耿昇译《鞑靼西藏旅行记》,中国藏学出版社1991年,第517－520页;中国藏学研究中心等合编《元以来西藏地方与中央政府关系档案史料汇编》(3),中国藏学出版社1994年,第926－946页。参见张庆有《琦善与策墨林诺们汗》,载《西藏研究》1990年第2期。

《酌议裁禁商上积弊章程》28 条。[1]此后,又陆续奏请对西藏原订章程内容作了改革。此外,琦善还处理英国要求划定拉达克与西藏阿里边界[2],以及遵旨遣送潜入拉萨的法国传教士约则噶毕(嘉伯特,J. Gabet)、额洼哩斯塔(古伯察,E. R. Huc)由四川返国等事件。[3]

　　其中,琦善改订有关西藏章程一事,清代及后世批评及论述颇多,是清代西藏历史上的重大事件,对清代后期藏事影响深远。如宣统元年十一月,驻藏大臣联豫上奏称:"……自琦善以兵权、财权尽付番官,驻藏大臣属下仅粮台及游击以下文武数员,制兵则久成防次,习气甚深,由藏招募者且多亲附藏人,设有缓急,皆不足恃……"[4]又《清史稿》卷 525《藩部八》也说:"……琦善寻奏改章程二十八条,又奏罢稽查商上出入及训练番兵成例。故事,商上出入所有一切布施金银,均按季奏报。自琦善奏定后,而中国御藏之财权失。又驻藏大臣及兵丁俸饷,向由福康安在廓尔喀经费内拨交商上生息,以资公用。及琦善议改章程,将生息取消,一切由商上供给。迨后中国驻藏一切开支,藏人渐各供给,而不知当日实有赀本发商生息,并非向商上分肥。总之,乾隆所定制度荡然无存矣。"

　　琦善任内是否改定章程,使清中央政府对西藏地方财政、兵权丧失,甚至"乾隆所定制度荡然无存"呢? 这在清代藏族历史上是一个大问题。20 世纪 80 年代以来,国内有的论著基本上同意上引联豫及《清史稿》的说法;[5]也有学者,如邓锐龄先生曾专门撰文讨论、研究此事。[6]多吉才旦主编之《元以来西藏地方与中央政府关系研究》上册

〔1〕奏折全文见张其勤原稿,吴丰培增辑《清代藏事辑要》,西藏人民出版社 1983 年,第 417 -430 页。

〔2〕详见周伟洲《19 世纪前后西藏与拉达克的关系及划界问题》,载《中国藏学》1991 年第 1 期。又有的著作,如噶玛降村编著《藏族万年大事记》(民族出版社 2005 年)说:"清朝驻藏大臣琦善不顾全藏上下僧俗官员和全体藏族人民的反对,将拉达克割让给英国。"(第 245 页)这纯属误解。

〔3〕见吴丰培辑《清代藏事奏牍》上,中国藏学出版社 1994 年,第 293 - 294 页;上引〔法〕古伯察著,耿昇译《鞑靼西藏旅行记》,第 530 - 544 页。

〔4〕《宣统政纪》卷 24,第 4 页。

〔5〕见吴丰培、曾国庆《清代驻藏大臣传略》,西藏人民出版社 1988 年,第 162 - 163 页。

〔6〕邓锐龄《关于琦善在驻藏大臣任上改定藏事章程问题》,载《民族研究》1985 年第 4 期。

（中国藏学出版社 2005 年）、苏发祥著《清代治藏政策研究》（民族出版社 2001 年）等著作也均涉及这一问题。然而，上述论著对琦善在驻藏大臣任内改订藏内章程的事实及评价多有不同。本文即在以上论著研究的基础上，对这一问题作进一步的探讨。

6.2　关于琦善等奏呈
《酌拟裁禁商上积弊章程》

道光二十四年九月二十六日，琦善与驻藏办事大臣锺方在处理摄政诺们罕阿旺隆白楚臣被控各款的过程中，了解到西藏地方各种积弊，以"曷若明定章程，俾知遵守"，"俾众咸知，凛遵法守"为由，向清廷呈《酌拟裁禁商上积弊章程》，共 28 条。同年十一月初四月，道光帝朱批："该部议奏，单并发。"[1]十二月初四日（丙申），理藩院遵旨议覆，对《章程》逐条予以批复。[2]其主要内容有：

其一，是对原有章程及"旧典"的重新申明和补充。

在重申旧典方面有：

琦善等奏 28 条《章程》中，第一条，"……嗣后仍钦遵特旨，驻藏大臣与达赖喇嘛、班禅额尔德尼平等，其掌办之呼图克图，大臣照旧案仍用札行，不准联络交接，以庸政体"。

第二条，与廓尔喀、哲孟雄等外番交涉事，"应请悉遵定例，无论事之大小，均呈明驻藏大臣代为酌定发给，不准私自授受，违者参革，以重边疆"。

第二十六条，重申原理藩院则例，"番民争讼，分别罚赎，不得私议抄没"。

第二十七条，重申减轻番民乌拉差役，"应请嗣后驻防官兵应用乌

---

〔1〕奏折及附《章程》全文见上引《元以来西藏地方与中央政府关系档案史料汇编》（3），第 928 – 935 页。

〔2〕按，张其勤原稿，吴丰培增辑《清代藏事辑要》，西藏人民出版社 1983 年，第 417 – 430 页，全文录理藩院议覆文，且将时间置于十一月"丙申"，十一月无"丙申"，仅十二月有"丙申"（初四日），或为十一月"丙戌"（二十三日），或为十二月丙申之误，暂以后者为准。

拉,照嘉庆二十三年玉麟等所定,按品级应付章程办理,不准逾额;番目应用乌拉,照嘉庆二年松筠等所拟,按照官职大小定数应付,毋许增添;其番目族戚及跟役等,均不准擅用乌拉,以苏民困。违者分别斥革处分"。

在旧典原则下,革除流弊,补充规定方面有:

第三条,"地方遇有不靖,无论唐古特所属及外番构难,均先详查起衅根由,是否由于官民债事激成,严行惩办,再行拟定,不准如前先用兵,冀图冒功,违者参革,以慎重旅"。

第四条,"达赖喇嘛正副师傅,乾隆年间,并未动辄保奏,应请嗣后如果教授多年,俟达赖喇嘛任事之时,仰候恩出自上。不准驻藏大臣如前滥行保奏,以崇体制"。

第五条,"达赖喇嘛年至十八岁,应请仿照八旗世职之例,由驻藏大臣具奏请旨,即行任事。其掌办之人(摄政),立予撤退。所有掌办印信,或照成案送京,或封贮商上,请旨遵行,不得仍有捺压专为掌办之人,以杜结纳"。

第六条,"达赖喇嘛之父母,向由商上拨给庄田房屋,用资养赡……应请嗣后达赖喇嘛呼毕勒罕出世,一经入瓶掣定,奉旨唯作呼毕勒罕,其父母应得庄房,即由商上拨给,不准藉放推延,以示体恤"。

其二,因摄政制的施行而出现的流弊,采取对摄政权力限制的规定。

第七条,鉴于"掌办印务(摄政)威权已重",再兼达赖喇嘛师傅及噶丹寺池巴,"权要并于一人,易滋舞弊而莫敢谁何。应请嗣后掌办商上事务之人,不准保充正副师傅及噶勒丹池巴,以昭限制"。

第八条,"噶勒丹池巴请照后开旧规,于年久苦修深通经典喇嘛中保充,不准以呼图克图诺们罕充补,以滋但论职衔大小,不论品行高低之弊"。

第九条,"掌办事务手下之札萨克喇嘛,只准其管本寺事务,不准丝毫干预商上公事。同其余喇嘛,均只准补其本寺之缺,不准补商上之缺,与占他寺差使。其商上当差之人,亦不准补掌办事务寺中之缺,庶界限得以划清"。

第十条,"掌办事务之人,各有庄田、百姓,尽可役使,不准再用商上乌拉,以苏民困。其熬茶布施,应自出己资办理,不准交商上番目代办,以免商上贴补"。

第十一条,"掌办印信,存掌办之人寺中,其钥匙照旧交总堪布佩带,遇有文书,公同钤用;其商上办事中译,仍住公所,不准移赴掌办之人私寺,以免滋弊"。

第十二条,"掌办之人不准将商上田地、人民擅行给与寺院及送与亲友。各寺院亦不准向掌办之人私行呈请,将商上庄田赏作香火养赠。违者将掌办参革,公别追还商上,以儆专擅"。

第十三条,"达赖喇嘛从前赏给世家及百姓田地,不准私行呈送及典卖与掌办寺院。违者追出归还商上,以杜贪营"。

其三,对商上仔仲喇嘛、除营官外僧俗官员、喇嘛、堪布等有关人数、品级及升转诸事,参酌旧章,作了新的补充规定。

第十四条,"商上仔仲喇嘛,应照嘉庆十一年奏定一百六十名定额,不准再有增益……该仔仲系闲散喇嘛,并无品职,未便如乾隆年间福康安所奏,骤补四五品大缺,应请俟该仔仲充当三年后,以七品执事及七品喇嘛营官补用"。

第十五条,"商上仔仲乏人,从无向外寺挑取旧规……今查商上原有拉木结札仓寺一所,现有学经喇嘛,应请嗣后仍循旧规,不准向外寺挑取,倘商上人数不敷,只准向拉木结札仓寺内挑取。以商上寺中之人当商上之差,既符旧规,且杜流弊"。

第十六条,按照旧章,详加考订,规定了除营官外,僧俗官员之人数与品级。(原文略)

第十七条,规定喇嘛升转办法。(原文略)

第十八条,调整、补充旧章程中,官员升迁不合理之处。如"今查仔琫、商卓特巴系四品之缺,大中译系六品,即升四品,已觉过优;且前藏并无济仲喇嘛,只有仔仲,乃未经授职之人,骤升四品,更属躐等。应请嗣后仔琫、商卓特巴缺出,以五品之业尔仓巴、协尔帮、硕第巴、密琫升补"等。

第十九条,僧俗官员,"凡六品以上及有关地方之七品营官升调,均应呈请大臣会同拣放外,其余悉遵照章程,自行秉公办理,按季报查,违者查参"。

第二十条,商上厨房供差及管门第巴等微职,则以达赖喇嘛之意,照旧办理。

第二十一条,"僧俗营官,各应归还本缺,不准互相侵占。其有从前将喇嘛营官作为寺院香火养赡者,即作为占一僧缺,不准又以俗缺令喇嘛管理"。

其四,对寺院堪布补放作了规定。

第二十二条,"各寺补放堪布,大寺拣拟五名至七名,小寺拣拟三四名至五名不等,以及拣补、调补、轮署等项,各寺均向有成规,应仍其旧外,应请嗣后必须查其出家实在已逾二十年,确系经典深通,攒大、小昭时曾经考取格西蓝占巴名色者,方准开单呈请补放。不准以年轻资浅、经典欠深并未考取格西蓝占巴者越次补放,致启贪缘之弊。其充当堪布缘事具辞者,或回籍,或静居本寺,不准擅行他往,营谋升调。违者斥革,逐出本寺,将掌办之人参奏,以肃清规"。

第二十三条,关于拉萨三大寺池巴补放之新规定,"不准如前不计年份浅深,曾否通晓清规,贿买贿卖,越次补放,致坏清规。违者革去喇嘛,逐出寺院,将掌办之人参奏,以肃清规"。

第二十四条,规定补放噶丹寺池巴之资历、升补办法,"不准越次超升,以杜贪谋,致坏清规之弊"。

第二十五条,"嗣后建修寺院,无论职分大小,一遵理藩院定例,不准有碍民地、民房。违者许被害之人告发,处分退还。其喇嘛只准在寺焚修,不准如前干预公事,动辄联名具呈,或代人乞恩,或代人报复,效讼棍所为。违者将该寺堪布及掌教之喇嘛斥革,仍查明起意之人,严行治罪"。

其五,重申对藏兵数额及外番来藏贸易抽办课税之规定。

第二十八条,"唐古特番兵应照额挑补足数,以重操防。除老弱兵丁,业俱查出更换外,应请嗣后责成该管各员,认真训练,不得稍形短少苦累。其有相沿各处当差出资雇替者,均责成戴琫(代本)查明撤退归伍。违者照例治罪,以实兵额。其来藏贸易之外番,应抽收税课,现在悉令噶布伦等查照旧章,毋许增添勒索,以示怀徕,而免争端"。

理藩院在逐条议复之后,提出:"所有臣等拟议该大臣所定以上章程二十八条,如蒙谕允,所有臣院西藏通制所载条款,多与章程不符,且多未备,请即将不符条款删除,自奉旨后,统以新定各章为断。所有此次新章,并该大臣折内所称旧有成规各事宜,及前后藏一切现行规则,请旨敕下驻藏大臣琦善等造具汉字清册一份,钤盖印信,移咨臣院,以便稽核,而备考订。余均如所请。"得旨:"依议。"又从道光二十五年驻藏大臣琦善覆理藩院文卷来看〔1〕,上述《章程》28 条,确为清廷颁布施行,并存理藩院。

然而,在光绪年编纂的《钦定理藩院则例》卷 61 至 62《西藏通制》中,却没有收入琦善等奏准之《章程》28 条。正因为如此,有学者甚至认为,"从后来的史实看,此一章程并未贯彻执行"。〔2〕此说不确,因光绪年续修之《理藩院则例》大都沿袭道光年修纂本,以后改制多未列入。我们以为,此《章程》28 条在当时确已贯彻执行,只是以后随着清朝的衰落,贯彻实行不力而已。更何况此章程总的精神,是对旧章的重申、补充、完善,重在"裁禁商上积弊",而非另立章程。

邓锐龄先生对此《章程》曾作过仔细分析,他认为改订之 28 条,"一方面是振作以往驻藏大臣的积弱之势……另一方面是削弱并限制代办(摄政)的权力……把这二十八条原文与乾隆五十八年的卫藏章程比较,可以发现琦善对于前藏僧俗官员的职别品级的规定比福康安等奏上的章程更加充实细密,在僧俗官员升转次序上也做了一些订正"。"所以,从新章程全文来看,驻藏大臣的职权并不因这次改革而受到削弱。"〔3〕我们基本同意邓先生的意见。

---

〔1〕文卷载上引张其勤原稿,吴丰培增辑《清代藏事辑要》,第 430 页。
〔2〕上引苏发祥《清代治藏政策研究》,第 192 页。
〔3〕前引邓锐龄《关于琦善在驻藏大臣任上改定藏事章程问题》文。

6.3　关于琦善奏罢稽查商上收支问题

乾隆五十八年《钦定藏内善后章程二十九条》第八条规定："达赖喇嘛与班禅额尔德尼之收支用度等,此前驻藏大臣从未过问。今钦遵'达赖喇嘛与班禅额尔德尼专注释教利乐,事无巨细,概由众亲随从代行,难免中饱舞弊等情。嗣后著由驻藏大臣审核,凡有隐情舞弊等情,即予惩处'之上谕,著令开列收支清单,于每年春秋二季报送驻藏大臣衙门审核。"[1]然而,就在道光二十四年九月后,琦善等又上奏改订上述章程,以驻藏大臣稽查商上及札什伦布收支,难以分辨其中何者为其"自奉",无需稽查,何者为例应需用,需要稽查,且"青稞、糌巴、奶渣、酥油、羊腔、果木、盐斤各项琐屑异常,而折色、本色、采买、变卖、回礼、番平、番钱名目互异,又系番语番文,目所未经,有名无实",因而恳请"嗣后商上及札什伦布一切出纳,仍听该喇嘛等自行经理,无庸驻藏大臣涉手,以崇政体之处,出自圣主鸿兹"。同年十二月二十七日(己未),理藩院遵旨议覆:"自因今昔情形不同,为因时制宜起见,应否如该大臣等所请,伏候圣裁。"[2]同日,道光帝谕军机大臣等,"兹据[部议]奏称,商上布施出纳向由驻藏大臣稽查核办,但凭商上呈开,仍属有名无实。嗣后商上及札什伦布一切出纳,著仍听该喇嘛自行经理,驻藏大臣毋庸经管。将此谕令知之"[3]。

这是对乾隆五十八年《钦定藏内善后章程二十九条》第八条的重大改订,因原章程所订此条,是驻藏大臣代表清朝中央政府行使对西藏地方财政的监督权。尽管出于种种原因,此监督权已"有名无实",但琦善等奏准放弃此权,无疑大大削弱了清朝中央对西藏地方的管理,造成了一些恶果。无怪乎清末驻藏大臣联豫等批评琦善将"财权尽付番官","中国御藏之财权失"也。

---

〔1〕见上引《元以来西藏地方与中央政府关系档案史料汇编》(3),第828页。

〔2〕上引张其勤原稿,吴丰培增辑《清代藏事辑要》,第433-435页。

〔3〕《清宣宗实录》卷412,道光二十四年十二月己未。

与此相关的问题是,上引《清史稿·藩部八》所说,琦善还议改章程,取消由福康安在廓尔喀经费内拨交商上生息,以资公用的经费,致使迨后中国驻藏一切开支,藏人渐各供给。所谓"廓尔喀经费",是指乾隆五十七年与廓尔喀战后,抄没沙玛尔巴资产(约64000余两),按《钦定藏内善后章程二十九条》规定,此项款作为新建3000藏军口粮之费,并"将此估变银两分交各营官按二分生息,以所得息银散给番弁番兵"。可是,驻藏大臣及驻防清军的俸禄、饷银等经费是由清廷支付的,每年由四川解往,根本不用上述抄没沙玛尔巴财产生息之银两。正因为如此,以前学者对上述《清史稿》所说,有些困惑不解。[1]

原来,在道光九年(1829年)六月,时驻藏大臣惠显等奏准,"将此积存银(抄没沙玛尔巴财产所折银两)提出一万两发交番商,照唐古特向例按二分生息,每年可得息银二千两,作为新增之息。如有因公调遣番弁番兵事件所需口粮,即于此项新增生息银两内酌量动用,始无调派之事,亦可使公项宽裕,办理公事不致掣肘,实于达赖喇嘛商上大有裨益"。"自道光十年为始,仍于年终将生息银数及有无动拨之处造册报部。"[2]此或系上引《清史稿》所说的"廓尔喀经费内拨交商上生息,以资公用"的一笔经费。

但是,道光二十四年十二月,清廷准依琦善奏请嗣后驻藏大臣毋庸经管商上财政收支后,原生息之抄没沙玛尔巴生息经费也归商上管理,使驻藏大臣不能因公动用,经费日绌。

6.4 关于改订藏兵和驻防清军
建置章程问题

关于额设藏军及驻防清军的建置,早在乾隆五十八年《钦定藏内善后章程二十九条》内,均已有明确规定。但自此以后,有关藏军及驻

---

〔1〕见上引邓锐龄《关于琦善在驻藏大臣任上改定藏事章程问题》文。
〔2〕上引《元以来西藏地方与中央政府关系档案史料汇编》(5),第2238页;《清宣宗实录》卷158,道光九年七月乙卯。

·欧·亚·历·史·文·化·文·库·

防清军各项建置日渐松弛,弊病丛生,战斗力削弱。道光二十四年初,琦善任驻藏大臣不久,即奏称驻防清军"原系三年一换,例准雇役番妇代司缝纫樵汲",后因更换日少,清军与番妇所生子,"现已十居二三";而新换防清军只能为后补,生活日形苦累。同年七月初一日(丙寅),道光帝谕令:如此"仍旧因循,年复一年,不但帑项有亏,且恐在营弁兵渐成唐古特族类";"著该大臣嗣后遇换防之期,即行照例更换,少准留防。其有欠项者,酌量给发,俾令糊口有资,余均尽数扣还……"[1]

接着,在同年八月,道光帝在接到琦善奏称,自前驻藏大臣文蔚至孟保等将应存火药、铅子等滥借给摄政诺们罕,至今尚欠,以致营中不敷操练事之后,大发雷霆,谕令查明历次药斤等项,估价后,由前驻藏大臣文蔚等6人赔偿,交部议处,并立即将所缺火药、铅子照数制造,解交前藏。[2] 又上述琦善等奏准之《酌拟裁禁商上积弊章程》的第二十八条中,也有对藏军"应照额挑补足数,以重操防"的规定。

此外,在琦善调任四川总督前后,还奏请将道光二十一年孟保任内,奏改原章程额设3000藏军5/10为鸟枪,3/10为弓箭,2/10为刀矛的规定,裁刀矛一项为弓箭;又改鸟枪与刀矛各占5/10,裁弓箭。得到清廷的批准。[3]

以上琦善奏准关于藏军和驻防清军的措施和改革,对革除积弊、加强军队战斗力,均有一定的作用;但在当时清廷腐败和内忧外患的形势下,施行的效果是有限的。

在改订藏军及驻藏清兵建置章程方面,影响最大、后世争议最多的,还是以下两端:

(1)道光二十五年,琦善等奏:"西藏所属哈喇乌苏(今西藏那曲)以外按年派员巡查卡伦,只属具文,徒滋扰累。"同年八月初六日(乙未),道光帝谕内阁:"哈喇乌苏既设有营官,著即责成该营随时防范,

---

〔1〕《清宣宗实录》卷407,道光二十四年七月丙寅。
〔2〕《清宣宗实录》卷408,道光二十四年八月丙辰;卷409,道光二十四年九月戊辰。
〔3〕《清宣宗实录》卷446,道光二十七年八月戊辰。

所有按年派员巡查之处著即行停止。"〔1〕近代学者多引此事,而指责琦善放弃巡边之责。〔2〕此或即上引《清史稿》及联豫奏折中,指责琦善放弃西藏兵权的又一证据。

如果仅以上述琦善等的奏请而论,他只是奏请停止按年派兵巡查哈喇乌苏边外卡伦,而非完全放弃巡边操练之责。事实亦如此,就在奏停按年派兵巡查哈喇乌苏边外卡伦后一年,即道光二十六年(1846年),时任驻藏帮办大臣瑞元还"自前藏起程赴后藏三汛校阅营伍,访询各处边界,均属安靖"〔3〕。又如《清实录》咸丰二年(1852年)三月癸酉记:"驻藏办事大臣穆腾额奏报校阅前藏官兵春操情形。得旨'朕近闻汝心神恍惚,办事不能用心,并有称汝不见属员高卧衙斋者。若果属实,于边疆要地深有关系,可据实奏来。若有一字欺瞒,难逃朕鉴'。"按乾隆五十七年(1792年)十二月二十八日福康安等条奏酌定善后事宜各款一折内,明确规定驻藏大臣"每年于春秋两季,奏明轮往巡查[前后藏],顺便操演……"〔4〕而上引咸丰二年驻藏大臣穆腾额所奏,至少在形式上驻藏大臣每年巡边及操演之惯例仍在执行;但是否真正实行,连咸丰皇帝也在旨令中明显表示对此有所怀疑。

(2)道光二十六年(1846年)闰五月二十四日,琦善上奏,以"原因番兵新设,事属初创,既未谙悉操练,不得不令官兵指授",今于"演习枪炮之法已明悉"为由,"请嗣后番弁兵丁一切操防事宜,均责成噶布伦(噶伦)等经理,经禀驻藏大臣核办,倘有废弛疏懈,即行参奏;其官兵操练,责成驻防将备管理,庶营务各有专责,遇事不致推诿"。〔5〕从同年六月二十四日琦善等《为藏军粮饷及武器事致噶伦札》中,可见琦

〔1〕《清宣宗实录》卷420,道光二十五年八月乙未。

〔2〕如上引吴丰培、曾国庆撰《清代驻藏大臣传略》,第163页;上引苏发祥《清代治藏政策研究》,第192页。

〔3〕《清宣宗实录》卷430,道光二十六年闰五月戊申。

〔4〕转见张羽新《清朝治藏典章研究》,中国藏学出版社2002年,第116-117页。按,至乾隆五十九年五月,经驻藏大臣和琳等奏请,驻藏大臣每年春秋两次巡边已改为每年五六月巡边一次(《卫藏通志》卷8)。

〔5〕第一历史档案馆藏军机处录副奏折,转见上引《元以来西藏地方与中央政府关系档案史料汇编》(5),第2245-2246页。

·欧·亚·历·史·文·化·文·库·

善所奏藏兵一切操防事宜,已交与噶伦经理。虽然札中规定噶伦等应将藏军各项事宜"酌情商讨,制定完善规章呈报",但也是一具空文。[1]即是说,琦善奏准废除了原由清驻藏官兵训练藏军之章程。这一旧章程,载于乾隆五十八年《钦定藏内善后章程二十九条》中(第四、十三条),有清朝中央政府控制西藏地方军队的含义在内,且使藏军具有了清军风貌及战斗力之色彩。更为严重的是,名为清朝中央政府仅废除对藏军训练的旧有章程,而事实上是放弃了对藏军所有的管理权,形成驻防清军与藏军"各管各营"的局面。

至此之后,藏军缺额、藏官役占藏兵以及番官益无顾忌等弊丛生。咸丰七年(1857年)三月,驻藏大臣赫特贺等在《条陈变通西藏藏兵营制章程清单》中,就痛切地说:"自道光二十六年前大臣琦善奏改各管各营之后,每遇额兵缺出,该管番员任意停压,动辄累月经年。校阅届期,仍抽派番民足数,将届既不与闻,噶布伦亦视为故事,殊属不成事体。"[2]清末,驻藏大臣联豫更是指斥琦善,尽将"兵权"付与番官。此乃琦善放弃清朝中央政府对西藏地方部分兵权,影响甚巨。

6.5 结语

关于琦善其人,道光二十六年(1846年)初,潜入拉萨的法国传教士古伯察有如下的描述:"琦善虽已年长六十多岁,但我们觉得他精力充沛。其相貌无疑是我们在中国人中所遇到的最为庄重、最为蔼可亲和最为才智横溢者……"且他曾因任两广总督,接触和了解西方较多,懂一些"洋务"。[3]他以戴罪之身,重新被起用为驻藏大臣,急于立功的心理,促使其较为勤勉任职,也非庸碌无能之辈。

在驻藏大臣任内,琦善看到西藏地方政府及藏军、驻藏清军多年积弊,奏陈《酌拟裁禁商上积弊章程》28条,重申、补充旧有章程,以加

---

〔1〕上引《元以来西藏地方与中央政府关系档案史料汇编》(5),第2246-2247页。
〔2〕上引《元以来西藏地方与中央政府关系档案史料汇编》(5),第2248-2250页。
〔3〕见上引〔法〕古伯察著,耿昇译《鞑靼西藏旅行记》,第530-536页。

强驻藏大臣的权力,整顿和完善西藏地方吏治;又对藏军、驻防清军的若干弊端,奏请改革。这一切均有助于清朝中央加强对西藏地方的管理和军事力量的增强。然而,如前所述,在当时的形势之下,以上这些措施,收效不大。

可是,与上述琦善愿望相反的是,他奏请放弃对商上财政的审核权、奏罢训练藏军成例及停止派兵巡查部分地区(哈喇乌苏),对以后产生了不良的影响。虽然并非如联豫及《清史稿》等所说,使清朝丧失了对西藏地方的财权和兵权,使"乾隆所定制度荡然无存矣",但这两个政策的改变,确有损于清朝中央政府对西藏地方的管理权,开启了今后驻藏大臣权力削弱之端。琦善对此是难辞其咎的。当然,琦善及其之后,清朝中央对西藏地方管理之削弱,应与清朝统治阶层在全国范围内力量的衰弱,外国列强的入侵等各方面的原因有关。琦善在任内改订的上述两个章程,不过是这一衰弱过程之发端而已。

千里之堤,溃于蚁穴。琦善在任驻藏大臣三年多期间的所作所为,特别是改订章程一事,后世足将引以为戒。

(原载于《中国边疆史地研究》2009 年第 1 期)

·欧·亚·历·史·文·化·文·库·

7　甘青地区的藏族
及其对当地的经济开发

7.1　唐代甘青地区吐蕃的来源
及其对当地的经济开发

公元 7 世纪初,在甘青地区南部的西藏高原,兴起了一个强大的吐蕃政权。关于吐蕃的族源,过去中外学界讨论颇多,意见分歧。从目前西藏地区发现的一批考古学称为旧石器至新石器文化的遗存看,在远古时代西藏地区已有人类居住。因此,大多数学者结合藏族民间关于其祖先源于猕猴与罗刹女等传说,认为吐蕃(主要指王族鹘堤悉补野一族)源于西藏山南,以后逐渐兼并周围其他部落或民族(主要是羌族),形成古代的吐蕃族。[1]

7 世纪初,吐蕃名王松赞干布统一西藏高原,建立起强大的吐蕃政权,并积极向外扩张。其北邻近的多弥(又称为"南国",在今青海南部通天河流域)、白兰(在吐谷浑西南,今青海都兰一带)、党项及吐谷浑等部就成为其征服和掠夺的主要对象。而这些部落或政权与当时的唐朝有密切的关系,因此,吐蕃的北上就必将与唐朝发生冲突。唐高宗显庆元年(656 年)前,吐蕃先后兼并多弥与白兰[2],龙朔三年(663 年),又一举灭吐谷浑,尽据其地,遂与唐邻界。唐朝此时才感问题的

---

〔1〕参见马长寿《氐与羌》,广西师范大学出版社 2006 年重版,第 24 – 28 页。关于吐蕃之族源学界讨论甚多,不赘。

〔2〕周伟洲《白兰与多弥》,载其著《唐代吐蕃与近代西藏史论稿》,中国藏学出版社 2006 年,第 28 – 55 页。

严重,于咸亨元年(670年),遣薛仁贵率大军击吐蕃,复吐谷浑国。结果大非川(今青海湖南切吉旷原)一战,唐军几乎全军覆没。此后,吐蕃与唐朝展开了对青海地区的激烈争夺,互有胜负。开元十八年(730年),唐、蕃和好会盟,于赤岭(今青海日月山)竖立分界之碑。但不久,双方又起战端。至天宝末年,唐朝在青海的势力有所恢复。

可是,天宝十四载(755年)安史之乱爆发后,驻守河陇的唐军调回关中,以抵御叛军。吐蕃遂出兵先后据陇右、河西及西域天山以南各地,统治达百年之久。在吐蕃统治河西、陇右和青海部分地区近百年的时期内,有大量由吐蕃本土的各"如"(吐蕃军事、行政的组织,共五如,意为"翼")所属的一些千户、百户部落,调驻于青海和甘南等地,并长期驻扎下来。吐蕃在河陇地区(包括青海东北部)还逐渐完善了一整套从本土演变而来的行政体制和机构,先后设置了5个汉文译作"节度衙"的机构,藏文作Khrom,相当于唐朝的节度使,管辖几个州。有的学者认为,这5个节度衙是:青海节度衙(ma-Khrom)、鄯州节度衙(db-yar-ma-thang-Khrom)、河州节度衙(ga-cu-Khrom)、凉州节度衙(mkhar-tsan-Khrom)、瓜州节度衙(kwa-cu-Khrom)。在此五节度衙之上,由吐蕃大论兼任"东境五节度大使",或译作"东道节度"、"东宰相令公"等,以协调五节度衙的行动,与之相应的则设有"大节度衙"(Khrom-chen-po)的机构。有时还由吐蕃大论或大节度衙召开一些地方性的盟会,协商解决这一地区各类民政事务,称为"德伦会议"(bde-blom-vdun-fsa)。节度衙的最高长官称"翼长",汉文译作节度使,藏文又称为"将军"(dma-gdpon)。在节度衙之下是相当于唐州县级的、与吐蕃本土相似的部落制,按千户、小千户(五百户)、百户和十户编制的各级组织。而河陇地区的汉、吐谷浑、党项、西域胡、回鹘诸族均分别编制在各个部落之内。[1]

在吐蕃的统治下,河陇地区各族人民,虽然并没有均变为吐蕃之

---

〔1〕参见周伟洲《中国中世西北民族关系研究》,广西师范大学出版社2007年重版,第280-283页。

奴婢,仍保留各自原有社会经济制度,但除了向吐蕃统治者缴纳赋税、服差役外,还受到统治者强迫同化的民族歧视和压迫。这在唐人的著作、文献中均有所记载。[1]因此,过去那种认为吐蕃统治河陇地区破坏和停止了该地区的经济发展,不能实行有效的行政管理的看法,是不够妥当的。

吐蕃在征服青海的吐谷浑国后,据敦煌发现的藏文文书记载,基本保留了原吐谷浑政权形式,使之成为其属的小邦国之一。其可汗称为"莫贺吐浑可汗",且与吐蕃王室联姻。可汗之下,设置大尚论、大论等吐蕃本土的职官及"告身"制度。其国内也以万户、千户为行政单位等。[2] 吐蕃统治者定期向吐谷浑人索取贡赋,《敦煌本吐蕃历史文书》纪年部分就多次记录了吐蕃向吐谷浑人征"大料集",即征集兵丁、粮草等。[3]由于吐蕃对青海吐谷浑的长期统治,吐谷浑上层与吐蕃王室联姻,使用吐蕃文字(古藏文)和采用吐蕃的制度,文化习俗也日益交融,因此,吐谷浑的大部分渐融入吐蕃之中。在藏文典籍所记之吐蕃原始六姓中,色(Se)姓往往与吐谷浑联系在一起,称"色吐谷浑"(Se Ha-zha),作为吐蕃一个氏族或部族而存在。[4]

从1983年以来,青海考古工作者在青海都兰热水沟发掘清理了唐代墓葬20余座,出土了大量的丝织品、漆器、铜镜、金银器、木器等,还出土有古藏文简牍(M10号、M1号墓)。这应是7至9世纪吐蕃征服吐谷浑后,吐谷浑贵族或驻守该地的吐蕃贵族之墓葬。[5]出土的大量丝织品种类繁多,且有西方织锦(粟特锦和波斯锦),出土金银器也有

---

〔1〕如赵璘《因话录》"谭可则"条;白居易《缚戎人》,载《白居易集》第1册,中华书局1979年,第71页等。

〔2〕见周伟洲、杨铭《关于敦煌藏文写本〈吐谷浑(阿柴)纪年〉残卷的研究》,载《中亚学刊》第3辑,中华书局1990年。

〔3〕王尧、陈践译注《敦煌本吐蕃历史文书》,民族出版社1992年增订版,第146页。

〔4〕参见〔法〕石泰安著,耿昇译《川甘藏走廊古部族》,四川民族出版社1992年,第6、第40－41页。

〔5〕王尧、陈践《青海吐蕃简牍考释》,载《西藏研究》1991年第3期;《中国文物地图集》青海分册,中国地图出版社1996年,第103－104页等。

部分粟特金银器,[1]说明在吐蕃统治下的吐谷浑在经济发展,特别是在中西方交往中,仍然沿着以前的轨迹向前发展。

至公元9世纪初,吐蕃政权日益衰弱,其内部各种矛盾逐渐激化。这些矛盾又集中地反映在统治阶级内部崇佛与毁佛的斗争之上。而此时,唐朝采取远交近攻之策,使吐蕃处于"西迫大食之强,北病回纥之众,东有南诏之防"[2]的境地。唐元和十年(815年),墀祖德赞(热巴巾)即位后,崇信佛法,命令7户属民供养1名僧人,授权僧人订立教律、国法,宣布无论何人不得目瞪手指僧人,违者抉眼断指。[3]这一切加重了广大百姓的负担和引起信奉苯教大臣的不满。开成四年(838年)反佛兴苯的大臣弑墀祖德赞,拥其弟达磨(朗达玛)为赞普。达磨即位后,又进行大规模的灭佛运动。会昌二年(842年)达磨为一僧人所暗杀,王室分裂,属部叛离,统一的吐蕃王朝瓦解。

吐蕃本土王室的分裂和政权的崩溃,使其所属青海及河陇地区边将称雄,各霸一方,相互混战。先是吐蕃洛门川(今甘肃武山)讨击使论恐热领兵击溃了原吐蕃国相尚思罗,又与吐蕃鄯州节度使尚婢婢混战不已。而此时,原属吐蕃奴部的"嗢末"也乘机起事。嗢末,也曰浑末,史称"虏(吐蕃)法:出师必发豪室,皆以奴从,平居散处耕牧。及恐热乱,无所归,共相啸合数千人,以嗢末自号"[4]。事实上,嗢末主要由随吐蕃军事贵族、兵士到河陇戍守的奴隶,以及河陇部分汉族奴隶、吐蕃人所组成。后者原非嗢末,只是当嗢末起事后,他们反附之,故统称为嗢末[5],散在甘、肃、瓜、沙、河、渭、岷、廓、叠、宕等州间,"其近蕃牙者最勇,而马尤良云"[6]。

在这种形势下,沙州汉族土豪张议潮乘机于大中二年(848年)一

〔1〕许新国、赵丰《都兰出土的丝织品初探》,载《中国历史博物馆馆刊》第15-16期;许新国《都兰吐蕃墓中镀金银器属粟特系统的研究》,载《中国藏学》1994年第4期。

〔2〕《册府元龟》卷446,《将帅部》"生事"条。

〔3〕见陈庆英等译《王统世系明鉴》,辽宁人民出版社1987年;郭和卿译《西藏王臣记》,民族出版社1983年。

〔4〕《新唐书》卷216下《吐蕃传》。

〔5〕参见周伟洲《嗢末考》,载《西北历史资料》1980年第2期。

〔6〕《新唐书》卷216下《吐蕃传》。

举驱逐吐蕃守将,据瓜、沙二州,遣使至唐。大中五年,张议潮在又收复肃、甘、伊州后,遣兄议谭奉 11 州地图献于唐朝。十一月,唐朝于沙州设归义军,以议潮为节度使。此时,唐朝又出兵收复了陇右原、秦、安乐 3 州、7 关(在原州境)。吐蕃在河陇的势力日趋衰亡。咸通二年(861年),张议潮又占据凉州。吐蕃论恐热也为降于归义军的鄯州拓跋怀光所击杀于廓州,部众东奔秦州,为吐蕃尚延心击破,悉迁于岭南。[1]其间,名义上属于归义军的嗢末,于咸通三年开始向唐人贡,[2]说明此时嗢末已形成为一支独立的政治势力。至咸通八年(867年),唐朝征张议潮入京,以其侄张淮深为归义军留后,此为唐朝为削弱张氏势力所采取的行动。然而,唐朝此时也因国内爆发以庞勋为首的桂林戍卒起义而日益衰弱。因此,到 9 世纪末,归义军张氏实际上仅能控制瓜、沙两州而已。其余各地遍布着吐蕃、嗢末、羌、龙(原为焉耆人)、回鹘等族。10 世纪初,唐朝灭亡后,河陇地区形成两大割据势力,即瓜、沙二州的归义军及据有甘州的回鹘;吐蕃及嗢末则散处各地,"种族分散,大者数千家,小者百十家,无复统一矣"[3]。

总之,从公元 7 世纪始至 9 世纪初,吐蕃王朝在北上并征服甘青地区各族之后,派驻于该地区各个如的军队及部落,经过百余年与当地各族的交往与融合,而日益壮大。吐蕃王朝瓦解后,这批吐蕃人(包括其奴部嗢末)就居住在甘青各地,此即近现代甘青藏区藏族之来源。关于此,在藏文史籍中,均有所论述。[4]

在宋代,唐末五代以来甘青地区的吐蕃部落与该地区的吐谷浑、羌、汉等进一步融合,部落增多,分布益广。"大者数千家,小者数百家,无复统一矣……各有首领,内属者谓之熟户,余谓之生户。"[5]宋及

---

〔1〕《资治通鉴》卷250,唐"咸通七年"条。按,《新唐书》卷216下《吐蕃传》云论恐热为西州回鹘仆固俊所击杀,误。应从《资治通鉴》。

〔2〕《资治通鉴》卷250,唐"咸通三年"条。

〔3〕《宋史》卷492《吐蕃传》。

〔4〕见智观巴·贡却乎丹巴绕吉著,吴均等译《安多政教史》,甘肃民族出版社1999年,第21-22页;根(更)敦琼(群)培著,法尊大师译《白史》,西北民族学院研究所1981年印,第7-8页。

〔5〕《宋史》卷491《吐蕃传》。

以后史籍又统称之为"番"、"西番"、"番部",或称之为"羌"。其分布地从今陕西西部、宁夏南部、甘肃、青海大部,一直到新疆均有,其部名繁多。[1] 其中最集中之地,在河西凉州和青海河湟及河南地区。

7.2 宋代甘青吐蕃与当地的经济开发

北宋初,以凉州为中心的吐蕃六合部部落联盟势力增强,并与北宋交好,联盟属下大小数十部中,势力较大部落的首领,多接受北宋官爵,共同抵御崛起于夏州的党项李继迁。10世纪末,六合部首领潘罗支掌握了联盟的大权,使六合部联盟达到极盛之时。他积极联宋以抗党项,宋朝封其为"朔方节度使、灵州西面都巡检使"。宋咸平六年(1003年),党项李继迁建都西平府(灵州,今宁夏吴忠西)后,即率军攻陷凉州。回军时,吐蕃六合部潘罗支乘其不备,击败之。继迁中流矢,旋卒。[2] 直到党项李德明继立后,采用分化六合部的策略,使六合部中者龙族的迷般嘱、日逋吉罗丹二族叛,诱杀潘罗支,自此六合部势衰。大中祥符八年(1015年)李德明遣苏守信等攻占凉州,以"兵七千,马五千"驻守;[3] 或于此时吐蕃六合部联盟瓦解,其部多有西投河湟地区吐蕃者。

以凉州为中心的吐蕃六合部部落联盟自五代时形成,到宋大中祥符八年瓦解,存在约八十余年,其对河西的经济发展起过一定的作用。以凉州为中心的河西地区,自汉代以来就是水草丰美,宜牧宜农的富饶之地。但自唐末五代以来,几经战乱,该地的经济遭到一定的破坏,人口减少,农业有所衰退。吐蕃六合部联盟兴起后,以牧畜为生的各部落的畜牧业得到了较大的发展,其动力之一就是北宋为抗辽及党项,急需大量马匹,加强军备,积极与之贸易,以茶或丝绢易马。如淳化二

---

〔1〕参见汤开建《五代宋金元时期甘青藏族部落的分布》,载陈庆英主编《中国藏族部落》,中国藏学出版社2004年第2版,第621－656页。

〔2〕李焘《续资治通鉴长编》卷55,宋咸平六年十二月,中华书局标点本1993年版;上引《宋史·吐蕃传》。

〔3〕《宋会要辑稿·蕃夷》四之六。

年(991年),北宋遣殿直丁惟清"往凉州市马";而凉州"吐蕃卖马还过灵州,为党项所掠"。这也就是凉州六合部联盟积极联宋抗党项的原因。宋与六合部联盟茶马的贸易主要还是通过"朝贡"的形式进行的。史载,仅咸平元年(998年)六合部首领折逋游龙钵一次"献马二千余匹";五年(1002年),潘罗支"使来,贡马五千匹。诏厚给马价,别赐彩百段、茶百斤"[1]。由此可见吐蕃六合部联盟各部畜牧业,特别是养马匹之发展。在凉州一带也有农业,主要种植小麦,从事耕作者大部为汉人。

此外,值得提及的是,凉州地区自西汉以来,就是中西交通(丝绸之路)所经的地区,北宋与西域各国交往必经的地区之一。因此,凉州吐蕃六合部联盟就承担了北宋与凉州之西甘州回鹘、归义军曹氏及西域诸国政治、经济和文化交往的中继者的角色,维护了河西交通的畅通。如乾德四年(966年),六合部首领折逋葛支曾上言:"有回鹘二百余人、汉僧六十余人自朔方路来,为部落劫略。僧云欲往天竺取经,并送达甘州讫。"[2]这也促进了吐蕃六合部联盟本身商贸经济的发展,是其本身富强的原因之一。

凉州吐蕃六合部联盟瓦解后,河湟地区的吐蕃各部中宗哥族开始逐渐强盛起来。宗哥族原为六合部联盟中的一支,其首领李立遵居宗哥城(今青海平安),另一首领温逋奇居邈川城(今青海乐都),两者势力不相上下。大约在大中祥符元年(1008年),李立遵、温逋奇等河湟吐蕃各部,拥立唐末吐蕃赞普后裔嘉勒斯赍为主,号"唃厮啰",即佛子之意,逐渐统一河湟等地吐蕃各部,立文法,建立了一个先后以宗哥城、青唐城(今青海西宁)为都城的政权,史称为"唃厮啰"。[3]尽管这一政权内部有多次的分裂与内乱,但毕竟逐渐统一河湟吐蕃各部而日趋强盛。特别是明道三年(1033年),唃厮啰迁都青唐城后,政权进一步完

---

〔1〕均见《宋史》卷492《吐蕃传》。

〔2〕《宋史》卷492《吐蕃传》。

〔3〕关于唃厮啰本人身世及政权建立,宋代史籍多有记载,且多歧义。请参见祝启源《唃厮啰——宋代藏族政权》,青海人民出版社1988年,第31-41页;刘建丽《宋代西北吐蕃研究》,甘肃文化出版社1998年,第170-183页。

善,利用佛教和盟誓加强对各部落的统治;充分发挥其连接北宋与西域交通有利地理位置的作用,努力发展商业贸易和经济;对外多次击退已据有河西走廊的西夏元昊的进攻,与北宋建立友好关系,接受其封爵等。其极盛时,疆界东至岷州(治今甘肃岷县),西抵青海湖以西,北达祁连山,南到甘南一带;人口约百余万。治平二年(1065年),唃厮啰卒,其第三子董毡及其养子阿里骨先后继立。阿里骨在位时,唃厮啰政权势渐衰,以后瞎征、陇拶、小陇拶相继执政,最终于崇宁三年(1104年)在北宋王厚、童贯率军的再次进攻之下,政权瓦解,凡立国七十余年。

对立国于河湟地区的吐蕃唃厮啰政权的历史,前人研究成果颇多。现仅就吐蕃唃厮啰政权时期,吐蕃各部对甘青地区的经济开发作一概述。

唃厮啰政权的领地主要在青海河湟地区,当历史上中国处于分裂割据时期时,内地与西方交往的道路则往往从传统的河西走廊一线,转移到南边青海一线。魏晋南北朝时,据有青海等地的吐谷浑自然成为当时中西交往的中继者和向导,因此而商业发展,国家富强。宋代情况也是如此,自西夏正式建国后,不久即据有河西走廊,于是北宋与西域等地的交通只有通过据有河湟及青海一带的吐蕃唃厮啰政权。史称:"[唃]厮啰居鄯州,西有临谷城(今青海湟源)通青海,高昌诸国商人皆趋鄯州贸卖,以故富强。"[1]当时,青唐城内西域商人定居达"数百家";[2]城内"积六十年宝货不赀,唯真珠、翡翠以柜,金、玉、犀[角]、象[牙]埋之土中……";各国商人到此,一般是"货到每十橐驼税一"。[3]可见青唐城因通商贸而富庶的情形。唃厮啰政权不仅保护西域各国商人,与之贸卖,而且充当响导,护卫各国商人至北宋。如于阗(今新疆和田)使至宋,"董毡使导至熙州(治今甘肃临洮)"[4]。

---

〔1〕《宋史》卷492《吐蕃传》。
〔2〕李远《青唐录》,说郛本。
〔3〕张舜民《画墁录》,"青唐宝货"条,文渊阁库本。
〔4〕《宋史》卷490《于阗国传》。

正因为如此,吐蕃唃厮啰及其所属吐蕃各部与北宋的通商贸易也相应地得到更进一步发展。其中,如朝贡贸易(或称贡赐贸易)不仅次数多,而且贡品数量大、种类多;边境榷场贸易和民间贸易以及境内"蕃市",更为繁荣和发展。关于此,前人论述颇多,不赘述。[1]值得一提的是北宋与吐蕃唃厮啰诸部之间的"茶马贸易",因双方对茶与马的企求,每年宋朝从吐蕃地区输入的马约 2 万匹,输出的茶达"五百万斤"[2]。宋臣王襄在上疏中说:"青唐之马最良,而蕃食肉酥,必得蜀茶而后生,故熙、丰时(1068—1085 年)置茶马司,大率以茶一笼计费三千,而易百千之马,岁以蜀茶易马二万匹,以三十年为率,则国用马常四十万矣。"[3]这种"茶马互市"的制度一直影响至明清之时。

吐蕃唃厮啰诸部与境内外商业贸易的繁荣,促进了甘青河湟地区城镇的迅速发展,如青唐城、邈川城、宗哥城、林金城(上述临谷城)、廓州城(今青海尖扎北)、一公城(今青海循化)、溪哥城(今青海贵德)以及熙河战役前的河州城(今甘肃临夏)、洮州城(今甘肃临潭)等。其都青唐城,据宋人李远《青唐录》记:"城枕湟水之南,广二十里。旁开八门,中有隔城,以门通之,为东西二城,伪主居西城……西城无虑数千家,东城惟陷羌人及羌人之子孙、夏国降羌,于阗、回纥往来贾贩之人数百家居之。城之西……建佛寺,广五六里。缭周恒,屋至千余楹……城中之屋,佛舍居半。惟国主殿及佛舍以瓦,余虽主之宫室,亦土覆之。"因此,有学者认为,此城"佛寺建筑占有重要地位,有商业区,颇为繁荣。其人口连同僧人在内,当不下数万人"[4]。又如邈川城,城周七里,"部族繁庶,形势险要"。[5]

总之,吐蕃唃厮啰担当起中西贸易的中继者和桥梁的角色,商业繁荣,城镇兴起,此乃以吐蕃为主及当地羌、汉等族进一步开发该地区

─────────────

〔1〕见上引刘建丽《宋代西北吐蕃研究》,第 326 - 338 页;汤开建《北宋与西北各族的马贸易》,载《中亚学刊》第 3 辑,中华书局 1990 年,第 139 - 164 页等。

〔2〕吕陶《净德集》卷 3《奏乞罢榷名山等三处茶以广德泽亦不阙备边之费状》。

〔3〕赵汝愚《宋名臣奏议》卷 45《天道门》。

〔4〕上引祝启源《唃厮啰——宋代藏族政权》,第 236 页。

〔5〕上引《续资治通鉴长编》卷 514,"元符二年八月己卯"条。

的特点和重要标志之一。

在唃厮啰政权建立时期，其所属吐蕃各部传统的经济畜牧业也有了较大的发展。马匹仍然是其主要的牲畜，多有良马；牛（牦牛、犏牛）、羊，也是吐蕃人的衣食之源和交通工具之一；此外还有骡、驼等。吐蕃人承继了历史上甘青地区羌人、吐谷浑人畜牧的经验和方式，并有所发展，故其牲畜的数量和质量均有所提高。熙宁六年（1073 年）九月，岷州吐蕃两名首领一次向宋朝各献"牛百五头，羊二千口"[1]；七年（1074 年）宋朝王韶攻占熙河数州，"烧二万帐，获牛、羊八万余口"[2]。

在这一时期，唃厮啰境内农业在唐末五代的基础上也有所发展。宋人刘攽有《熙州行》诗一首，内云"岂知洮河宜种稻，此去凉州皆白麦"[3]。可见，吐蕃人的农作物除主要是青稞外，还种植稻与小麦。上述熙宁六年岷州吐蕃二首领还各自向宋军"献大麦万石"。元符二年（1099 年），宋王赡进攻青唐城，驻兵数十里外，不敢进。青唐主瞎征语人曰："吾畜积甚多，若汉兵至，可支一万人十年之储。"[4]此可能有些夸大，但青唐城确"仓储初以百万计"，王赡入青唐，"及是才余二万斛"[5]。

此外，吐蕃唃厮啰境内，手工业中的矿冶、金属加工、酿酒、皮毛加工等部门均有所发展。[6]其中，兵器、甲锐之制造尤精。李远《青唐录》说："青唐之南有泸戎，汉呼为卢甘子，其人物与青唐相类，所造铠甲、刀剑尤良。"宋沈括撰《梦溪笔谈》卷 19《器用》中，对青唐制作的甲胄备加称赞，并记其法云："凡锻甲之法，其始甚厚，不用水，冷锻之，比元厚三分减二乃成。"此乃较为先进之冷锻金属硬化工艺，由此亦可见当时吐蕃人手工业之进步与发展。

---

〔1〕上引《续资治通鉴长编》卷 247，"熙宁六年九月壬戌"条。
〔2〕上引《续资治通鉴长编》卷 252，"熙宁七年丁酉"条。
〔3〕刘攽《彭城集》卷 8《熙州行》。
〔4〕《续资治通鉴长编》卷 515，"元符二年九月己未"条注引赵挺之《崇宁边略》。
〔5〕《续资治通鉴长编》卷 515，元"符二年九月己未"条。
〔6〕参见刘建丽《宋代西北吐蕃研究》，第 338－350 页，此不赘述。

宋代吐蕃唃厮啰时,上述以吐蕃各部为主包括当地羌、汉等族对甘青地区的经济开发,是汉代西羌、南北朝吐谷浑之后对该地区开发的继续,也是古代藏族(吐蕃)对甘青地区开发所作出的贡献之一。

崇宁二年(1104 年),北宋灭吐蕃唃厮啰政权,据有河湟之地后,改鄯州为西宁州(治今青海西宁),并做了一些军政方面的建设工作。其中,在政和五年(1115 年)前后,宋朝在河湟广招弓箭手守边并垦辟闲置之"番田",以补助边计。[1]时知岷州的何灌,率当地各族人民开渠"引邈川水(今湟水)溉闲田千顷,湟人号'广利渠'";后又提举熙、河、兰、湟弓箭手,上言募民及弓箭手茸渠引水于河湟田地,"甫半岁,得善田二万六千顷,募士七千四百人,为他路最"。[2] 北宋的这些措施对恢复和发展河湟等地的农业有一定的作用。

7.3　元明时期甘青藏族及其经济的发展

宋靖康二年(1127 年)北宋灭亡前后,甘青地区分别为金、西夏所据有。至 13 世纪,蒙古族南下,先后灭西夏、金和南宋,统一全国,建立元朝。此时,原青海河湟等地的吐蕃部落因从事游牧而多有迁徙至西部和南部牧区者,留在该地的吐蕃多系从事农业或半农半牧者,且与当地汉、羌及南下的蒙古人杂居错处。元忽必烈在位时的至正年间(1273—1294 年),先后建立和健全了甘青地区的行政和军事机构。在吐蕃(藏族)聚居的地区,元朝先后设置"吐蕃等处宣慰使司都元帅府"、"乌思藏纳里速古鲁孙等三路宣慰使司都元帅府"、"土番等路宣慰使司都元帅府"。其中,吐蕃等处宣慰使司都元帅府是主要管辖甘青地区吐蕃的机构,因藏族称甘青藏区为"朵思麻"(或译作脱思麻、多思麻,mdosmad),意为安多下部地区,包括今青海黄河以南、黄河源以东及甘南东部、四川阿坝北部藏区,故又可简称为朵思麻宣慰司。从《元史》卷 60《地理志三》、卷 87《百官志三》可见此宣慰司下所属万户

---

[1]见《宋史》卷 190《兵志四》。

[2]《宋史》卷 357《何灌传》。

府、元帅府及其下千户、百户的大致情况。此乃开甘青藏区土司制之先河。

元朝是自唐末以来重新统一全国（包括吐蕃地区）的中央王朝，其统一的政令和措施亦施行于甘青地区吐蕃。如设置驿站，据藏文典籍《汉藏史集》（原名《贤者善乐瞻部洲明鉴》）的记载，忽必烈在位时，派遣大臣"从汉藏交界之处起，直到萨迦（今西藏萨迦）以下，总计设置了二十七个大驿站……由朵思麻站户［支应的］七个大站，在朵甘思设立了九个大站，在乌斯藏设置了十一个大站"。其中朵甘思即甘青地区。以后，元朝又专门委派官员管理这些驿站。[1] 藏区驿站的设置，大大便利了甘青等藏区与内地和境外的交通。但因元朝的统一，中西贸易等交往已主要改至蒙古草原或河西走廊，甘青藏区遂失去了在中西交通上的主要地位和作用。

元代朵甘思吐蕃诸部的经济，仍以畜牧业为主，且多游牧，牲畜与宋代时基本相同，发展缓慢，无多大进步。自宋代以来之"茶马互市"，因蒙古不缺战马而取消，但对茶叶向藏区的销售，则仍宋以来之榷茶法，元世祖忽必烈至元六年（1269 年）设"西蜀四川监榷茶场使司掌之"[2]。客商纳课买茶，凭茶引赴藏区销售，严禁私茶运销。因文献资料的阙如，朵甘思吐蕃诸部经济发展的具体情况则难以知晓。

值得一提的是，在至正十七年（1356 年），荣禄公都实曾奉命勘查黄河河源，拟于该地营城一座，"俾番贾互市，规置航传，凡物质水行达京师"。都实考察后，证实"河源在土蕃朵甘思西部，有泉百余泓，或泉或潦，水泪洳散涣，方可七八十里，且泥淖溺，不胜人踪，逼观弗克。旁履高山下视，灿若列星，以故名火敦脑儿，火敦，译言星宿也。群流奔凑，近五七里，汇二巨泽（指今扎陵、鄂陵湖）……"[3] 此次河源考察，是黄河河源史中重要的一页，因为不仅再次证实历史上有关河源记载的谬误，且已接近黄河真正的源头。

---

〔1〕见陈庆英译《汉藏史集》，西藏人民出版社 1986 年，第 167 - 170 页。
〔2〕《元史》卷 94《食货志二》。
〔3〕见元代潘昂霄撰《河源记》。

元朝亡后,明朝建立。明洪武三年(1370 年)故元陕西行省吐蕃宣慰使何锁南普等归附,献出元所授金银牌印,标志着甘青藏区(朵思麻)归于明朝的统治。[1] 为了加强对这一邻近蒙古地区的控制,明朝对元朝的土司制略作改变,即加强了卫所流官对藏区土司的控御,以流统土,故土司一般职衔较低,仅有三品至从七品之指挥同知、千户、百户等职。[2]明朝先后于甘青藏区设置河州卫(洪武四年设)、甘肃卫(洪武五年设,二十五年罢,二十六年移陕西行都指挥使于此,领卫十二)、西宁卫(洪武六年设)、岷州卫(洪武十一年设)、洮州卫(洪武十二年设)等。各卫之下有的又设有若干千户所、百户所。此后,卫所虽然有所变更,但总的趋势是日益加强。卫所及以下任命流官和土官(土司),土官则一般由藏族部落首领担任。明代还利用甘青藏区藏族信奉藏传佛教的特点,建立僧官制度,大力扶持寺院。在甘青藏区,明朝封敕的僧官有西天佛子、大国师、国师、禅师、都纲、喇嘛等,僧官有朝廷给予的廪米,定秩品,颁印信。此外,还专门设置协调寺院与中央的机构"僧纲司"。这是明朝利用宗教加强对甘青等藏区统治的措施。

明代甘青藏区的藏族部落众多,分布亦广。有的学者据《明实录》及各种方志文献的记载,对甘青藏区各卫的藏族部落作了详细的统计:河州卫,有 64 族(族即部落);西宁卫,有 178 族;洮州卫,有 110 族;岷州卫,有 140 族;秦州卫,有 39 族等。[3]这一统计是不完整的,但仅就此,也可见当时甘青地区藏族部落之众。

从明朝洪武三年(1370 年)起到正德四年(1509 年),蒙古亦不剌阿尔秃厮入据青海湖一带,以致到崇祯三年(1634 年)后,蒙古喀尔喀王公绰克图部、卫拉特和硕特部固始汗先后据有青海及甘南、四川藏区,前后共约 200 余年。在这漫长的时期里,甘青藏族的经济发展也具有自己的特色。

在甘青藏区的河湟、河西一带从事农业或半农半牧的藏族部落或

---

〔1〕《明太祖实录》卷 53,洪武三年六月乙酉;《明史》卷 330《西域传二》西番诸卫。
〔2〕参见尹伟先《明代藏族史》,民族出版社 2000 年,第 173－174 页。
〔3〕王继光《明代藏族部落》,载上引陈庆英主编《中国藏族部落》,第 567－689 页。

寨堡，多与汉、回、撒拉、土等族杂居，农业有所发展，其水平渐与陕甘汉族农区相近。而自明洪武年间，于边地实行的"军屯"制度，对甘青藏区农业的发展也起到一定的作用。洪武二十五年（1392 年），户部尚书赵勉上言："陕西临洮、岷州、宁夏、洮州、西宁、兰州、庄浪、河州、甘肃山丹、永昌、凉州等卫军士屯田，每岁所收，谷种外，余粮请以十之二上仓，以给士卒之城守者。""上从之。因命天下卫所军卒，自今以十之七屯种，十之三城守，务尽力开垦，以足军食。"[1]可见，明于甘青藏区设卫所，遣重兵守之，以北防蒙古，南抚西番；边地军屯之制，始于甘青卫所，其目的也是解决众多军士的粮饷问题。永乐九年（1411 年），河州卫都指挥刘昭曾奏请：于归德千户所（在今青海贵德）"选精锐二百守城，八百屯种，及运入番买马茶"[2]。直至正统年间（1436—1449 年），还见史籍有甘青卫所军屯的记载。如正统二年（1437 年）二月，西宁署都指挥佥事金玉奏准，于本卫新辟 39 顷田中，分出 15 顷，"令守城军余耕获，别贮以备供应"[3]。六年（1441 年）九月，秦州阶州千户所（今甘肃武都）百户徐政奏准，因"本所军士原系七分屯田，三分守城，番贼探知军少，不时出没，乞以六分屯田，四分守城。其遗下原屯田地，拨余丁补数屯种"[4]。

甘青广大藏区藏族部落则主要从事畜牧业，饲养牲畜及生产方式（主要是在一定区域内游牧）均与宋、元时基本相同，并没有多少改革和发展。然而，在甘青藏族的经济生活中，最具有特点的是，他们与明朝中央政府之间以朝贡、茶马贸易和纳差发马等形式，加强了双方的经济联系，促进了藏区经济的发展。

朝贡　边疆民族向中央王朝的朝贡及制度，在明代以前均有，而明代甘青藏区向明朝的朝贡则有其特色。自洪武年间明朝招抚甘青藏族，并先后建立、健全其统治机构（包括僧官制度）起，即有甘青藏族

---

[1]《明太祖实录》卷 216，洪武二十五年二月庚辰；《明史》卷 77《食货一》。

[2]《明成祖实录》卷 79，永乐九年十月辛卯。

[3]《明英宗实录》卷 27，正统二年二月庚辰。

[4]《明英宗实录》卷 83，正统六年九月甲午。

首领及僧官先后入贡。洪武三年(1370年),原元朝任命吐蕃宣慰使何锁南普等13人来朝,"进马及方物";[1]明朝以其为河州卫指挥同知,准其子孙世袭,归时赠其文绮前后30匹。[2]此后,甘青地区西番(藏族)原千户、百户等首领及各级僧官等入朝进贡马匹、土特产等,络绎不绝。明代对于甘青藏区(包括四川和乌斯藏地区)朝贡待遇之优厚,入贡范围之广,次数、人数之多,影响之大,可谓中国历史上所罕见。甘青藏区的各级土官(土司),甚至某一新投附的部落、番人,各级僧官,包括最低品级的喇嘛、僧人,均可入朝纳贡,甚至遣人朝贡。官方各驿站对入贡人员"俱支廪给","其赏赐物件,验包拨车",不花分文。[3]到京后,除有的封官赐爵外,还赠以丰厚赏赐银、钞及彩帛等。如永乐元年(1403年)四月,因河州、洮州番族朝贡,永乐帝命礼部所定的赏例是:"河州卫必里千户所千户,每员银六十两、彩币六表里、钞百锭;曾授金符头目亲来朝贡者,银五十两、彩币五表里、钞七十锭、纻丝衣一袭;遣人朝贡者,银四十两、彩币四表里、钞五十锭;中途死者,官归其丧,赏赐付抚安[按]官给之,所遣使每人银十两、彩币二表里、钞三十锭……"[4]

除此而外,藏族所入贡之马匹,朝廷还按质定价,以为赏赐。宣德元年(1426年),礼部定议:"中马一,给钞二百五十锭、纻丝一匹;下马一,钞二百锭、纻丝一匹;下下马一,钞八十锭、纻丝一匹;有疾瘦小不堪者,每一马钞六十锭、绢二匹。"[5]以后,虽有所减少,但赏赐也十分丰厚。贡使在沿途还可购买茶叶等物,满载而归。

明朝最初对甘青藏区的入贡次数并没有严格的规定,后规定一年或三年入贡,但并未认真执行。在上述如此优厚的待遇之下,甘青藏族入贡络绎不断,前后相望。据《明实录》的记载,从洪武三年至三十五年,甘青藏区土司、番部及僧人入贡仅11次,平均每年0.34次;从永乐

---

[1]《明太祖实录》卷59,洪武三年十二月辛巳。

[2]《明太祖实录》卷60、61,洪武四年正月辛卯、二月辛未。

[3]《明会典》卷148。

[4]《明成祖实录》卷19,永乐元年四月丁卯。

[5]《明宣宗实录》卷22,宣德元年十一月庚子。

元年至二十二年,入贡共 31 次,每年达 1.5 次;洪熙元年(1425 年),入贡 5 次;宣德元年至九年,入贡达 95 次,每年达 10.5 次,仅宣德元年一年就达 18 次之多。以上入贡数中,还不包括同时入贡的多个部落、寺院僧官等。这对明朝来说,是一个很大的负担,因为这仅是甘青藏区一隅之入贡,故而在宣德十年五月,明宣宗敕命西宁卫,番民入贡期到,"特缓其期,可待正统三年一并交收"[1]。正统五年(1440 年),英宗从礼部奏请,命陕西行都司、布政司并各卫府,"今后遇有剌麻(喇嘛)番僧人等进贡,免其赴京,将所进马辩验,就役给军骑操"[2]。此后,甘青入贡数量有所减少,平均每岁约 4~5 次,但人数却大为增加。到成化八年(1472 年)六月,礼部官员上言称:"今年陕西岷[岷]、洮等卫所奏送各簇番人共四千二百有奇。除给与马直不计,凡赏彩缎八千五百二[四]十四[二]表里、生绢八千五百二十余匹、钞二十九万八千三百余锭,滥费无已。正统、天顺年间,各番进贡岁不过三五百人。成化初年,因岷[岷]、洮等处滥以熟番作生番冒送,已立定例,生番许二年一贡,每大簇四五人,小簇一二人赴京,余悉令回。成化六年,因按察司副使邓本端妄自招抚来贡,又复冒滥。本部复申例约束。"奏闻,诏可[3]。然而,终明之世,甘青藏族进贡仍不绝,仅次数有所减少而已。

明朝之所以对甘青西番采取如此优厚的朝贡政策,主要是出于政治、军事之需要,以此来安抚西陲,确保西北之安定,加强对北方蒙古的防御。正如清代《明史》撰者所说:"其他族种,如西宁十三族、岷州十八族、洮州十八族之属,大者数千人,少者数百,亦许岁一奉贡,优以宴赉。西番之势益分,其力益弱,西陲之患亦益寡。"[4]试观明代,西北甘青藏区较为安定,只有数次小的扰乱而已,明朝的政治目的可谓基本达到。其次,明朝通过朝贡可换取到一批急需的马匹,以加强边防。对于甘青藏族而言,通过频繁的入京朝贡,加强了与中央和内地的政治

〔1〕《明宣宗实录》卷 5,宣德十年五月己亥。

〔2〕《明英宗实录》卷 70,正统五年八月戊子。

〔3〕《明宪宗实录》卷 105,成化八年六月辛卯;《明史》卷 330《西域二》西番诸卫。

〔4〕《明史》卷 330《西域传二》西番诸卫。

·欧·亚·历·史·文·化·文·库·

和经济的联系,刺激了本族畜牧业以及宗教寺院和寺院经济的发展,影响也至为深远。

茶马贸易 明朝兴起于江南,由于战争和边防的需要,急需大量的马匹,可是又不能从北方蒙古取得,故对西部畜牧发达之藏区马匹需求量极大,而藏族生活中又离不开茶,所谓"番人嗜乳酪,不得茶,则困以病",于是自宋代以来以茶易马之法兴,至明代茶马交易更为发展,茶马之制"尤密"。[1] 不仅如此,明朝还企图以茶马交易来控制西番,以茶制番。关于此,前人研究论述颇多,故仅以甘青藏区茶马贸易为主简述之。

为了达到上述目的,明朝先后建立了一整套与西番茶马贸易配套的机构和管理制度,以期垄断茶马贸易。如于川、陕设茶马司、茶课司,专理茶马交易及课税;后又增设行人、茶马御史,巡行察视,严边茶禁;于产茶地设批验所以查茶之质量;设茶运所、茶坊、茶仓等管理茶之运输、加工及储存等。甘青藏区系茶马交易之地,故在洪武、永乐年间,先后于秦州、河州、西宁、洮州、甘州设茶马司。洪武九年(1376年),秦州、河州茶马司即"市马一百七十一匹"[2];十一年,"秦、河二州及顺龙茶盐马司所易马六百八十六匹"[3]。以后各茶马司所市之马,则逐渐增加。

至于茶马贸易的管理制度,主要包括明代之茶法和马政,尤以前者为主。洪武年间,茶马交易之制已渐为完备。洪武初,"令商人于产茶地买茶,纳钱请引。引茶百斤,输钱二百,不及引曰畸零,别置由帖给之。无由、引及茶引相离者,人得告捕……凡犯私茶者,与私盐同罪"。后虽然纳课数有所增加,但招引制不变。由于运茶入藏区销售,获利甚多,故至洪武末年,私茶出境多,而互市者少,马日贵而茶日贱。于是,明太祖又创"金牌信符"制,牌"篆文上曰'皇帝圣旨',左曰'合当差发',右曰'不信者斩'。凡四十一面:洮州火把藏、思囊日等族牌四面,

---

[1]《明史》卷80《食货志四》。
[2]《明太祖实录》卷110,洪武九年十二月己卯。
[3]《明太祖实录》卷121,洪武十一年十二月戊午。

纳马三千五十匹;河州必里卫西番二十九族牌二十一面,纳马七千七百五匹;西宁曲先、阿端、罕东、安定四卫,巴哇、申中、申藏等族,牌十六面,纳马三千五十匹。下号金牌降诸番,上号藏内府以为契,三岁一遣官合符(三年一征纳马)"。可见,行金牌信符制地主要在甘青藏区,史称时"运茶五十余万斤,获马万三千八百匹"。[1] 此后,这些持牌易马的各族,又称为"纳马"或"中马"番族。

然而,此制带有强迫的赋税性质,藏民不堪,故至永乐间即废止。到正德元年(1506年),时任马政都御史的杨一清鉴于私茶之盛,而朝廷虽多次改革茶法,仍收效不大,故提出恢复洪武时的金牌信符制,可是原番族金牌多丢失,"查检不出,事寝"。于是,杨一清提出恢复弘治年施行之"招商中茶法",而略作变更,即允许茶商于产茶地纳课领引,运茶至藏区茶马司,官与商对半分茶(原为官四、商六),官茶贮库,商茶可自由贸马获利。此后,这种管理茶马交易之法行至明亡之时。[2]只是在嘉靖三十年(1551年),诏给西番"勘合"(纳马之凭证),每岁纳马以是为验,行茶马之交易。[3]

又据《明实录》的记载,明代甘青藏区茶马贸易数额情况大致是:永乐八年(1410年)十一月,据河州卫奏称,"陆续收到河州卫各番簇马七千七百一十四匹。上马每匹茶六十斤,中马四十斤,下马递减之,共给茶二十七万八千四百六十斤"[4]。宣德七年(1432年),"所征河州卫各番簇茶马七千七百余匹,已征六千五百余匹……西宁等卫所属番簇茶马三千二百九十六匹,已征二千三百余匹……"[5]宣德十年正月,户部奏称,"陕西西宁、河州、洮州番族输马一万三千余匹,当给赏茶一百九万七千余斤"[6]。正统十二年四月,"征收西宁、罕东、安定、阿端、

〔1〕《明史》卷80《食货志四》。又《明太祖实录》卷214,洪武二十六年二月癸未记:太祖颁行金铜信符制于此年,且云"金铜信符",所颁地才更广。
〔2〕见杨应琚撰《西宁府新志》(撰于清乾隆时)卷17《田赋》茶马。
〔3〕《明世宗实录》卷369,嘉靖三十年正月丁未。
〔4〕《明成祖实录》卷73,永乐八年十一月己丑。
〔5〕《明宣宗实录》卷97,宣德七年十二月丁亥。
〔6〕《明英宗实录》卷1,宣德十年正月甲午。

·欧·亚·历·史·文·化·文·库·

曲先五卫番民马二千九百四十六匹,给茶一十二万五千四百三十斤"[1]。正德三年(1508年)十二月,户部上言,"先是,都理马政都御使杨一清定西宁、洮、河三卫茶马则例,每岁征茶不过五万斤,易马不过五六千匹。今巡茶御史翟唐一年之间收茶至七十八万二千余斤,所易马至九千余匹,较之常规,利实倍之。功绩颇著,宜加旌奖"[2]。隆庆六年(1572年)十一月,陕西御史褚铁奏报茶马总目,"隆庆五年分招番中过马六千三百七十匹……征六年三月终止苑马寺实马并驹一万七十四匹……洮、河、西宁、甘州四茶马司各项茶七十九万六千六百六十一斤"[3]。天启六年(1626年)十月,陕西御史王大年题奏,"陕西茶马未有辽事之先,一岁额有马才九千七百二十四匹,迨奴警一传,征兵各边,而马之取数称之……前在差御史傅振商遂题增每岁额马,共计七岁以来,在年例之内者,加增既近二万,在年例之外者,亦复二万有奇。总之,为辽事增也"[4]。

纳差发马 早在洪武十六年(1383年)正月,明太祖即谕其下云:"西番之民归附已久,而未尝责其贡赋。闻其地多马,宜计其地之多寡以出赋。如三千户则三户共出马一匹,四千户则四户共出马一匹,定为土赋。"此后,这种向藏族征收马赋以代赋税之制,即"征差发马",即逐渐推行开来。到洪武末,上述颁行的"金牌信符"制,实际上即是征差发马的一种形式。永乐后,金牌信符制虽然取消,但纳马为赋、酬赏茶叶却长期保留下来,并与茶马制融为一体。明朝即是以各种茶法,控制茶商,严禁私茶,垄断茶马的贸易;以纳马为赋,控制藏民,迫使其纳马易茶,以保证茶马交易的正常进行。

茶马贸易(包括纳差发马),对明朝来说,是其政治、军事之需要,基本达到了其以茶取番的目的,并客观上加强了中央及内地与西部藏区的政治和军事的联系。对藏区而言,因明朝马匹需要量大增,而刺激

---

〔1〕《明英宗实录》卷152,正统十二年四月丙午。

〔2〕《明武宗实录》卷45,正德三年十二月戊辰。

〔3〕《明穆宗实录》卷7,隆庆六年十一月甲申。

〔4〕《明熹宗实录》卷72,天启六年十月甲子。

了藏区畜牧业的迅速发展,人口也逐渐增加。这是明代甘青藏族对当地经济开发和发展所作出的贡献。

明万历四十八年(1620年),原游牧于天山以北的西蒙古厄鲁特(一作"卫拉特")和硕特部首领固始汗(又译作"顾实汗")率部移居青海地区,击败原迁于该地的蒙古部落,后又征服、统治了青海、甘南以及四川等地的藏族部落,青海湖周围游牧之藏族部落则逐渐被迫迁于湖南一带游牧。崇祯十五年(1642年),固始汗消灭西藏藏巴汗,扶植五世达赖喇嘛,建立起蒙古与西藏联合政权,几乎统治了整个青藏高原的藏区。

7.4　清代甘青藏区的经济发展

清朝建立初,于甘青东部地区沿明朝旧制,设卫所,原土司仍其旧。雍正二年(1724年)清朝平定青海蒙古罗卜藏丹津之乱后,采纳抚远大将军年羹尧拟定之《青海善后事宜十三条》,对甘青藏区行政体制作了若干改革。[1] 其主要内容有:设置"钦差总理青海蒙古番子事务大臣"(后简称"青海办事大臣"或"西宁办事大臣");添改地方行政机构,增设卫所、镇营;划定青海与西藏、四川行政区界;添设土千户、百户,清查户口,额定赋税;整顿、改革藏传佛教寺院,建立制度等。

同时,清廷将青海蒙古各部插旗定地,以黄河为界,河北24旗蒙古,河南5旗蒙古。藏族各部则均安置在河南之地。河北地土肥饶,而河南地水草稍差,故河南藏族一直以为朝廷"偏袒蒙古,尽与善地"[2]。清朝通过以上这些措施,加强了卫所对藏族各千百户的控制,以流治土,赋税(包括贡马)很轻。因此,在清嘉庆年前,与全国各地一样,藏区的经济(农、牧业)获得较大的发展,人口猛增。有的学者据清代方志粗略统计,乾隆、嘉庆年间,河湟地区以从事农业为主的藏族人口约

---

〔1〕《青海善后事宜十三条》见中国藏学研究中心等编《元以来西藏地方与中央政府关系档案史料汇编》(2),中国藏学出版社1994年版,第350页。

〔2〕那彦成《平番奏议》卷2。

有 16 万,青海牧区人口也达 7 万左右。[1]随着人口的增加,耕地面积也大幅度增加。据乾隆年间杨应琚修撰的《西宁府新志》卷16《田赋志》记载,西宁府及附郭的西宁县的番地(一般指藏族农民耕地)中,就有雍正二年劝民开垦水地 61 段(每段大小不等)、雍正七年劝民开垦旱地 68 段;碾伯县(治今青海乐都)番地中有雍正十三年续报开垦旱地 190 段、水地 188 段,乾隆四年续报开垦旱地 289 段,乾隆五年续报开垦旱地 54 段;大通卫(今青海大通)番地中,有乾隆九年续报开垦旱地 62 段等。

后河北蒙古各旗因内部争斗而日益衰弱,有的部众逃散;而河南贵德、循化等地藏族却丁口日繁,生计艰难。于是,河南藏族部落势必向河北蒙古牧地迁徙,与蒙古各旗发生冲突,抢掠牲畜、财物,形成"蒙弱番强"的局面。这种情况到嘉庆时,就愈演愈烈。清廷多次谕令西宁办事大臣清查河南藏族部落移住河北,抢掠蒙古各族案件,增防官兵,派兵驱逐。可是,当清军撤离,河南藏族复入河北,至大通一带。

直到道光元年(1821 年),清廷改派那彦成为陕甘总督,钦差赴西宁,查办"番案"。二年十一月,那彦成采取"欲办河北,先办河南"的策略,首先清厘河南番族,编查户口,明定章程;[2]同时,采取断绝河北番族粮茶,添设卡隘,恶惩"汉奸"(引诱藏族之汉族奸商等)、巨盗等措施,迫使已迁入河北的藏族部落和蒙古察汗诺们汗旗(原居河南,内也有部分藏族)全部渡河返河南,"共二千三百三十二户,男女一万八千一百九十八名口","共立千户十名,百户四十名,百总八十六名,什总四百名";并按在河南所立章程约束之。[3]可是,道光十二年后,河南藏族部落又北渡河,与清军发生冲突。十九年,清廷被迫允许河南蒙古察汗诺们汗旗移牧河北,以分河南藏族之势。

此后,上述情况仍然持续不断,咸丰六年至九年(1856—1859 年),陕甘总督乐斌、西宁办事大臣福济不得已奏请"招安"河南藏族八部

〔1〕见王昱、聪喆主编《青海简史》,青海人民出版社 1992 年,第 184 页。
〔2〕上引那彦成《平番奏议》卷 2,道光二年十一月二十四日奏折。
〔3〕上引那彦成《平番奏议》卷 3,道光三年二月二十七日那彦成奏折。

落,移牧于河北青海湖四周,派员划分八族地界。此即后称之"环海八族":千布录族,辖11小族,青海湖东南,户900余;刚咱族,辖10小族,海北,户1000余;汪什代克族,海北布喀河,户2000余;都受族,辖2小族,海南,户400余;完受族,海南切吉,户30~40;曲加洋冲族(又称曲家族),海南,户300余;公窪他尔代族(又称公窪族),海南,户100余;拉安族,海南,户300余。八族共设总管2员(刚咱、汪什代克族各设1员),千户5名,百户16名,百总35名,什长168名。总人口18420人。[1] 此后,青海牧区形成蒙、藏各部共同游牧,各有分地,共同开发该地的局面,一直沿袭至今。

清初,仍沿明茶马贸易制度,于顺治年间在陕西设茶马御史,分辖西宁、洮州、河州、庄浪、甘州5茶马司,采取明代以来招商领引、纳课报部之制。商人从茶马御史领茶引,赴产茶地方办运茶叶,每引征茶5篦(每篦重10斤),到藏区贸易;规定上马1匹易茶12篦(120斤),中马1匹易茶9篦(90斤),下马1匹易茶6篦(60斤)。时"岁额茶课折色银六千二百六十六两二钱二分六厘,本色茶十三万六千四百八十篦"。又严禁私茶贸易,并明令"以茶易马各番,许于开市处所互市,不容滥入边内"。康熙年间,由于各地牧马孳息,朝廷对马之需求日减,茶马御史及5个茶马司先后裁撤,归甘肃巡抚兼管料理。但茶叶引岸制却仍施行,所征茶叶大多变价折换粮石。[2] 虽然如此,但民间茶马及其他商品之交易仍很兴盛。丹噶尔厅(今青海湟源)、河州、西宁等城市不仅成为青海的贸易集散地和中心,而且吸引众多内地及西藏的商人前来贸易。

到清光绪年间,甘青藏区与外界的商业贸易发生了一些变化。众所周知,甘青藏区是我国主要的羊毛产区之一。据俄国一些探险家、商人的估计,在20世纪初,仅青海的羊毛每年可输出10万担左右。因此,甘青藏区的羊毛早就引起了外国资本家的注意。19世纪末,有一

〔1〕《清文宗实录》卷293,咸丰九年九月丁卯上谕;〔清〕张庭武修、杨景昇《丹噶尔厅志》卷6;〔民国〕康敷镕《青海记》。

〔2〕均见〔清〕杨应琚《西宁府新志》(撰于乾隆十二年)卷17"田赋茶马"条。

欧·亚·历·史·文·化·文·库·

些外国的洋行通过北京、天津的商人在青海收购羊毛,也有一些中国商行将青海羊毛经黄河东运,经张家口运往天津,售与英、俄、德等国洋行。如光绪十八年(1892年),天津的英国洋行派人经过循化厅,到青海收购羊羔皮、驼绒、羊绒、山羊皮、生熟皮张、皮捆绳等畜产品;次年三月,英、德洋行又五次经循化到西宁一带收购羊毛等土特产。每次收购所携带的资金少则白银 4000～5000 两,多则达 3 万余两。从光绪十八年至二十三年 21 次有案可查的洋行收购中,总投入资金达 29.8 万两白银。这些洋行的经济活动还得到本国领事的直接关注,他们往往通过清朝政府责令直隶津海关道发给护照,并通知青海地方官员查照。[1] 这样,青海的畜产品,特别是羊毛,就成为外国资本家掠夺的重要轻工业原料之一,青海的羊毛,也被国际市场称之为"西宁毛",因"其纤维之长及线细著",而"特别适合于世界市场"。

光绪二十六年(1900年)以后,外国商人为便利掠夺甘青地区的羊毛等畜产品,纷纷在青海西宁、丹噶尔(湟源)、循化等重镇及沿牧区的商业交易中心开设洋行,大量收购西宁毛。在西宁城内观门街、石坡街一带出现了英商仁记、新泰、瑞记、聚立、平和、礼和等洋行。在丹噶尔有英商新泰兴、仁吉、怡和,美商平和,德商美最时,俄商瓦利等 10 余家洋行。在循化有 6 家洋行,专门收购同仁的隆务、保安等地的羊毛。据粗略的统计,在第一次世界大战前,青海的洋行从丹噶尔每年约收购羊毛 250 万斤,循化 30～40 万斤,隆务 30～40 万斤,鲁沙尔、上五庄等处 150 万斤,俄博、大通、永安等处 100 万斤,贵德 100 万斤,另外由玉树南出四川者也每年约 150 万斤。[2]

在青海羊毛大量出口的同时,国外的轻工业产品("洋货"),如火柴、布匹、纸张等也通过洋行销售到青海各地,包括甘青藏区。因此,到 20 世纪初,外国帝国主义的洋行实际上垄断了青海地区的进出口贸易。光绪三十三年(1907年)英人希尔兹在其筹办兰州邮政的报告中

---

〔1〕青海省人民政府档案处档案,转见《撒拉族简史》,青海人民出版社 1982 年,第 49－50 页。

〔2〕参见青海省志编纂委员会编《青海历史纪要》,青海人民出版社 1980 年,第 89－90 页。

说:"西宁的主要商业,掌握在八家洋行手里。"[1]

7.5 民国时期甘青藏区的社会经济

民国时期,甘青藏区藏族分布格局和经济状况,与清末大致相同,没有发生重大变化。青海有主要从事畜牧业的环海八族、玉树二十五族和果洛九族(清代属四川,民国后属青海),主要从事农业或半农半牧的是河湟及河南等地藏族;甘南地区自临潭(古洮州)以南多为藏区,其民也分从事农业(分布于洮河南岸及大夏河流域,时称"熟番")、半农半牧(多在今合作、夏河一带,时称"半番")、畜牧(多在川青交界处,时称"南番")。[2]甘青藏区中,从事农业或半农半牧的藏族已多与汉、回、撒拉等杂居错处。

畜牧业 甘青藏区的牧业是藏族传统的经济,也是与其居地地理环境相适应的。千百年来,藏族人民在水草丰美的青藏高原上发展了畜牧业,积累了一些传统的放牧和防治畜疫的方法,使该地区畜牧业得以承续发展下来;但是,由于落后的生产方式的束缚,传统保守的旧习,生产工具的落后和缺乏对草场的改造,长期以来仍保持在靠天养畜的低级水平上。

民国时期,上述情况仍然没有发生根本的变化,不过由于人口的增加及畜产品(如羊毛、皮张等)进一步商品化等原因,畜牧业还是有一定的发展,特别是在 20 世纪 30 年代。据当时的调查,青海全省(主要是藏区)所产马匹"著名全国,体高大,性耐劳,矫捷善走,又因其身体各部组织完善,外貌亦颇美观";名种有大通一带的青海马、达柴木马、玉树马;全省养马数约为 34160 匹。牛,有黄牛、牦牛、犏牛等,据青海建设厅 1934 年调查,全省"黄牛头数为十五万一千二百九十头,毛[牦]牛为一万二千六百一十九头"。羊,有柴达木羊、玉树羊、小尾羊、山羊等,据青海建设厅 1934 年调查,"全省羊数为二百一十万零七十

---

〔1〕转见王昱等主编《青海简史》,青海人民出版社 1992 年,第 189 页。
〔2〕参见徐旭《西北建设论》,中华书局 1945 年,第 62 页。

·欧·亚·历·史·文·化·文·库·

头"。骆驼,据青海建设厅调查,"全省骆驼数目共八千三百三十头"。[1] 另据一些资料记载,1936 年至 1943 年间,青海全省牛从 15 万头增长到 20 万头,羊从 70 万只增长到 220 万只。[2] 以上统计数肯定是不完全的。即便如此,由于青海从事畜牧的人口不多,牧业人口所占有的牲畜比例还是较高的。又如甘肃拉卜楞寺周大小 13 庄牧民有 5700 户,共有马 35750 匹、牛 113750 头、绵羊 1169000 只、山羊 21000 只,每户平均有马 6 匹、牛 20 头、羊 200 只。[3]

由于甘青藏区的牧业仍是靠天养畜,牲畜疫病的防治和良种的培育未有近代科学的方法,故畜疫的流行往往造成牲畜的大量死亡。如 1932 年青海牛疫,死亡之牛约十数万之多。青海马步芳当局曾于 20 世纪 30 年代中期成立兽疫防治机构,40 年代初筹建血清厂,制造预防牛羊疫病血清,但无成效。[4] 甘肃当局在改良畜种和防止畜疫方面做了一些工作,如成立畜牧兽医研究所、农业改进所,后者在夏河藏区改进畜种方面取得了一些成绩。[5]

商业 藏族牧民总是需要用自己的畜产品去换取粮食、茶及日用品,故商贸在牧民生活中占有重要地位。民国时期甘青藏区的商业得到进一步的发展。青海省省会西宁也是全省经贸的中心,聚集内地商栈、国外洋行及马氏家族所办的商栈等。湟源县(清代的丹噶尔)为皮毛贸易之中心,皮毛多销售至国外市场,为青海畜牧事业的一大收入。1936 年前后,青海湟源县输出羊毛约 800 余万斤,价值 100 万元;门源县输出 60 余万斤;贵德县输出约 150 余万斤。羊毛每百斤约 12 元,天津羊毛价每百斤约 38 元,最高 40 元。其交易方式,大多是先由本地商人用茶、布等物与牧民交换,即在收毛前一年或数月前,将茶或布交与

---

〔1〕安汉、李自发编著《西北农业考察》,国立西北农林专科学校印行本 1936 年,第 121 – 124 页。

〔2〕〔美〕默利尔亨斯博格著,崔永红译《马步芳在青海 1931—1949》,青海人民出版社 1994 年,第 139 – 140 页。

〔3〕见上引徐旭《西北建设论》,第 63 页。

〔4〕《西北通讯》1947 年创刊号,第 30 页。

〔5〕参见魏永理主编《中国西北近代开发史》,甘肃人民出版社 1993 年,第 122 – 123 页。

牧民,俟剪毛时前来收毛,然后再转卖或直接运往天津大商家。[1]

甘南的河州(今甘肃临夏)、黑错(今合作)、拉卜楞为藏族贸易中心之地,各地藏民在此地以其生产的牲畜、皮毛、药材、猪鬃等,交换粮食、砖茶、白糖、布匹、针线、铜器、瓷器等。也多有小贩深入南番之地,用低价收购白羔生皮,加工后,高价售出。在临夏等地有外国洋行和军阀、富商商栈;在临潭,也有本地回族大商号,如西道堂。[2]

民国时期甘青藏区商业的变化,主要还是清末以来外国资本主义对该地皮毛原料的收购更加深入和普遍。如清末民初,在青海西宁、湟源县出现的洋行多达十余家,每年收购的羊毛不下一千数百万斤,羊皮亦不下数万张。[3]在河州就有英商新泰兴洋行、高林洋行、聚利洋行、仁记洋行、天长久洋行、瑞记洋行、普伦洋行、平和洋行和德商世昌洋行等,于此地设庄收购藏民的羊毛、皮张、肠衣、药材、猪鬃等。他们压低收购价,用各种办法大量收购,运至天津出口后,获取高额利润。仅"拉卜楞、循化两处全年收购羊毛总量约为一百四五十万斤",洋行将羊毛运到河州,再至包头。[4]因此,可以说,民国时期甘青藏区的商业贸易已被卷入国际贸易的范围之内,成为中国半殖民地化一个重要的标记之一。

垦殖 因甘青藏区地广人稀,高原上河流纵横,除发展牧业外,农业垦殖一直是当局所拟办之事。清宣统元年(1909年),青海大臣耗费两千余万两白银举办垦务,结果敷衍了事。1922—1923年,时为宁海镇守使的马骐,在西宁设甘边宁海垦务总局,划定西宁、湟源、大通、循化、贵德、都兰、玉树、囊谦、大河坝、拉加寺等10个垦区,每区设垦务分局,从事垦殖;但因经费等各种原因,收效甚微。[5]1927年西宁道尹林

---

〔1〕上引安汉、李自发《西北农业考察》,128-130页。

〔2〕上引徐旭《西北建设论》,第67-68页。

〔3〕参见赵艳林《辛亥革命前十年间帝国主义在甘宁青的侵略活动》,载《甘肃师范大学学报》1981年第4期。

〔4〕见《帝国主义洋行在甘肃掠夺剥削农牧民史料三则》,载《甘肃文史资料选辑》第8辑,第176页。

〔5〕见安汉《西北垦殖论》,南京国华印书馆1932年,第258-259页。

·欧·亚·历·史·文·化·文·库·

竞等设立西宁道属垦务局,于所属 7 县开放荒地,垦户申请,缴清地价,三年后酌定粮额,悉数升科。此次垦荒,"成绩颇佳,计丈放荒地二万八千二百八十余亩,查私垦熟地八千九百一十四亩,共收地价洋二万一千二百四十余元,升科正粮一百五十余石,草一百三十束"。1929年,青海改置行省后,设省垦务总局,仍因垦殖旧制。"办理未及一年,计丈放荒地及私熟垦地至二十万七千七百五十余亩,收地价洋一十五万四千二百零八元。"[1]甘肃之垦务,于 1930 年鉴于青海垦务有所发展,遂设甘肃垦务局于兰州,制定章程,并通令各县设立分局,切实进行,但未实现。1932 年,又裁撤垦务总局,将垦务归于建设厅办理。1933 年重新厘定垦务暂行章程,于全省布告招垦;但收效较青海为次。[2]青海、甘肃的垦殖多在农业区,甘青藏族牧区的垦殖,因地理环境等原因,可以说并没有开展。

教育　经济的开发和发展,专门人才的培养是重要条件和保证之一。民国以来,甘肃、青海的近代教育有所萌芽和发展,但远比内地各省落后,而甘青藏区的近代教育起步更为艰难。长期以来,甘青藏区的教育几乎全部是藏传佛教的寺院教育。民国后,青海当局于 1913 年在前清宣统二年(1910 年)西宁办事大臣创办的半日制蒙古学堂的基础上将其改为"宁海蒙番小学校";1927 年扩建为"青海筹办学校";1929年建省后,又改组为省立第一中学附设蒙藏班;1933 年以蒙藏班为基础,成立"青海蒙藏师范学校";1944 年迁至大通,改名为"大通师范学校"。因蒙藏人对近代教育不信任,故虽有免费等优惠条件,但入学率很低。而 1931 年在青成立的"蒙藏文化促进会",先后在各县和牧区办有十余所小学,由县管理;又于 1934 年办一所蒙藏小学,后升为中学;均收效不大。[3]

甘南藏区的近代教育情况较之青海藏区稍好,据 20 世纪 30 年代末学者的调查:当时夏河县有中央职校 1 所,学生 50 人;藏民文化促进

---

〔1〕上引安汉、李自发《西北农业考察》,第 155 – 158 页。

〔2〕上引安汉、李自发《西北农业考察》,第 145 – 146 页。

〔3〕参见上引王昱等主编《青海简史》,第 251 – 252 页。

会小学 1 所,县立大夏街小学 1 所,各纳学生 100 人;女子小学 1 所,学生约 80 人。县治外的黑错、陌务、卡加、清水桥沟等处各有短小(政府所办短期训练班,授小学课程)1 所,各有学生 30 人左右。其余临潭、卓尼、岷县均有完小、初小、短小等学校,学生中也有部分藏族。[1]

7.6 结 语

(1)从甘青藏族的来源及藏区的形成,可知甘青藏族来源也是多元的,即由西藏高原的吐蕃征服该地多弥、白兰、党项及吐谷浑等之后,经过长期的相互交往与融合后形成的。因此,甘青藏族对该地区的经济开发,是自汉代以来以西羌、吐谷浑、汉族为主的各民族人民开发甘青地区的继续。而自宋代以后,历经元、明、清,又有汉、蒙古、回、土、撒拉、裕固、东乡、保安等族先后入居甘青地区,因此,可以说是他们与甘青藏族一起共同继续开发和建设了西北甘青地区。

(2)自公元 8 世纪以后,甘青的藏族(吐蕃)无疑对开发建设甘青地区作出了巨大的贡献。这种贡献有其自己的特点,突出表现在:宋代吐蕃唃厮啰政权在中西交往中具有重要的地位和作用,商业繁荣,手工业、农业等也有所进步,是历史上河湟地区经济发展的一个重要的阶段;明代甘青藏族畜牧业发展,以朝贡、茶马贸易等形式,与内地进一步建立了经济联系;清代前期,甘青藏区畜牧业进一步发展,人口增加等。

(3)无可讳言,甘青藏族在长达千余年的历史过程,其本身的经济发展是很缓慢的,即使是到了近代,仍然处于落后的阶段,近代化的经济部门也很少(特别是藏族牧区)。其中原因很多,除甘青藏区所处的高原严寒的地理位置和环境外,还有历代封建中央和地方当局的民族歧视和压迫的政策,藏族社会内部封建的生产关系的束缚等。这与西

---

〔1〕李安宅《川、甘数县边民分布概况》,原载《新西北》月刊,后经作者删节后发表于《边政公论》第 2 卷第 9－10 期(1941—1942 年)。本文引自《李安宅、于式玉藏学文论选》,中国藏学出版社 2002 年,第 75－108 页。

北少数民族地区的情况大致相同,而又有自己不同的特点。这也应是值得我们深思和认真总结的。

（原载于《青海民族学院学报》2009 年第 1、2 期）

8　清代甘青藏区建制
及藏族社会研究

今青海、甘肃藏族聚居地区（以下简称为"甘青藏区"），大致相当于藏族所称的"安多"（Amdo）地区。据藏文文献称，"安多"取"阿庆冈嘉雪山（今青海巴颜喀拉山，一说即今阿尼玛卿山）与多拉山（今祁连山主峰）"两座山峰名之首字，合并起来把自此以下的地域称为"安多"，[1]也相当于操藏缅语族藏语支安多方言的藏区。[2]13 世纪以来，甘青藏区先后在元、明中央王朝的直接管辖之下，推行一种区别于内地的"因俗而治"的地方行政体制，即初步形成于元代，完善于明代的"土司制"。明代，甘青藏区属陕西布政司管辖，在藏、蒙、撒拉等族居住地区，则采取具有军事性质的卫所制，在派驻流官（武职）都督及同知、佥事，都指挥使、同知、佥事，正、副留守的同时，又任命当地少数民族头人、首领为土官，即指挥使及同知、佥事，卫、所镇抚，正、副千户、百户、副百户等。其行政建制特点是"土流参设，以流统土，以土治番"。

在明正德五年（1510 年）后，先后有东蒙古亦卜剌、满都赉·阿固勒呼（又作"阿尔秃斯"）、卜儿孩、阿勒坦（又作"俺答汗"）等部移居于青海地区。到明万历四十八年（1620 年）后，原游牧于天山以北的西蒙古厄鲁特和硕特部首领固始汗（又译作"顾实汗"）又率部移牧于青海地区。此后，固始汗大力扶植西藏格鲁教派（黄教），征服了甘青及喀木（"康"）藏区，并于崇祯十五年（1642 年），消灭西藏藏巴汗，几乎统

〔1〕智观巴·贡却乎丹巴绕吉著，吴均等译《安多政教史》，甘肃民族出版社 1999 年，第 5 页。
〔2〕大致包括今青海藏区（玉树地区除外）、甘南、河西等地藏区；不包括清代四川所属的果洛及松潘等安多藏区。清代此藏区一般称为"青海"或"西海"，本文用"甘青藏区"。

治了整个青藏高原的广大地区,一直到明朝灭亡。

8.1 行政建制

清朝建立后,于顺治初年恢复陕甘及青海东部地区的行政建制,设陕西行省;康熙六年(1667 年)又分陕西行省为陕西、甘肃行省。甘肃省辖包括西宁卫在内的部分藏区,仍沿袭明代卫所制度,各土司仍其旧,原职世袭,实行"土流参治"。[1] 而青海西宁以西、以南及甘南大部分藏区则仍在青海和硕特蒙古的统治之下,当地藏族"止知有蒙古,而不知有厅卫,不知有镇营","西海(蒙古)之牛羊驴马取之于番,麦豆青稞取之于番,力役征调取之于番"。[2] 这种情况到雍正二年(1724年)清朝平定青海和硕特蒙古亲王罗卜藏丹津反乱之后,才发生了根本的变化。

雍正二年五月十一日,抚远大将军年羹尧在平定罗卜藏丹津反乱之后,拟定《青海善后事宜十三条》及《禁约青海十二事》,上奏清廷。十三条中,有关甘青藏区的条文是:

> 一、抚戢西番收取赋税而固边围也。查古什罕(固始汗)之子孙占据西海(青海),未及百年,而西番之在陕者[3],东北自甘、凉、庄浪,西南至西宁、河州,以及四川之松潘、打箭炉、里塘、巴塘与云南中甸等处,沿边数千里,自古及今,皆为西番住牧。……原非西海蒙古所属,足为我藩篱。自明末以来,失于抚驭,或为喇嘛佃户,或纳西海添巴[4],役属有年,恬不为怪,卫所镇营,不能过问……番居内地,而输赋于蒙古,有足理乎……臣愚以为各番既经归附,

---

[1]《清世祖实录》卷 15,顺治二年(1645 年)四月丁卯记:"颁恩诏于陕西等处曰:'……一、西番(泛指甘青藏族)都指挥、宣慰、诏讨等司万户、千户等官,旧例应于洮、河、西宁等处各茶马司通贸易者,准照旧贸易。原有官职者,许至京朝见授职。一切政治悉因其俗……'"

[2]《年羹尧奏陈平定罗卜藏丹津善后事宜十三条折》雍正二年五月十一日,转见《元以来西藏地方与中央政府关系档案史料汇编》(2),第 350 页。

[3]"西番",一般指甘青及四川(包括云南中甸)的藏族。

[4]"添巴",据杨应琚编纂《西宁府新志》卷 19《武备志》"番族"条记,青海蒙古统治西番"岁时加馈曰'添巴'",即每岁征赋税。

既为编氓,择其土地之宽广者,添设卫所,以资抚驭,以征赋税。再于番部之中有为番民信服之头目,请给以土千、百户及土巡检职衔,分管番众,仍听附近道厅及添设卫所管辖。臣见在确查,另容造册达部。其应纳粮草,则照从前纳于西海、纳于喇嘛者少减其数,以示圣朝宽大之恩……今止令总造户数,送部存案,而免其造报细册……务使沿边数千里,川、陕、云南三省西番,咸令内属,其非附近我边,或住帐房移就水草住牧者,听仍旧俗。则边围巩固,或亦内安外攘之一法也。

一、清查喇嘛稽察奸徒以正黄教也。……乃西宁各寺喇嘛多者二三千名,少者五六百名……彼罗卜藏丹津尽率其丑类,敢于长驱内犯者,恃有各寺供其粮草,引为向导耳……臣念其奸良不一,岂可玉石俱焚,爰于塔儿寺(塔尔寺)内择其诚实者三百人,给以大将军部照,谕令守分清修。臣请自今以后,定为寺院之制,寺屋不得过二百间,喇嘛多者止许三百人,少者不过数十人而已,仍请礼部给以度牒,填写姓名、年貌于上,每年令地方官稽查二次,取寺中首领僧人出给不致容留匪类奸徒甘结存案……臣又思尺地莫非王土,各寺院既未上纳钱粮,岂得收租于番族?当使番粮尽归地方官,而岁计各寺所需,量给粮石,并加以衣单银两。如此则各寺喇嘛奸良有别,衣食有资,地方官得以稽考,而黄教从此振兴矣。

一、甘凉西宁宜筑新边而别内外也。……今应于西宁之北川口外,由大下白塔(在今青海大通)至巴尔际海,至大通河,至野马川,至甘州之扁都口,筑新边一道,计程五百余里,计日三年可就,则前此蒙古、西番扰攘之区,悉为内地也……

一、添设镇营相为犄角而示声援也。……应于新边之内,离西宁三百余里在大通河北添设大通一镇,兵三千名,分隶中左右三营。……除移汛将备仍听西宁镇统辖外,其新设协营皆听大通镇统辖。西宁地方较前开拓,不可不改设同知,而移西宁通判经理盐池课税……今亟请其疆界,于保安堡(今青海同仁北)添设游击一员,千把总各一员,增马兵一百名,步战兵一百二十名,守兵六十

名,合原额为四百,悉令另行招募,不得仍以土人充当。归德堡
(今青海贵德)亦添把总一员,马兵五十名,步战兵五十名,合原额
为二百五十名,仍将归德守备与所千总皆隶西宁镇道统辖,免其
远属河州,则蒙古不敢窥视,而番族亦恃我为护矣。[1]

五月十六日,总理事务王大臣遵旨议复,对年羹尧所拟十三条及
禁约青海十二事,"均应如所请",并得旨:"所议甚属周详,依议。"[2]

清廷根据平定罗卜藏丹津之乱后青藏高原政治形势的变化及上
述年羹尧提出的《青海善后事宜十三条》,对西藏、喀木(康区)和甘青
藏区的行政体制分别作了调整和改革。其中对甘青藏区行政体制的
改革有以下数端:

(1)设置"钦差总理青海蒙古番子事务大臣"。雍正二年三月,罗
卜藏丹津败局已定,清廷遂调在藏的内阁学士鄂赉(一作"鄂赖")至西
宁,办理蒙古事务。[3] 三年,正式任命副都统达鼐为"钦差总理蒙古番
子事务大臣"(乾隆元年后又称"青海办事大臣"或"西宁办事大臣",
额设一员,三年一换),给予关防,遂成定制。[4] 此大臣总理青海蒙古、
番子(藏族)事务,节制西宁镇、道以下官员;从乾隆五十七年(1792
年)起,兼管循化、贵德各番族。[5]

(2)添改地方行政机构,增设卫所、镇营。雍正三年,平定罗卜藏
丹津之乱后,清廷对甘肃省的行政区划作了较大的调整。裁撤行都司
及卫所,改增四府(甘州、凉州、宁夏、西宁)。其中与甘青藏族有关的
凉州府,领县五,即武威、永昌、镇番、古浪、平番(改庄浪所置);西宁府
领县二,即西宁、碾伯(治今青海乐都,由所改置)。又改岷州卫为州,
并洮州卫俱隶巩昌府。到乾隆初,甘肃省共"领府八、直隶州三,又州

〔1〕引自《元以来西藏地方与中央政府关系档案史料汇编》(2),第 345 - 359 页。
〔2〕《清世宗实录》卷 20,雍正二年五月戊辰。
〔3〕《清世宗实录》卷 17,雍正二年三月丁亥。
〔4〕嘉庆年间任西宁办事大臣的文孚撰《湟中杂记》(张羽新《中国西藏及甘青川滇藏区方志
汇编》第 36 册,学苑出版社 2003 年)等。
〔5〕《钦定理藩院则例》卷 5;文孚《青海事宜节略》(张羽新《中国西藏及甘青川滇藏区方志
汇编》第 35 册)。

八,县四十五,卫所八"[1]。然而,雍正三年对甘青藏区行政机构增改最多的还是青海地区。此年升改西宁卫为西宁府,下辖附郭的西宁县和碾伯县;又添置大通卫(今青海大通,乾隆二十六年改设县治)和贵德所(原名归德所,先后隶河州卫、临洮府,乾隆三年改隶西宁府,二十六年改设西宁县县丞);仍设西宁抚治道,并迁西宁通判常驻盐池(今青海湖西南盐池),称"盐池通判"。乾隆九年,又增设巴燕戎格厅(治今青海化隆),置通判;二十七年移河州同知于循化营,设循化厅,隶兰州府。

在添改地方行政建制,增置卫所的同时,清廷还采纳上述年羹尧善后事宜十三条的奏请,在甘、凉、西宁等军事要地添设营汛,增加官兵。"于新设边内大通河,设立总兵一员、兵三千名,管辖中、左、右三营;于大通南边,设立参将一员、兵八百名;大通北边,设立游击一员、兵八百名;盐池地方,设立副将一员,及左右都司二员、兵一千名……再,河州保安堡,应设游击一员、千把总各一员、兵四百名;归德堡应添设把总一员、兵二百名,均隶西宁总兵道员管辖。"[2]

以上这些措施,是以添改行政建制,增设卫所、营汛,增强"流官"对甘青藏区蒙、藏族的控制,用年羹尧的话来说,就是使"蒙古不敢窥视,而番族亦恃我为护矣"。

(3)划定西藏、四川和青海之行政区界。雍正二年初,罗卜藏丹津之乱平定后,结束了青海和硕特蒙古对西藏、四川西部及青海等藏区的统治,于是上述各地藏区的行政区界的划定就提到日程上来了。在上述年羹尧所拟《青海善后事宜十三条》中,就提出洛笼宗(今西藏洛隆宗)以西卫、藏两处,是昔日西海蒙古施于达赖喇嘛与班禅,"以为香火之地";洛笼宗以东巴尔喀木("康区")为西海蒙古所有,"当今分属于四川、云南无疑矣"。因此,雍正三年,清廷派遣四川提督周瑛与特差散秩大臣、副都统鄂齐、学士班弟等勘定川藏分界,经多方商议,最后

---

〔1〕乾隆《甘肃通志》卷3上。
〔2〕见上引《清世宗实录》卷20,雍正二年五月戊辰。

决定将原属四川之巴塘、理塘、德格划归四川,中甸等地划入云南,于南墩宁静山岭上建立界牌。[1]

至于青海与西藏之行政区界的划定,因西藏噶伦康济鼐被杀事件而延至雍正十年才完成。雍正九年,由西宁办事大臣达鼐奏请,川陕派员勘定青海与西藏界址。十年夏,西宁派出员外郎武世齐等,四川派出雅州知府张植等,西藏派出主事纳逊额尔赫图等,会同勘定青海与西藏界址,沿边部落分隶管辖。最后,议定:"近西宁者,归西宁管辖;近西藏者,暂隶西藏",即西宁管辖阿哩克等四十族(后称的玉树 40 族、38 族、25 族),西藏辖纳书克三十九族;界址定在木鲁乌苏(今通天河)与哈喇乌苏(那曲河)之间。[2] 而青海与四川交界之郭罗克三部(又作"阿赖克所",今译作"果洛")因先已分隶四川,故仍属四川管辖。

(4)添设土千户、百户,清查户口,额定赋税。上述年羹尧所拟《青海善后事宜十三条》中,对西藏以外的藏区治理的原则已订立。然而,不久年羹尧即获罪,由岳钟琪任川陕总督。雍正三年十月,岳钟琪就如何落实上述年羹尧提出的"设立条目,酌定额赋,安集番民等事",细加筹划,上奏清廷。其主要内容是:

> 凡切近河、洮、岷州内地番人,与百姓杂处者,向通汉语。自归诚后,已令改换内地服色,无庸设立千户、百[户],但就其原管番目委充乡约[3]、里长,令催收赋科,久则化番为汉,悉作边地良民。

> 其去州县、卫所较远之部落,现在已有耕种者,令按亩纳粮。其黑帐房种类游走无定,畜牧为生者,择可耕之地,教令垦种,十年起科,仍令修造庐舍,使有恒产,不致游走。其不产五谷,无可耕种者,令酌量贡马。此种部落与切近内地者不同,自应就其原有番目给与土千、百户职衔,颁发号纸,令其管束。

---

〔1〕《卫藏通志》卷 2 "疆域"条。

〔2〕《卫藏通志》卷 15。又同书卷 2,记西藏东北界:"东北至西宁所管之那木称、巴彦等番族(阿哩克四十族中最大且最南之'巴彦南称族',今译作'囊谦族')为界。"

〔3〕乡约,明清时州县乡里役。一般是大村镇分为数甲,每甲又分若干乡、牌(排),设乡约、牌甲约束,专司传达政令、排解纠纷等。

至于纳粮贡马,近州县、卫所者,归州县、卫所,近营汛者,归营汛……至各番内或曾经剿除番目已正法,现有地方私委番目,恐非众心悦服,应查明更换……

　　臣请于明春踏勘沙州归垦[途]之便,自甘、凉至庄浪各番部落,照现奏事宜亲身料理。其西宁、河、洮、岷州各番,请交都统达鼐会同总兵官黄喜林照式亲身料理。四川松潘口外各番,请交总兵张元佐,照式亲身料理。度数千里边疆归顺之番人俱得安身乐业,从此亿斯年永享圣朝太平之福矣。

此奏于十月二十七日奉旨:"依议。"[1]

　　雍正四年七月,青海办事大臣达鼐、西宁总兵周开捷等遵部议亲身照上述岳钟琪所奏原则,"历贵德、河、洮等处番人住牧之地,招来安插","委以千百户、乡约,并饬地方营汛会查户口、田地,定其赋额;仍行地方官照依部式,制造仓斗、仓升,饬发各番承赋输科,归地方官管辖"[2]。其旧管各族"不论顷亩,每下籽一石,水地纳粮一斗五升,上旱地纳粮一斗,下旱地纳粮五升。其新附之番,不论种地多寡,每户纳粮一仓斗,亦有八升、五升者。其不种地之番,畜牧为生,亦每户纳粮一斗,免其贡马。皆于雍正四年起种,至七年册籍始定"[3]。

　　雍正十年,达鼐派员会同川、藏官员划定青藏行政区界,管辖阿哩克等四十族;又划定各族游牧地界,按"族内人户,千户以上,设千户一员,百户以上,设百户一员,不及百户者,设百长一员,俱由兵部颁给号纸,准其世袭。千百户之下,设散百长数名,由西宁夷情衙门发给委牌。每一百户,贡马一匹,折银八两,每年每户摊银八分"[4]。

　　乾隆十年(1745年),清廷礼部议定:"番族千户准戴五品顶戴,百户六品顶戴,百长九品顶戴,准其世袭。如出缺,该大臣(西宁办事大臣)报部,转奏换给执照。"[5]

---

〔1〕〔清〕龚景瀚《循化志》卷1引循化厅档案(乾隆末期撰)。
〔2〕〔清〕龚景瀚《循化志》卷1引循化厅档案。
〔3〕〔清〕龚景瀚《循化志》卷4"官内族寡工屯"条。
〔4〕《卫藏通志》卷15"部落"。详细情况见后述。
〔5〕文孚《青海事宜节略》。

(5)建立法规,制定律例。甘青藏区最早参酌使用传统的西藏法律。如前述藏巴汗丹迥旺布时纂定之《十六法》、第悉桑结嘉错时的《法典明鉴》等。自明末蒙古和硕特固始汗统治甘青藏区后,该地又被迫采用《蒙古律例》。雍正二年清朝平定罗卜藏丹津之乱后,年羹尧奏准施行的《青海善后事宜十三条》和《禁约青海十二事》,皆系清廷建立的法规。《禁约青海十二事》主要是针对青海蒙古而订立的。[1]

雍正十二年,青海办事大臣达鼐奉命于蒙古律例择选藏民易犯条款,纂成番例,以藏文颁布施行,声明俟五年后,再照内地律例办理。以后一再延期,至嘉庆十四年(1809年),西宁办事大臣文孚奏准,以番民未便以内地法绳之,请"仍照番例罚服完结,毋庸再请展限"[2]。此番例目共68条,主要侧重刑事、兵法。其"目"如下:

> 派定出兵不去、敌人犯界不齐集剿杀、部落人逃走、聚众携械同逃、追赶敌人、会盟不到、越界住牧、越界头目罚服、奸人妇女、谋娶人妻、少纳牲畜计数折鞭、无力纳罚立誓、被窃牲畜、头目窝盗、出兵被盗马匹、挟仇出首人罪、隐匿盗贼、搜查贼赃、移放遗留踪迹、偷猪狗等畜、偷金银皮张等物、踪迹分别远近立誓、偷杀牲畜、告言人罪、私报失牲、纵火熏洞、擅动兵器、斗殴伤人、戏误杀人、砍杀牲畜、失去牲畜报知邻近头目找寻、收取遗失牲畜、犯罪私完、过往之人不令歇宿者、恶病传染、毁谤头目、不设十户头目、私索乌拉秫素、罚服牛马定数、出兵越次先回、对敌败绩及行军纪律、不拿逃人、给逃人马匹、拿获逃人、获逃解送、杀死逃人头目不报、头目抢劫杀人、偷窃四项牲畜、讨贼不与、头目庇贼发觉不认、夺回盗窃牲畜、获贼交头目看守、看守斩犯疏脱、抢夺罪犯、挟仇放火、打伤奴仆、冒认马匹、出妻、唐古特人不许远处番回贸易、拿送逃奴、私报失去牲畜、重犯不招认、家奴弑主、解送逃人、私进内地、偷窃喇嘛牲畜、行窃殴死追赶之人、番民自相殴杀。[3]

----

〔1〕十二事内容见《清世宗实录》卷20,雍正二年五月戊辰。
〔2〕见周希武《玉树调查记》(吴均校释),青海人民出版社1988年,第70—71页。
〔3〕条例全文见上引周希武《玉树调查记》附录一,第186—207页。

从条文看,《番例六十八条》的主要内容和目的,是维护清廷在藏区的统治秩序和社会的稳定;其中也包括一部分藏族传统的习惯法和兵法。

(6)整顿、改革藏传佛教寺院,建立制度。甘青藏传佛教寺院众多,自明末以来大多改宗格鲁教派,由于青海和硕特蒙古固始汗崇佛格鲁派,使甘青藏区寺院得到更大的发展。正如上引年羹尧《青海善后事宜十三条》中所说:"西宁各寺喇嘛多者二三千名,少者五六百名","且西番纳租同于输赋,西海(蒙古)施予岁不乏人……其力足以制西番"。雍正元年罗卜藏丹津之乱时,甘青藏区寺院大多起而应之,持械与清军交战。如郭莽寺(在大通卫,后改名广惠寺)、郭隆寺(在今互助,后改名佑宁寺)、塔尔寺、祁家寺(在大通卫)等。其中,郭莽寺、郭隆寺与清军作战最力。清军在进攻郭隆寺时,竟然杀伤僧俗人众6000余人,并烧毁寺院。[1] 年羹尧在《青海善后事宜十三条》中,一再强调朝廷保护黄教,而将参加罗卜藏丹津反乱之喇嘛僧人一概称为"奸徒之冒充喇嘛者",借此以残酷杀戮,焚烧寺院;还说这是"非轻佛法,正以扶黄教也"。他提出整顿、改革寺院的措施主要有两条:

一是订立寺院之制,规定寺院规模和限制喇嘛人数:"寺屋不得过二百间,喇嘛多者止许三百人,少者不过数十人而已,仍请礼部给以度牒,填写姓名、年貌于上,每年令地方官稽查二次,取寺中首领僧人出给不致容留匪类奸徒甘结存案。"

二是废除、禁止各寺院收纳赐予或投附之藏族庄园、部落的赋税,而使之上纳于地方官;酌量从征收番粮(包括贡马)中,拨给寺院粮石,并加以衣单银两。

雍正四至五年,青海办事大臣达鼐和总兵周开捷等先后对青海、甘南等地各寺庙、殿进行查视,以落实、施行上述年羹尧所奏十三条中关于整顿、改革寺院的措施。五年,达鼐等将查视结果上奏清廷,其主要内容:

---

〔1〕《清仁宗实录》卷15,雍正二年正月甲午。

· 欧 · 亚 · 历 · 史 · 文 · 化 · 文 · 库 ·

①"西宁、河、洮沿边各寺庙喇嘛有名国师、禅师者,有名囊索者,[1]收管明季敕语、印信,管辖部佃,征收租徭,名曰香粮面。"现因"国师"二字名目不顺,"宜革其职衔,查收敕印,给以僧纲、都纲空衔"。

②寺院"原管佃户改隶民籍,私征粮石归纳官仓,每年分给该僧以为衣单口粮。令其焚修"。

③"各寺庙喇嘛等众,按其寺庙大小酌定数目,给与度牒。"[2]

据撰于乾隆十一年的《西宁府新志》卷16"田赋"条记,"西宁县"共应征"番粮五千九百九十石八斗三升五合四勺四抄",内每年支付给包括塔尔寺、佑宁寺等在内的36个寺庙共2611名喇嘛"衣单口粮四千一百七十七石六斗"。[3] 由此知西宁县所属36个寺庙平均喇嘛人数约在72名左右;而每名喇嘛每年可得衣单口粮"一石六斗",证明上述清廷对甘青藏区寺院的整顿、改革措施是执行着的。清廷支付与寺庙的衣单口粮,约占其所征收的"番粮"总数的70%左右。

然而,上述这些整顿、改革寺院的措施和制度,虽然一直在施行,但因清廷还需要利用黄教来维护其对广大藏区的统治,不得不对其加以扶持。自雍正帝以后,历代皇帝多为甘青各大寺赐额,撰碑文,而青海蒙古王公贵族仍不断布施人户、庄园。因此,在乾隆朝末期之后,有的制度已无形中废弛。许多寺院喇嘛人数急速增加,并通过建立各地"分寺"(小寺),控制寺户,征收其赋役。道光年间,黄河以南贵德、循化的"拉布楞(拉卜楞)、宗卡(宗喀)、隆务三大寺,招住喇嘛不下二三万人"。[4] 同治年间,佑宁寺所属黠卡(庄园)"仍有八个游牧部落、六条居民沟、裕固七部、当纳三区等广阔地域"。[5] 塔尔寺所属黠卡有切

---

[1]国师、禅师为明代于藏区实行的僧官制规定的职名。囊索,又译作囊琐、昂、昂索等,藏语,意为"管家"、"头人",后也成为僧官职名。

[2]以上见[清]素纳(曾任西宁办事大臣)撰《青海衙门纪略》(残),张羽新《中国西藏及甘青川滇藏区方志汇编》第36册;又见上引《循化志》卷6引循化厅档案。

[3]《西宁府新志》卷16还记载碾伯县、大通卫、顺德所"番粮"交纳数目及支应寺院衣单口粮情况,不赘引。

[4]那彦成《平番奏议》卷2,第12页下。

[5]智观巴·贡却乎丹巴绕吉著,吴均等译《安多政教史》,第80页。

嘉、肖巴、斯纳（西纳）、鲁本、木雅、申中等6个部落，属民众多。[1]广惠寺（原郭莽寺）"所属支寺有上古寺、土尔钦寺、相隆寺、本巴曲隆寺、嘉多寺、班固寺、拉卜嘉寺、达班寺、章山达隆寺等"。"所属的供养黎卡庄园，先前有巴萨八部和巴措四部等牧区部落。后来由于历代活佛事业的发展，从青海湖东至大海一带都成为信徒积福的资粮田。"[2]尽管如此，雍正年间清廷整顿、改革青海藏区寺院的措施的施行，一度抑制了该地区寺院势力的发展，不同程度地打击了地区"政教合一"的行政体制。

到道光、咸丰年间，由于游牧于青海蒙、藏部落本身的发展，牧地的变化，上述青海藏区的行政体制也略有改变。雍正二年初平定罗卜藏丹津之乱后，清廷将青海蒙古各部插旗定地，以黄河为界，河北有24旗蒙古，河南有5旗蒙古。藏族各部则均安置在河南之地。河北地土肥饶，而河南地水草稍差，故河南藏族一直以为朝廷"偏袒蒙古，尽与善地"[3]。此后，河北蒙古各旗因内部斗争而日益衰弱，有的部众逃散，或依附官兵营卡，或避至附近州县游牧。相反，河南贵德、循化等地藏族部落则丁口日繁，部落分延，人广地稀，生计艰难。于是，河南藏族部落势必向日益衰弱的河北蒙古牧地迁徙，与河北蒙古各旗发生冲突，并抢掠牲畜、财物。青海地区形成"蒙弱番强"的局面。

这种情况到嘉庆时，就愈演愈烈。清廷多次谕令西宁办事大臣清查河南藏族部落移住河北，抢掠蒙古各部牲畜、财物案件，调动增防官兵，派兵驱逐。可是当清军一撤走，河南藏族部落又复来河北。嘉庆十二年（1807年），河南贵德、循化藏族部落徙渡河而北，抢掠蒙古牲畜，并至大通边界。清廷遂命陕甘总督兴奎、长龄，西宁办事大臣那彦成等，派兵8000进行"剿办"。经四个多月的战斗，尽驱在河北的藏族部落返河南，各部落"归顺"。[4]到道光元年（1821年），河南秋代亥等12

---

〔1〕智观巴·贡却乎丹巴绕吉著，吴均等译《安多政教史》，第159页。

〔2〕智观巴·贡却乎丹巴绕吉著，吴均等译《安多政教史》，第106页。

〔3〕那彦成《平番奏议》卷2。

〔4〕文孚《青海事宜节略》。

族又复北渡,入河北游牧。清廷再次任长龄为陕甘总督,调集兵力,将入河北的藏族部落全部押解回河南,并订立善后八条。然而,当清兵撤退后,河南藏族部落又复渡河北,清廷改派那彦成为陕甘总督,钦差赴西宁,查办"番案"。

道光二年十一月二十日,那彦成上"为清厘河南番族,编查户口,明定章程,并河北番族情形"奏折,提出"欲办河北,先办河南"以及断绝河北番族粮茶的方略。为此他拟订了一些改革河南贵德、循化诸藏族部落制度的措施,传令两地原有土千、百户到西宁宣谕。其主要内容是:

(1)分解强部,涣散其党。即"分其户口,每三百户设千户一人,千户之下设百户、百总、什总。百户一人每管百户,三百户归一千户管理;百总一人每管五十户,两百总归一百户管理;什总一人每管十户,五十户归一百总管理。向来各族多有一千户,几至二千者,倚其人众,便易生事。今定千户为大,而千户所管只准三百户,不许增多。但计户数至一千以上,即分为三人管理,势分力弱,自易遵法"。千、百户等"令其公举诚实公直之人,饬令充补"。

(2)赏给千、百户顶戴,加以笼络。照清旧例,给予千户五品顶戴,百户六品顶戴,百总、十总七、八品顶戴,千户出力者可赏给蓝翎、花翎。但是,此时仅暂准照例戴用虚顶,再过三年,管理无过,"方发给印照、号纸作为实缺"。

(3)酌定易换粮茶章程,计口授食,杜绝奸商。章程规定:"每年准买两次,由户总报明千户,千户结呈厅营,给予照案,注明实系良番置买粮茶若干。官为经理,发铺照卖。若有不遵法度之人,即不准领票。"至生活必需日用品,与票注明,一同换买,均由官经理,以杜奸商。"给买之后,即将照票缴销,不准重用。"

(4)飞饬派委文武官员,清查各处户口,照内地保甲一例编查。[1]

十二月,那彦成在采取上述清厘河南藏族部落措施的同时,对移

---

〔1〕以上均见那彦成《平番奏议》卷2。

牧河北的藏族部落则采用添设卡隘,断绝粮茶,恶惩"汉奸"(指引诱藏族之汉族奸商一类人)、巨盗等办法,迫使河北藏族部落和蒙古察汗诺们汗旗(原居河南,内也有部分藏族)全数渡河返归河南。经查:移住河北藏族部落,包括察汗诺们汗旗及循化、贵德藏族(内有少部分蒙古族)"共二千三百三十二户,男女一万八千一百九十八名口"。清廷将循、贵这部分部落重新编制,"共总立千户十名,百户四十名,百总八十六名,什总四百名";并按在河南藏族部落所立章程约束之。[1]

可是,到道光十二年后,河南藏族部落又北渡,与清兵发生冲突;十九年,清廷被迫准许河南察浩诺们汗旗移牧河北,以分河南藏族部落之势。此后,上述情况仍然持续不断。咸丰六年至九年(1856—1859年),陕甘总督乐斌、西宁办事大臣福济不得已奏请"招安"河南八族部落,移牧在青海湖四周,派员划分八族地界,此即后称之"环海八族"。清廷于环海八族共设总管 2 名(刚咱族喇嘛拉夫炭、汪什代克族完托),千户 5 名,百户 16 名,百总 35 名,什长 168 名;总人口男女大小18420 口。[2]

今甘南地区因与青海藏区的地理环境、历史沿革和清初政治局势的差异,其藏区的行政体制又有其突出的特征:

其一,是"政教合一"的地方体制得到充分的发展。地域性的"政教合一"体制在清朝后期青海大寺院中也有所发展。但是,甘南藏区地势高峻,沟壑纵横,气候寒冷,自然环境较为恶劣,元明以来居住在这里的藏族部落多以游牧为生,自由强悍。历代内地政权地方行政机构对之控制较弱。清雍正元年前,这里属青海和硕特蒙古亲王察罕丹津所辖。罗卜藏丹津反清时,察罕丹津拥护清朝,故乱平后,保有亲王爵位,编为青海右翼盟前首旗,牧地在河南。正因为如此,甘南藏区寺院未参与罗卜藏丹津之乱,没有受到限制和打击,得以迅速发展。

康熙四十九年(1710 年),嘉木样活佛一世(1648—1721 年)在今

〔1〕那彦成《平番奏议》卷3,道光二年二月二十七日那彦成奏折。
〔2〕《清文宗实录》卷293,咸丰九年九月丁卯;〔清〕张庭武修、杨景昇编纂《丹噶尔厅志》卷6。

夏河县创建拉卜楞寺。乾隆二十七年(1762年),清廷移河州同知于循化营,改置循化厅后,对远在大夏河的拉卜楞寺的行政管理更为削弱。于是,在河南蒙古亲王的支持之下,拉卜楞寺发展更为迅速。其寺院喇嘛人数和附属的藏族庄寨、部落日益增多;分寺遍于各地,甚至青海地区。仅在嘉木样二世(1728—1791年)时,就修建了近40所寺院。[1]其所直属的藏族部落至少有60~70个。这些部落称为拉卜楞寺的"拉德"(属民),由寺院派僧官进行管理,形成甘南甚至青海地区最大的"政教合一"体制的寺院。这种以寺院活佛、法台、堪布为主兼理附属部落、庄寨属民的"政教合一"制,在洮河流域还有垂巴寺僧纲及其所管辖的3小寺、10族,着洛寺僧纲及所辖堡族23族,麻俪寺(又称马奴寺)僧纲及所辖21族,圆成寺僧正侯氏其所辖4族。[2]岷州城南黑峪寺僧纲,康熙年间,辖有24族等。[3]

其二,是以土司为主的"政教合一"体制的巩固与发展。在青海藏区,清廷主要是封敕土千户、百户等,以流官为主,土千、百户主要负责收取粮赋、贡马等事;土千、百户以上的指挥使、佥事等土司虽然很多,但其所管地区民族成分复杂,其权力大为削弱,且有流官化之趋势。相反,在自然条件恶劣、偏远的甘南洮河流域,明、清封敕之土司管辖一方,拥有数量较多的"土兵",为清廷守护卡隘,经常出兵协助清军作战,多立战功;故其在地方上的权力保持下来,并有所发展,形成以土司为主的"政教合一"制,或土司统民之制。

其中,势力最大、体制最为完整的是卓尼杨土司。传说卓尼杨土司是吐蕃聂尺赞普的后裔,在吐蕃赞普热巴巾(815—838年在位)时,其先祖被派至安多征收赋税,以后遂留居该地,子孙繁衍。[4]到明永乐时,其祖失加谛(又作"些的")以功被封为世袭指挥佥事,兼武德将军。正德年间,赐姓杨氏。清初,杨氏世代世袭,多有战功,其土司有两子,

---

〔1〕智观巴·贡却乎丹巴绕吉著,吴均等译《安多政教史》,第365页。

〔2〕〔清〕张彦笃主修《洮州厅志》卷16。

〔3〕〔清〕汪元纲修《岷州志》卷3。

〔4〕智观巴·贡却乎丹巴绕吉著,吴均等译《安多政教史》,第622–623页。

一子承袭土司,另一子则袭禅师。至清嘉庆十九年(1814年),土司杨宗基承袭,兼摄禅定寺世袭僧纲,以后沿袭下来,形成土司与僧纲合一、政与教合一的体制。光绪年间,杨土司所管辖地区共分48旗[1],521族;东至岷州归安里,南到阶州西固城,与四川龙安交界,西与北面与洮州交界。有土兵2000名(内马兵500,步兵1500)。其主寺禅定寺所辖寺院共36所(内有两寺为噶当派,其余均为格鲁派寺院)。[2]

此外,还有与卓尼杨土司情况相似,但未与寺院结合的土司。如洮河流域资堡(在今甘肃临潭)昝土司,原为洮州藏族头人,明永乐三年(1405年)赐姓昝,后子孙以功先后授世袭百户、千户、指挥佥事等职。清初,昝氏袭奉洮州卫军民指挥使司,以后子孙世袭不绝。光绪年间,昝土司管辖地区共分7旗,76族;有土兵200名(内马兵50,步兵150)。此外,还有洮州城西的副千户土司杨氏,其先为洮州藏族,明嘉靖年间因功授世袭副千户,历代世袭一直到清代。光绪年间,土司杨氏共管7族,有土兵10名。[3]

以上清雍正年间在甘青藏区正式形成并实施的地方行政体制,总的说来,与明代采取的“土流参设”、“以流统土”的性质基本相同,只是有了进一步的发展与完善。诸如西宁办事大臣的设置;添设卫所、营汛,加强流官对土官的控制;土千、百户与乡约、里长并存;划定地界,清查户口,纳粮贡马;制定律例;整顿、改革寺院制度;地方“政教合一”制的发展等。这一行政体制基本上一直沿袭下来,直到清末,甚至民国时期。

8.2 藏族分布、人口及经济类型

关于清代甘青藏区藏族的分布、人口及经济类型等情况,据现存清代档案、方志及其他史料,以清代行政区划、地理环境和时代等为主

---

〔1〕旗,原系藏语“如”(兵翼)之意译。
〔2〕《洮州厅志》卷16。
〔3〕《洮州厅志》卷16。

要依据，划分为 7 个大的区域，分述如下：

8.2.1 河北西宁府所辖地区（包括附郭西宁县、碾伯县、大通卫）

表 8－1 西宁县藏族情况表（乾隆十一年）

族名		居地	户数	设置官员	纳粮贡马数	备注
上各密族	上各密族	郡城西南 220 里	77	共设百户 1 名，四分族各设乡约 1 名	西宁县藏族每岁纳粮 5990 石 8 斗 3 升 5 合 4 句 4 抄。内支西纳上寺、西纳下寺、麻家寺、沙冲寺、宝贝寺、红觉寺、札藏寺、上拉暮寺、下拉暮寺、那勒寺、普崖奔巴尔寺、羊巴林寺、白杨沟寺、塔尔寺、佑宁寺等 36 寺喇嘛 2611 名衣单口粮，共岁支 4177 石 6 斗。	均见《西宁府新志》卷 16、卷 19。
	竹革族	郡城西南 200 里	76			
	提哇族	郡城西南 180 里	51			
	果米宛里族	郡城西 190 里	50			
下各密族	管家族	郡城西南 110 里	102	下各密族及其所管多利仓族各设百户 1 名；下管五族各设乡约 1 名		
	亦石杂族	郡城南 140 里	63			
	火力家族	郡城南 150 里	80			
	多利仓族	郡城南 160 里	50			
	噶然尔族	郡城南 130 里	243			
申中族	管 12 庄	郡城南 50 里与塔尔寺相连	1279	不详		
喇卜尔族		郡城西南 60 里	280	不详		
隆奔族		郡城西 60 里	872	不详		
西纳族		郡城西北 60 里西纳上寺庄	1379	不详		
思冬思哥族		郡城北 50 里景羊川	356	不详		
巴哇族		郡城北 50 里	98	不详		
昝咂族（包括巴沙族、思俄思哥族）		郡城东北 120 里	104	不详		

族 名	居 地	户数	设置官员	纳粮贡马数	备 注
安定族（原名红帽儿族）	郡城东北 95 里威远堡	143	不详		
珍珠族	郡城东北 100 里	153	不详		
白札尔族（原名卜札尔的族）	郡城东北 100 里红崖子沟脑	152	不详		
塔尔寺族	郡城西南 50 里	267	不详		

表 8 - 2 碾伯县藏族情况表（乾隆十一年）

族 名	居 地	户 数	设置官员	纳粮贡马数	备 注
上札尔的族	县城西北 80 里	4	头目 1 名	碾伯县每岁共征藏族粮 1096 石 7 斗 2 升 9 合 6 勺。内支叠县寺、上下西纳寺等 23 寺喇嘛 961 名衣单口粮，共 1030 石 6 斗 7 升 7 合 3 勺 5 撮。	《西宁府新志》卷 16、卷 19。
拉杂族	县城西北 60 里	30	头目 1 名		
麻家族	县城北 40 里	17	头目 1 名		
小巴的族	县城北 50 里	30	头目 1 名		
旧仓家族	县城北 40 里	20	头目 1 名		
新仓家族	县城东北 100 里	9	头目 1 名		
大巴的族	县城东北 40 里	41	头目 1 名		
麻其族、庵观族、阿南族	县城东北 140 里	75	头目 1 名		
普尔杂族、哈尔加族、格写尔族、阿喇族、卓尔格族	县城东北 60 里	64	头目 1 名		
阿他族、赊家族、补牙族、素古族、班塘族	县城东北 90 里	81	头目 1 名		
写尔定族	县城东南 80 里	30	头目 1 名		
普化族	县城东南 80 里	34	头目 1 名		
工巴族	县城东南 120 里	16	头目 1 名		
千户族	县城东南 130 里	28	头目 1 名		
古迭族	县城东南 135 里	33	头目 1 名		

族 名	居 地	户 数	设置官员	纳粮贡马数	备 注
冶尔吉族	县城东南 140 里	33	头目 1 名		
如来族	县城东南 230 里	27	头目 1 名		
鹫峰族、广会族	县城东南 210 里	43	头目 1 名		
洛巴族	县城东南 215 里	15	头目 1 名		
红山族	县城东南 220 里	9	头目 1 名		
小西纳族	县城东南 220 里	26	头目 1 名		
祁康哥族	县城东南 235 里	13	头目 1 名		
静宁族	县城东南 240 里	7	头目 1 名		
郭尔庄、河尔洞庄、李家庄、西营庄、上阴阳庄、下阴阳庄	县城西南 60 里	76	头目 1 名		
新庄、噶喇日台子庄、喇尔干庄	县城西南 50 里	35	头目 1 名		
上帐房庄、下帐房庄、上营庄、下营庄	县城西南 50 里	53	头目 1 名		
狼营庄、斜营庄、堎巴营庄、上下角营庄、马圈庄	城南 40 里	47	头目 1 名		
新庄、老官庄、聂家庄	县城南 30 里	39	头目 1 名		
都古营	县城南 40 里	21	头目 1 名		
洛巴沟、洒都营庄、中巴龙庄	县城南 35 里	51	头目 1 名		
上阴阳坡庄、下阴阳坡庄	县城东南 30 里	21	头目 1 名		
大麦沟庄、谷代庄、吉藏庄、化家庄	县城东南 40 里	113	头目 1 名		
虎狼沟、青沿沟庄等十一庄	县城东南 50 里	51	头目 1 名		

表8-3　大通卫（后改县）藏族情况表

族　名	居　地	户数	设置官员	纳粮贡马数	备　注
隆旺族	卫城东80里	80	6族共设千户1员；余6族各设头目1名	每岁征藏族粮3957石8斗6斤4合。内支广惠寺等10寺喇嘛衣单口粮3660石2斗5升。	《西宁府新志》卷16、卷19。
兴马族	卫城东90里	98			
那楞族	卫城东北120里	20			
向化族	卫族东北120里	100			
归化族	卫城东北30里	79			
新顺族	卫城北140里	100			
阿哩克族（原为玉树40族之一，道光二年后迁到大通）	原驻可可乌苏，与察罕诺们汗旗固守渡口，后迁大通河北	919（原有）	原设百户2名、百长9名	原贡马折银，每户征银8分。	《西宁府新志》卷16、卷19；《玉树调查记》等。

表8-4　巴燕戎抚番厅藏族情况表

族　名	居　地	户数	设置官员	纳粮贡马数	备　注
迭柞族	郡城东南190里	566	百户1名，设有乡约	不详	《西宁府新志》卷16。
襄思多族	郡城东南160里	243	百户1名，设有乡约	不详	
多巴族	郡城东南160里	139	百长1名，设有乡约	不详	
舍人不具族	郡城东南180里	134	百长1名，设有乡约	不详	
安达池哈族	郡城东南180里	19	百长1名，设有乡约	不详	
思那加族	郡城东南220里	136	百长1名，设有乡约	不详	
喀咱工凹族	郡城东南190里	127	百长1名，设有乡约	不详	
黑城子、加贺尔庄族	郡城东南180里	192	乡约1名	不详	
群家族	郡城东南70里	51	乡约1名	不详	
水乃亥族	郡城东南190里	149	百长1名，设有乡约	不详	
实达仓族	郡城东南210里	18	乡约1名	不详	
喇咱族	郡城东南210里	299	百长1名，设有乡约	不详	

族　名	居　地	户数	设置官员	纳　粮贡马数	备　注
千户族	郡城东南 220 里	496	百长 1 名,设有乡约	不详	
奔加不尔具族	郡城东南 270 里	207	百长 1 名,设有乡约	不详	
科巴尔堂族	郡城东南 290 里	65	乡约 1 名	不详	
羊尔贯族	郡城东南 290 里	80	乡约 1 名	不详	

8.2.2　西宁办事大臣所辖玉树地区

表 8－5　玉树藏族情况表(乾隆十一年)

族　名	居　地	户数	设置官员	纳粮贡马数	备　注
阿里克族(阿哩克族,此族后北迁至大通)11 族	东堤(可可乌苏一带)	919	百户 2 名,百长 9 名	自雍正十一年起,每 100 户每年贡马 1 匹,征银 8 两。不足百户者,按每户征银 8 分,共征银 669 两 5 钱 2 分。后因各种原因,有所减免。	《西宁府新志》卷 16、卷 19;《卫藏通志》卷 15;参考周希武《玉树调查记》考证部分。
雍熙叶布族	札若地方	120	百户 1 名		
蒙古尔津族	蒙古尔津地方	380	百户 1 名、百长 4 名		
南免族(多伦尼托克安图族)	楚贡地方	122	百户 1 名、百长 1 名		
阿萨克族	多洛尼托克地方	39	百长 1 名		
列玉族(克列玉族)	多洛尼托克地方	46	百长 1 名		
阿永族(克阿永族)	多洛尼托克地方	78	百长 1 名		
叶尔吉族(克叶尔济族)	多洛尼托克地方	44	百长 1 名		
拉尔吉族(克拉尔济族)	多洛尼托克地方	33	百长 1 名		
典巴族(克典巴族)	多洛尼托克地方	30	百长 1 名		
尼牙木错族	蒲肚克地方	287	百户 1 名、百长 4 名		
玉树族	苦苦乌孙地方	504	百户 1 名、百长 4 名		

族　名	居　地	户数	设置官员	纳粮贡马数	备　注
噶尔布族	途胡尔托罗海地方	21	百长1名		
白利族	乌哈那哈地方	55	百长1名		
格尔吉3族	登破地方	830	百户3名、百长6名		
洞巴族	角木丹莫多地方	80	百户1名、百长2名		
苏鲁克族	三木冲地方	103	百户1名、百长1名		
固察族	鲁尔札地方	162	百户1名、百长1名		
隆布族	阿拉尼克地方	113	百长3名		
上隆布族	隆克族西北	76	百长1名		
札武族	伦多布地方	304	百户1名、百长3名		
上札武族	扎尔通地方	152	百户1名、百长2名		
下札武族	上札武族西北	147	百户1名、百长2名		
班石族(班右族误)	住札武地	13	百长1名		
上阿拉克硕族	达尔熊地方	133	百长3名		
下阿拉克硕族	接聚地方	305	百户1名、百长3名		
下隆坝族	吉独弍地方	149	百户1名、百长1名		
上隆坝族	吉戎地方	154	百户1名、百长2名		
苏尔莽族	苏尔莽地方	350	百户1名、百长3名		
巴彦南称4族(巴彦南称、南称桑巴尔、南称隆冬、南尔卓尔达)	奇可地方	2500	千户1名、百长20名		

族　名	居　地	户　数	设置官员	纳粮贡马数	备　注
称多族	匣乌地方	373	百户 1 名，百长 4 名		
哈尔受族	束勒孙何地方	30	百长 1 名		
吹冷多拉族	附属拉休寺	30	百长 1 名		
喇嘛拉布库克族	木鲁乌苏河边拉布寺	24		此二族居河边，因司渡，免贡马。	
喇嘛觉巴拉族	今玉树觉拉寺	50			

　　《西宁府新志》卷 19 仅记"玉树等处番人三十八族"，列为"塞外贡马番族"，《卫藏通志》卷 15，记为"西宁管四十族"，前者以贡马部落统计，未记拉布库克族、觉巴拉族，故云 38 族。道光初，那彦成《平番奏议》又云"玉树等三十九族"，则原 40 族，少一北迁之阿里克族。咸丰以后，玉树 39 族，有的合并，又有新分出者，遂成"玉树等二十五族"。[1]

8.2.3　河南贵德、循化厅所辖地区

表 8 - 6　贵德厅藏族情况表（嘉庆年间）

族　名	居　地	户　数	设置官员	纳粮贡马数	备　注
东车沟熟番 14 族（原称东车族番庄 15 处）	厅城西 50 里	564	百户 1 名，下设乡约	每年纳粮 50 石 4 斗 6 升 5 合 5 勺。	以文孚《湟中杂记》为主，参酌《西宁府新志》卷 19。
揽角沟熟番 10 族（原称揽角族番庄 10 处）	厅城东南 20 里至七八十里	191	百户 1 名	每年纳粮 11 石 7 斗 9 升 7 合 5 勺。	
上下工巴熟番 23 族（原称上工巴番庄 6 处、下工巴番庄 17 处）	厅城东南 20 里至 70 里	427	百户 2 名，下设乡约	每年纳粮 22 石 9 斗 1 升。	
坎布拉熟番 7 族（原称堪卜拉族番庄 8 处）	厅城东 110 里	201	百户 1 名	每年纳粮 29 石 9 斗 4 升 1 合 5 勺。	

---

　　〔1〕详细考证见周希武《玉树调查记》，吴均校释本，第 106 - 108 页。

族　名	居　地	户　数	设置官员	纳粮贡马数	备　注
下拉安族(生番)	厅城西南100里	53	从此以下为"生番十九族",每年共纳粮36石1斗1升1合1勺。	此"生番十九族",每年共纳粮36石1斗1升1合1勺。	
思昂拉族(生番,原称思囊拉族)	厅所东南280里	64			
洛课族(生番,原称洛课庄)	厅所东南280里外	27			
别咱族(生番,原称别咱庄)	厅所东南280里外	21			
阿革拉族(生番,原称阿哥勒)	厅所东南280里外	21			
牙隆族(生番,原称牙莫)	厅所东南280里外	45			
必波车族(生番)	厅城东南280里外	15			
波寨族(生番)	厅城东南280里外	15			
思尕布族(生番)	不详	18			
多加族(生番)	不详	23			
沙思定族(生番)	厅城东南180里	90(原为42户)			
尔加向族(生番)	不详	42			
安冲族(生番)	厅城东南180里外	52			
什加家族(生番)	厅城东南180里外	70			
灭陆族(生番)	不详	17			
陆哇族	不详	15			
国巴族(生番,原称国巴寺族)	厅城东220里	28			

族 名	居 地	户 数	设置官员	纳粮贡马数	备 注
上、下揣咱族（生番）	厅 城 正 东 80 里	63（原为 34 户）			
上拉安卓寨尔族（生番）	厅 城 西 南 100 里	76			
上、下刚咱族（野番，原称刚咱族）	厅 城 东 南 110 里	75	此以下称"野番八族"，额设千户 1 名，百户 12 名	"野番八族"每年纳粮 12 石 1 升 7 合 4 勺。	
都受族（野番）	厅 城 正 南 120 里	81			
渊住族（野番）	厅 城 东 南 130 里	73			
赞咱塘族（野番，原称三岔塘族）	厅城东南 90 里	21			
完受族（野番）	厅 城 西 南 110 里	36			
他尔迭族（野番，原称他思迭族）	厅 城 正 南 100 里	43			
他受族（野番）	厅 城 正 南 100 里	23			
汪什代克族（野番）	厅城东南 200 里外	22			

　　清朝将贵德、循化藏族分为生、熟、野番（循化厅只分生、熟番），始于乾隆五十六年（1791 年）。此年，清廷谕令贵德、循化番族由西宁办事大臣兼管，并奉檄分别生、熟，由署同知富昇阿施行。其划分标准：附城稍近，时来城市者，作为熟番；距城窎远，从不入城者，作为生番。于是分析造册，始分生、熟，然纳粮一也。[1] 而贵德又从生番分出野番。嘉庆十三年至十四年（1808—1809 年），文孚任西宁办事大臣时，又对贵德 11 族生、野番编定保甲户口，严加管束。11 族中，有上述生番揣咱族（上、下揣咱族），上、下拉安族，上拉安卓尔族（卓寨尔族），野番

――――――――――

　　[1]《循化志》卷 4。

上、下刚咱族,完受族,他受族,都受族,汪什代克族;此外,还有千布录族(62户)。又在清查户口的同时,在各族内设置总头目百户,以下设总牌1名,总牌以下设数目不等之牌长,分牌管束。[1]

表8-7　循化厅藏族情况表(嘉庆年间)

族 名	居 地	户 数	设置官员	纳粮贡马数	备 注
起台沟熟番5族(后称起台沟西番5寨,大小14庄)	起台堡(今循化东南)	185	昂索1员	每年纳粮18石5斗。	以文孚《湟中杂记》为主,参酌《循化志》卷4等。
边都沟熟番7族(后称边都沟西番7寨)	边都沟	712(后为996户)	百户1员	每年纳粮71石2斗。	
下龙布(今译作隆务)熟番6族(后称下龙布6寨)	今隆务河下游地区	508	昂索1员	每年纳粮50石8斗。	
甘家族(后称甘家寨)	厅城南200里	493	由甘家族以下至哈恰族统称为"南番(在厅治南)生番二十一族",额设千户1名,百户12名。后各族还设头目	"南番生番二十一族"每年共纳粮420石4斗。	
火力藏族(后称火力藏寨)	厅城南200里	377			
上南拉族(后称上南喇寨)	厅城南280里	265			
黑作族(后称黑错寨)	厅城南280里	691			
下哈家族(后称下哈家寨)	厅城南300里	408			
下则盖族(后称下则盖寨)	厅治南350里	390			
咱又族(后称咱又寨)	厅治南320里	254			
多儿替族(后称多儿替寨)	厅治南250里	29			
常岗族(后称常岗寨)	厅治南290里	85			

---

[1]见文孚《湟中杂记》。

族 名	居 地	户 数	设置官员	纳粮贡马数	备 注
木桵族（后称木桵寨）	厅治南 340 里	47			
其暗族（后称其暗寨）	厅治南 290 里	23			
希力宁巴族（后称希力宁巴寨）	厅治南 340 里	31			
那力工族（后称那力工寨）	厅治南 330 里	28			
思记族（后称思记寨）	厅治南 300 里	32			
觉湖洞族（后称觉户洞寨）	厅治南 350 里	7			
章哇族（后称章哇寨）	厅治南 280 里	11			
波合拭族（后称波合拭寨）	厅治南 350 里	139			
果莽族（后称果莽寨）	厅治南 280 里	51			
波拉族（后称波拉寨）	厅治南 320 里	251			
上哈家族（后称上哈家寨）	厅治南 210 里	211			
哈恰族、群陀课族、高达族（后称 3 族为寨）	厅治南 350 里	391			
营朋族（后称营朋寨）	厅治东 190 里	101	自营朋族至双朋族，又称"西番（河州之西）阿巴拉生番八族"，总设昂索 1 员	"西番阿巴拉生番八族"每年共纳粮 42 石。	
攒都族（后称攒都寨）	厅治东 160 里	43			
汶湟族（后称汶湟寨）	厅治东 150 里	29			
坡素古族（后称坡素古寨）	厅治东 150 里	31			
商处古族（后称商处古寨）	厅治东 140 里	32			
达冲族（后称达冲寨）	厅治东 150 里	21			
阿巴拉族（后称阿巴喇寨）	厅治东 190 里	82			
双朋族（后称双朋寨）	厅治东 160 里	81（后为 101 户）			

族 名	居 地	户 数	设置官员	纳粮贡马数	备 注
加卧族（后称加卧寨）	厅治东 160 里	201	自加臣卧族至恩沾木族又称"上龙布（隆务）西番生番十八族"，总设昂索 1 员	"上龙布西番生番十八族"每年纳粮共 192 石 7 斗。	
多奈族（后称多奈寨）	厅治东 160 里	200			
思记族（后称思记寨，与南番思记族重名）	厅治东 160 里	101			
浪家族（后称郎家寨）	厅治东 110 里	201			
麦受族（后称麦受寨）	厅治东 270 里	45			
素胡族（后称素胡寨）	厅治东 160 里	26			
札木族（后称札木寨）	厅治东 160 里	13			
铁布族（后称铁布寨）	厅治东 160 里	30			
火力加族（后称火力家寨）	厅治东 160 里	30			
铁勿日族（后称铁勿日寨）	厅治东 160 里	40			
塞黑吉族（后称塞黑吉寨）	厅治东 160 里	28			
他思迭族（后称他思迭寨）	厅治东 160 里	16			
果思迭族（后称果思迭寨）	厅治东 160 里	202			
务细族（后称务细寨）	厅治东 180 里	202（后为 200 户）			
初密族（后称初密寨）	厅治东 180 里	201			
沙布浪族（后称沙卜浪寨）	厅治东 180 里	101			
和洛那族（后称和洛那寨）	厅治东 180 里	100			
恩沾木族（后称恩沾木寨）	厅治东 110 里	203			

族　名	居　地	户　数	设置官员	纳粮贡马数	备　注
合儿族（后称合儿寨）	厅治东 240 里	122	合儿族以下至哈儿则满束族，又称"西番（河州以西）合儿生番五族"，设百户 1 名	"西番合儿生番五族"每年共纳粮 48 石。	
多巴族（后称多巴寨）	厅治东 200 里	121			
深儿宗族（后称深儿宗寨）	厅治东 200 里	52			
觅那族（后称觅那寨）	厅治东 200 里	101			
哈儿则满束族（后称哈儿则满束寨）	厅治东 250 里	84			

　　上表中所列循化厅藏族族名、户口数，实际上是雍正年间清查户口所造之旧册。嘉庆十三年至十四年，西宁办事大臣文孚又对循化藏族查造保甲族名，编定原未有部落族名、户口，列为生野各番，计有：

　　加咱族，77 户，设总头目喇嘛、总牌各 1 名，牌长 8 名。此为新附之部落。

　　古尔族，111 户，设总头目喇嘛、总牌各 1 名，牌长 11 名。此为上龙布族分出之小族。

　　汪什家族，58 户，设总头目、总牌各 1 名，牌长 6 名。此为上龙布族分出之小族。

　　多哇族，161 户，设总头目、总牌喇嘛各 1 名，牌长 16 名。此族即原西番合儿 5 族中的多巴族。

　　瓜什济族，52 户，设总头目喇嘛 1 名，牌长 5 名。此族为多巴族分出之小族。

　　索诺黑族，62 户，设总头目、总牌喇嘛各 1 名，牌长 6 名。此族即生番合儿五族中的觅那族。

　　沙布浪族，101 户，设总头目喇嘛 1 名，牌长 10 名。此族即上龙布 18 族中的沙布浪族。

　　贺尔族，229 户，设总头目百户 1 名，总牌 2 名，牌长 23 名。此族疑即合儿族。

日贯工玛族,79 户,设总头目、总牌各 1 名,牌长 8 名。此族为合儿族分出之小族。

叶什群族,17 户,设总头目、总牌各 1 名,牌长 2 名。此族为合儿族分出之小族。

思慢受族,28 户,设总头目、总牌各 1 名,牌长 3 名。此族即合儿 5 族中的哈儿则满束族。

官受族,94 户,设总头目、总牌各 1 名,牌长 9 名。此族系从多巴族中分出小族。

麦受族,54 户,设总头目 1 名,牌长 5 名。此族即上龙布 18 族中的麦受族。[1]

8.2.4 青海湖地区

表 8-8 青海湖"环海八族"情况表(咸丰六年后)

族 名	居 地	户 数	设置官员	纳粮贡马数	备 注
千布录族(管 11 小族)	青海湖东南到淌河	900 余户	"环海八族"共设总管 2 员(刚咱族、汪什代克族各设 1 员),千户 5 员、百户 16 员、百总 35 名、什长 168 名。 总人口 18420	不详。清廷准允其每年每户赴丹噶尔厅(湟源县)购买口粮,日给青稞 1 合,月给茶 1 封。每年搬粮 3 次,每次只准 4 个月,地方官员验数放行。	〔清〕张庭武修、杨景昇撰《丹噶尔厅志》卷 6;〔民国〕康敷镕《青海记》。
刚咱族(管 10 小族)	海北刚察	1000 余户			
汪什代克族(管 12 小族)	海北布喀河(有部分迁到海西)	2000 余户			
都受族(管 2 小族)	海南窝尔雍	400 余户			
完受族	海南切吉草原	30~40 户			
曲加洋冲族(又称曲加族)	海南窝尔雍南山	300 余户			
公窐他尔代族(又称公窐族)	海南窝尔雍	100 余户			
拉安族	海南窝尔雍	300 余户			

〔1〕以上见文孚《湟中杂记》。

在环海八族形成之前,清廷还早已安置藏族部落于黄河南、北各地,有汪什科族 600 余户、鲁仓族 10000 余户、下郭密族 500～600 户、上郭密族 300 余户等。[1]

8.2.5 凉州平番县(庄浪卫)地区

表 8-9　庄浪西南藏族情况表(约在乾隆初期)

族名	居地	户数	设置官员	纳粮贡马数	备注
上马尔族	县治西南至连城一带,南至河州	8 族共 452 户,2365 口	原属青海蒙古日勒尔得尼管辖。雍正元年因参加罗卜藏丹津之乱被"剿抚",交世袭土司鲁氏管辖	雍正元年后,拨给田地,与土民夹杂,学习耕作。	〔清〕周树清纂修《永登县志》卷 3。
下马尔族					
尔加穰族					
单约族					
钱多尔族					
恩加木族					
尔加藏族					
尔卜族					

表 8-10　庄浪西北藏族情况表(约在乾隆初期)

族名	居地	人口数(人)	设置官员	纳粮贡马数	备注
华藏上托的族	今甘肃天祝藏族自治县	222	头目 1 名	每年纳水粮 6 石,大草 60 束,粮 8 石,免收草束。	〔清〕周树清纂修《永登县志》卷 2。
上卜藏族	同上	114	头目 1 名	每年纳旱粮 16 石,免征草束。	
下卜藏族	同上	92	头目 1 名	每年纳旱粮 8 石,免征草束。	
上阿落族	同上	76	头目 1 名	每年纳旱粮 8 石,免征草束。	
下阿落族	同上	78	头目 1 名	每年纳旱粮 8 石,免征草束。	

---

〔1〕见康敷镕《青海记》。

族 名	居 地	人口数（人）	设置官员	纳粮贡马数	备 注
煞尔吉族（亦名谢尔苏部落，雍正元年带头反清者）	同上	350	土千户 1 员（此千户也管束整个庄浪西北藏族各族）	每年纳旱粮 16 石，免征草束。	
麻吉族	同上	348	头目 1 名	每年纳旱粮 16 石，免征草束。	
阿谢族	同上	392	头目 1 名	每年纳旱粮 16 石，免征草束。	
马家族	同上	102	头目 1 名	每年纳旱粮 8 石，免征草束。	
耳家定族	同上	124	头目 1 名	每年纳旱粮 8 石，免征草束。	
思冬奔族	同上	58	头目 1 名	每年纳旱粮 9 斗 4 升 6 合，免征草束。	
罗家族	同上	42	头目 1 名	贡马 2 匹。	
色异族	同上	120	头目 1 名	贡马 2 匹。	
且暴族	同上	290	头目 1 名	贡马 2 匹。	
阿尔盖族	同上	370	头目 1 名	贡马 3 匹。	
思课族	同上	1130	头目 1 名	贡马 5 匹。	
都尔谷族	同上	16	头目 1 名	贡马 1 匹。	
白札尔族	同上	16	头目 1 名	贡马 1 匹。	
麻家族	同上	32	头目 1 名	贡马 2 匹。	

　　以上庄浪西北藏族 19 族,共设土千户 1 名(王国相)管束。前 11 族由庄浪监屯厅统管,催征粮草。罗家族以下 4 族,由庄浪营辖收贡马。最后 4 族则由镇羌营辖收贡马。此 11 族等藏族部落约在乾隆以后形成"三十六族",原 11 族均可在今天天祝藏族 36 族中找到对应的

名称。[1]此外,河西走廊的甘州南山(今甘肃肃南裕固族自治县)还有一些藏族部落,称"黑番",裕固族称为"黄番"。

8.2.6 大夏河流域以拉卜楞寺为中心的地区

自乾隆以后,拉卜楞寺获得了更大的发展,逐渐形成该寺直属的"十三庄"及众多依附的藏族部落。所谓"十三庄"分布于拉卜楞寺的周围,包括4个大的部落:唐乃亥部,在大夏河南,下辖5村;撒禾尔部,在大夏河北,下辖5村;他哇部,在寺东,下辖4村;德琼部,下辖6村。"十三庄"均为拉卜楞寺的"拉德",有支差纳粮的义务,由寺派专人进行管理。

拉卜楞寺直属的藏族部落众多,主要有:桑科部落(在今甘肃夏河桑科乡)、科才部落(在今夏河科才乡)、勒秀部落(在寺东北)、阿木曲乎部落(在今甘肃碌曲)、欧拉部落(在今甘肃玛曲)、作革尼玛部落(在玛曲)等。以上各部落又分辖一些小部落。

雍正二年,拉卜楞寺赛仓活佛因嘉木样活佛一世转世问题,避居于附近沙沟地方,另建德尔隆寺,自立门户。德尔隆寺后也辖有德尔隆部落、隆哇部落和火尔藏部落,三大部落之下也辖有一些村庄。

此外,大夏河流域还有一些藏族部落和寺院,虽不直属于拉卜楞寺,但与之有一定的关系,诸如黑错部落("黑错",今作"合作",今甘肃合作市)及黑错寺,牙秀、麦秀、卡加、杂由等部落,以及保拉4族等。[2]

8.2.7 洮河流域以卓尼杨土司为中心的地区

(1)卓尼杨土司所辖藏族情况

在杨土司衙门所在城的内外,聚居着包括杨氏家族在内的藏族,由土司衙门直接掌管,设16个"章尕"(又译作"掌尕")和外4"章尕",

---

〔1〕关于天祝藏族三十六族,可参见陈庆英主编《中国藏族部落》,中国藏学出版社1990年,第413-415页。

〔2〕以上所述,据李安宅《川、甘数县边民分布概况》,转见《李安宅、于式玉藏学文论选》,中国藏学出版社2002年,第96-100页;刘郁芬《拉卜楞设治记》;洲塔《甘肃藏族部落的社会与历史研究》,甘肃民族出版社1996年,第85-90页等。

由土司从直系亲属中选派各章尕的头人1名管理。

土司所辖其他地区则设置48旗(兵翼),共520族:

上治枸哇旗,距洮城130里,辖9族;

班麻旗,距洮城140里,辖9族;

岔麻龙的吾旗,距洮城120里,辖6族;

约沙必拉旗,距洮城80里,辖7族;

代麻旗,距洮城150里,辖11族;

阿禾旗,距洮城80里,辖11族;

沙麻龙住旗,距洮城80里,辖3族;

土桥旗,距洮城70里,辖8族;

拉麻那旗,距洮城120里,辖11族;

私吾什旗,距洮城60里,辖10族;

大峪沟旗,距洮城60里,辖10族;

口子下家人旗,距洮城20里,辖4族;

冬禾索旗,距洮城50里,辖9族(以上13旗大致在洮河下游地区)。

包吾什旗,距洮城50里,辖13族;

小术部旗,距洮城60里,辖15族;

巴龙什旗,距洮城60里,辖19族;

乩力、达加、的吾、哇买、桑旺甫多旗,距洮城100里,辖17族;

善札旗,距洮城120里,辖18族;

迭当旗,距洮城120里,辖15族;

巴龙什旗,距洮城60里,辖19族;

拉布什旗,距洮城120里,辖34族;

撩巴沟旗,距洮城160里,辖18族(以上9旗在今卓尼北、西、南各乡,洮河上游一带)。

朱札7旗,在洮河阴阳两岸,东北距洮城60余里,共辖75族。

上叠部拜札旗,距洮城240里,辖10族;

上叠部哇巴旗,距洮城230里,辖19族;

上叠部什巴旗,距洮城240里,辖7族;

上叠部买麻卡送旗,距洮城 240 里,辖 10 族;

亦哇旗,距洮城 240 里,辖 21 族;

当多旗,距洮城 340 里,辖 9 族(以上 6 旗称"上叠六旗"。叠部,又译作迭布、迭部,今甘肃迭部县)。

下叠部截你沟旗,距洮城 420 里,辖 21 族;

尼俄娃藏旗,距洮城 240 里,辖 9 族;

唵子旗,距洮城 250 里,辖 9 族;

卡巴力秀旗,距洮城 240 里,辖 11 族;

多力禾旗,距洮城 320 里,辖 11 族;

阿夏旗,距洮城 320 里,辖 12 族;

达拉旗,距洮城 320 里,辖 16 族;

术怕初阴阳二旗族,距洮城 180 里,辖 15 族(以上称"下叠九旗",均在今迭部县)。

黑番阳山旗,距洮城 420 里,辖 8 族;

黑番铁坝旗,距洮城 520 里,辖 21 族;

黑番阴山旗,距洮城 420 里,辖 9 族;

黑番代巴旗,距洮城 520 里,辖 16 族(以上 4 旗又称"黑番四旗",均在今甘肃舟曲县)。

杨土司衙门在以上 48 旗共设旗长 30 多名,各旗有总管、头人、仓官进行管理,负责支差纳赋。48 旗约有 11999 户;土兵 2000 名,原设土守备 1 员、千总 2 员、把总 4 员、外委 7 员。[1]

(2)洮州昝土司所辖藏族情况

清末,洮州资堡昝土司管辖的藏族,共分 7 旗,74 族:

上西路旗,辖 15 族;下西路旗,辖 15 族;[2]牙卡路旗,辖 12

---

〔1〕以上皆引自《洮州厅志》卷 16;参见洲塔《甘肃藏族部落的社会与历史研究》一书相关部分;杨土宏《卓尼杨土司传略》,四川民族出版社 1990 年,第 137 – 138 页等。

〔2〕洲塔《甘肃藏族部落的社会与历史研究》,云此二旗分布在今甘肃临潭县初步乡、长川乡和卓尼的阿子滩、中藏乡一带(第 201 页)。

族；[1]南乡那麻那旗，辖 8 族；东乡录元山旗，辖 5 族；北乡拉布什旗，辖 10 族；约沙旗，辖 9 族。[2]7 旗共约 384 户。昝土司在各旗设置有旗长、头人管理；有土兵 200 名，原设土守备 1 员、千总 2 员、把总 2 员、经制 2 员、外委 2 员。

此外，还有洮州着逊族土千户杨土司及其所管辖藏族 7 族，共 30 户；[3] 岷州土司副千户赵氏，康熙年间其管多纳 46 族；宕昌土司马天骥，康熙年间共管 16 族；岷州城北土司后永庆，管辖藏族 290 余口等。[4]

（3）僧纲及所属藏族情况

洮州垂巴寺僧纲班麻多智，在洮州城西 75 里，管寺院 3 处，喇嘛 140 名，辖 10 族，共 63 户。

洮州着洛寺僧纲杨溯洛旺秀，居洮州城西 70 里，辖堡族 23 族，共 113 户。

洮州麻儞寺僧纲马昂旺丹，居洮州城西 60 里，辖 21 族，共 120 户，僧人 183 名。

洮洲圆成寺僧正侯洛札旦，居洮州城南 10 里，辖 4 族，共 18 户。[5]

岷州大崇教寺国师达节，清初，其所辖寺院共 35 处。

岷州黑峪寺僧纲黄登烛坚错，清初，其所管藏族共 24 族。[6]

此外，清初，在阶州（治今甘肃武都）的文县等地还有内附之藏族部落 50 族，共 468 户；[7]雍正八年（1730 年）改土归流后，此 50 族逐渐融入当地汉族之中。

---

〔1〕洲塔《甘肃藏族部落的社会与历史研究》，云此旗分布在临潭县流顺乡、新成乡、扁都乡、新堡乡和卓尼木耳乡一带。
〔2〕洲塔《甘肃藏族部落的社会与历史研究》，云此四旗分布在临潭店子乡、总寨乡、龙元乡和卓尼的纳浪乡等。
〔3〕《洮州厅志》卷 16。
〔4〕《岷州志》卷 3。
〔5〕《洮州厅志》卷 16。
〔6〕《岷州志》卷 3。
〔7〕《阶州直属隶州志》卷 6。

8.3　社会组织

由于清代有关文献资料的局限,以上所列甘青藏区藏族情况肯定是不完整的。尽管如此,从中仍可大致了解甘青藏族分布、人口及经济和行政管辖等状况。据此,可将甘青藏区社会组织和结构划分为三种不同的类型:

第一种类型是居于城镇、营汛或附近,主要从事农业或半农半牧生产的藏族,以"族"(部落)或堡寨为名,且多与汉、撒拉、回等族杂居错处,大致相当于清代所称之"熟番",包括上述河北西宁府所辖地区藏族,河南贵德、循化地区的"熟番"部落,凉州庄浪及阶州文县等地的藏族部落等。

首先,由于这一类型的藏族已主要从事农业或半农半牧的生产,定居于甘青地区广大的汉族和其他民族之中,故其社会内部原有部落的血缘关系逐渐淡薄,地域关系日益增强。许多族(部落)的名称也多由庄堡的地名所替代。其原有的部落结构,即一个大部落统属若干同一氏族、姓氏的小部落的结构,以及生产、军事、行政三位一体的职能均遭到破坏,使之逐渐成为清朝地方行政机构管理下的"编户",同当地的汉族和其他民族一样,向政府交纳赋税,纳粮贡马。

其次,在这一类型的藏族社会内,其行政体制虽然仍保留了"土流参治"的形式,设有土司、土千百户、昂索等各级土官,但因清朝地方流官、营汛力量的增强,各级土官权力大为削弱,且有"流官化"的趋势,即逐渐成为清朝地方官中的一员,有的甚至以内地之"乡约"、"牌长"之名而取代之。

第三,因这些地区的藏族多与汉族和其他民族杂居错处,并直接在清朝地方官员的控制之下,实施全国统一的政令、法规,推行汉族传统文化,故其社会意识形态、文化多受汉族的影响。虽然他们仍然保持本民族的宗教信仰和生活习俗,但有逐渐融入汉族的趋势。诸如许多藏族改姓汉族姓氏,改穿汉族衣饰;其子弟也有入塾读书,当地人称

"家西番"者。[1]

总之,这一类型的藏区社会已逐渐与内地,特别是甘青汉族聚居地区的社会组织和结构趋同,只不过各个地区藏族社会趋同的程度有所差异而已。

第二种类型是居地离城镇、营汛较远,以游牧为生的藏族部落,大致相当于清代所称之"生番"或"野番",包括河南贵德、循化之"生、野番"部落及后期形成的"环海八族",青海玉树40族,洮河流域卓尼杨土司、昝土司及其所属部落等。

这一类型的藏族部落以游牧为生,随水草迁徙,有较为固定的夏季和冬季的牧地。其内部的社会组织,基本上沿袭和保持了历史上吐蕃部落的特征:基层的一个部落组织大多是同一氏族、族姓("骨系")发展延续下来的,血缘关系,特别是世袭的部落头人、首领的血缘关系较为浓厚;只是在由众多的小部落组成的大部落中;地域关系才有所发展。部落兼有生产、行政和军事三位一体的职能。部落或大部落(部落联盟)内还保留了一些原始军事民主的残余,诸如定期的"会盟",实行传统的习惯法等。

在清代,虽然沿袭了元明以来的土司制度,即保留了部落形成的地方行政组织,部落头人、首领被封敕为指挥使、佥事、土千百户等土官职务,但由于这些以游牧为生的部落远离地方行政机构所在地,游徙无常,故难以控制。部落向官府每年交纳的"贡马"数量不多,仅具象征意义,且时有拖欠。因此,部落头人、首领,也即是朝廷的土官,其原有的特权和地位基本保持着,有较大的自主权,维系着部落的稳定性和连续性,以及与外界隔绝的封闭性。

由于这些部落笃信格鲁教派,其居地也遍布着寺院,而部落头人、首领往往也有本人或子弟兼任寺院活佛或寺主,带有明显的"政教合一"的特征。

青海玉树40族(清末为25族),其中最大的部落是土千户囊谦

─────────

[1]《丹噶尔厅志》卷6。

·欧·亚·历·史·文·化·文·库·

(南称)土司,名义上是其余 39 族百户之首,历史上系元代囊谦王之传承。[1] 雍正十年,西宁办事大臣达鼐划分西藏与青海行政区界时,勘定囊谦等 40 族地界,颁发千、百户牌照,规定上纳贡马银两,并议定派员与 40 族千、百户每年会盟一次,乾隆时改为三年一次,遂成定制。在会盟时,西宁办事大臣派员并催收贡马银两,故而扰民不堪。道光二年,陕甘总督那彦成奏准,今后仍按旧例,玉树 39 族每岁贡马银自赴西宁交纳。[2] 囊谦千户事实上仅能管辖其下的 7 个百户部落,而无统御其余各百户之实权。而青海办事大臣对玉树 40 族的控制较弱,各千、百户有很大的自主权力。

在玉树地区大约有 20 余所寺院,40 族中的觉巴拉、拉布库克两族,分别与觉拉寺、拉布寺合一,其首领即所谓"驻教喇嘛",无百户、百长之职,是典型的政教合一的组织。囊谦千户和其他的百户、百长的子弟也多有为寺院活佛、寺主者,故玉树 40 族社会组织多带有"政教合一"的特征。

卓尼杨土司及其所属的 48 旗部落的社会组织情况,又略与玉树 40 族不同:土司对所属的 48 旗有直接管辖权力,各旗旗长、总管均由土司衙门任命;其社会组织和行政体制更为复杂;且土司兼禅定寺世袭僧纲,"政教合一"的色彩更为浓厚等。卓尼杨土司内部设有土司衙门,下直属城关内外 16 章尕和外 4 章尕以及分布各地的 48 旗。所谓"旗",应是沿吐蕃行政、军事组织"如"(翼)的方式进行编制的。旗之下所统的大小部落内部社会组织大致同上述部落的特征,但由土司任命旗长、总管等的管辖,支差纳粮。这种复杂的社会组织和行政体制,在整个甘青藏区中也是不多见的。

尽管如此,卓尼杨土司及其所属 48 旗的社会组织基本上仍属第二种类型。其社会的基层仍然是以土官为主的带有政教合一特征的藏族部落组织形式。杨土司每年也要向朝廷交纳赋税,只不过常常抗欠,

---

〔1〕《囊谦王世系谱》(藏文),转见陈庆英主编《中国藏族部落》,中国藏学出版社 1990 年,第 14 - 19 页。

〔2〕那彦成《平番奏议》卷 2。

以致官府每年只能收十之四五而已。[1]

　　洮州之昝土司、杨千户及其所属之旗、族(部落)的社会组织情况,大致与卓尼杨土司相似,只是其政教合一的特征不明显,也正因为如此,其发展受到一定的限制。

　　第三种类型是以大寺院为中心的"政教合一"的社会组织形式,包括大夏河流域的拉卜楞寺,青海的塔尔寺、佑宁寺、东科尔寺,甘南的僧纲、僧正等及其所属部落、堡寨等。

　　清末,拉卜楞寺已拥有3000余名喇嘛,寺院内部组织以寺主嘉木样活佛为中心,成立有教务会议(藏语称"磋庆措兑"),由寺院总法台、总僧官、财务长、总经头、管理长、河南亲王管家及秘书组成,负责处理全寺院的事务、财务,并设有监狱。其下设6大札仓,管理僧人。其组织结构大致与西藏三大寺情况相同。寺院所属之"十三庄"和众多的部落,无流官、土官的设置,而是由寺院(嘉木样活佛)派出全权代表——"郭哇"进行管理。部落内由老年人组成会议,商讨部落事务,但郭哇有绝对的权力。也有一些部落设有头人,则寺院不派郭哇。此外,寺院还派遣代表——"更察布"(嘉木样活佛代表之意)到各个分寺(分寺也有附属之部落),通过各寺的"磋代"(由寺格贵、下傲、赤哇、吉娃及几名老僧组成)行使管理该寺的职权。[2] 这样,就形成了从寺院到部落政与教合一的组织和体制,区别于以上两种不同类型的社会组织。但是,大寺院所属的部落或堡寨仍然存留着上述两种类型社会组织的若干特征。

　　青海佑宁寺、塔尔寺、东科尔寺,甘南僧纲、僧正及其所属的部落、庄寨的社会组织情况,大致与拉卜楞寺相似,只不过其组织名称有所不同,其复杂、严密的程度稍异而已。

(原载于《中国历史地理论丛》2009年第3期)

---

〔1〕《洮州厅志》卷16。
〔2〕以上论述引自洲塔《甘肃藏族部落的社会与历史研究》,第231页、第324页。

·欧·亚·历·史·文·化·文·库·

9 试论清代松潘藏区的
"改土设弁"

清朝建立初,沿明代旧制,在川边藏区实行土司制度。大致在清雍正年间,川边的土司制度重新确立,并处于发展阶段。而此时在云南、贵州、广西等地的土司制度,因清廷大力推行"改土归流"而日趋衰落。这是因为川边的地理环境复杂与藏族人口众多,清朝刚从青海蒙古和西藏地方接管该地区,不敢贸然改土归流,以免引起该地区藏族及西藏地方的反抗;同时,清廷还需要借助土司的力量来控制藏区,并利用土司所属之土兵东征西讨,而川边土司也多为清廷立功受赏,封官加爵,故其势日盛。

然而,自乾隆朝后,川边的土司制也日趋衰落。其间,有乾隆十七年(1752 年)杂谷脑(今四川理县)地区部分土司和乾隆四十一年(1776 年)大、小金川土司,以及光绪三十年(1904 年)章谷土司的"改土归屯",即废除土司,改设屯垦,于是有"杂谷脑五屯"、"懋功厅五屯"和"铲霍屯"的出现。[1]清末,川边藏区土司大规模的改土归流也全面展开。

上述清代川边藏区土司制的确立、发展和衰落,清代档案、文献记载较详,前人有关研究成果颇丰。可是,清初于川西北松潘藏区设置的众多土司,既未见"改土归屯",又未有"改土归流",然而自清中叶后,却不见该地区土司之记载。这是治清代川边土司者研究其少,或颇感困惑的问题。本文即是以清代川边松潘藏区土司之"改土设弁",即废

---

〔1〕参见潘洪钢《清代乾隆朝两金川改土归屯考》,载《民族研究》1988 年第 6 期;李之珂《铲霍屯志略》,中央民族学院图书馆 1979 年刻印本。

除土司制,代以土千总、把总等军事职官(土弁),管理当地藏族百姓的情况,为探索、研究之对象,以期对清代川边土司制度之研究有所补益。

9.1 清初松潘藏区的土司及分布

四川西北松潘地区,地处岷江上游,自古以来就是连接西北甘、青与川、云、藏的通道,南北各民族迁徙之走廊,所谓"扼岷岭,控江源,左邻河陇,右达康藏……实有建瓴之势,安危所系"之交通战略要地。[1] 自明代以来,居住于该地区的主要是藏族,其次有汉、羌等族,明朝于此设松潘卫(嘉靖四十二年后复置),辖长官司 17、安抚司 4,以统"番民"(藏族)。

清朝建立后,于顺治九年(1652 年)因打箭炉(今四川康定)以东藏区土司的归附,收缴明朝印信,仍其旧制。[2] 时打箭炉以西的广大藏区仍在青海和硕特蒙古和西藏地方的联合统治之下。康熙三十九年(1700 年)十二月,四川提督唐希顺等分兵三路进攻打箭炉,驱逐和攻杀青海和硕特蒙古和西藏五世达赖喇嘛驻当地营官(喋巴),于是打箭炉及附近木鸦(又译作"木雅")19000 户藏民归附,设安抚使、副安抚使、土千百户等大小土司。[3] 这一事件之影响所及,达于打箭炉东北松潘藏区。康熙四十二年,松潘藏区原明代土司纷纷归附,清廷则设置千户、百户土司,管理部分藏族百姓。至雍正二年(1724 年),清朝平定青海和硕特蒙古罗卜藏丹津之乱后,川边藏区土司制先后重新确定。其中松潘藏区原未设土司之地也先后建立。雍正九年(1731 年),清廷裁沿明以来设置之松潘卫,移龙安(今四川平武)同知驻此。乾隆二十七年(1762 年),改置松潘厅,直隶四川布政司。

关于康熙、雍正年间松潘藏区所设置土司的情况,在嘉庆年间修纂之《四川通志》内有较为详确的记载,现分述如下。

〔1〕〔民国〕张典主修《松潘县志》序。
〔2〕《清世祖实录》卷 66,顺治九年七月辛卯。
〔3〕《清圣祖实录》卷 202,康熙四十年二月乙丑;同书卷 208,康熙四十一年闰六月辛丑。

·欧·亚·历·史·文·化·文·库·

9.1.1　松茂道松潘镇辖松潘厅中营属

拈佑阿革寨土百户,康熙四十二年归附授职,颁给号纸[1],无印信,下辖 7 寨,共 45 户。地在今四川阿坝藏族羌族自治州(以下简称"阿坝州")松潘南。

热雾寨土百户,康熙四十二年归附授职,颁给号纸,无印信,下辖17 寨,共 134 户。地在今四川阿坝州松潘西南。

羏眉喜寨土千户,康熙四十二年归附授职,颁给号纸,无印信,下辖15 寨,共 833 户。地在今四川阿坝州黑水西南。

七步寨土千户,康熙四十二年归附授职,颁给号纸,无印信,下辖11 寨,共 282 户。地在羏眉喜寨北。

麦杂蛇湾寨土千户,雍正四年归附授职,颁给号纸,无印信,下辖15 寨,共 289 户。地在热雾寨西。

毛革阿按寨土千户,雍正四年归附授职,颁给号纸,无印信,下辖17 寨,共 347 户。地在阿坝州松潘西。

包子寺寨土千户,康熙四十二年归附授职,下辖 6 寨,共 56 户。地在阿坝州松潘南。

以上 7 寨设土千、百户 7 员,皆以农耕为主,兼畜牧,并杂有羌民,住碉房或板房。

9.1.2　松潘厅左营属

阿思峝寨土千户,顺治十五年归附授职,颁给号纸,无印信,下辖11 寨,共 197 户。地在阿坝州松潘东。

羊峝寨土百户,雍正二年归附授职,给委牌一张,无印信、号纸,下辖 9 寨,共 234 户。地在今阿坝州松潘东。

9.1.3　松潘厅右营属

下泥巴寨土百户,康熙四十二年归附授职,给委牌一张,无印信、号纸,下辖 7 寨,共 50 户。地在包子寺寨东。

---

〔1〕号纸,清朝颁发给土官、土司之凭证。《钦定大清会典》卷 12 云:"号纸书土官之职,并载世系及袭职年月。土官袭职者,应先缴其原领号纸,改给新号纸。"

9.1.4 松潘厅漳腊营（在松潘东北漳金）属

寒昐寨土千户，下辖 9 寨，共 160 户。地在今阿坝州黄胜关东北。

商巴寨土千户，下辖 10 寨，共 177 户。地在寒昐寨南。

祈命寨土千户，下辖 11 寨，共 172 户。地在寒昐寨西。

羊崮踏藏寨土目，下辖 3 寨，共 169 户。地在寒昐寨东北。

阿按寨土目，下辖 4 寨，共 158 户。地在羊崮踏藏寨西。

挖药寨土目，下辖 2 寨，共 81 户。地在阿按寨南。

押顿寨土目，辖 2 寨，共 190 户。地在踏藏寨北。

中岔寨土目，下辖 3 寨，共 176 户。地在踏藏寨东北。

郎寨土目，下辖 3 寨，共 168 户。地在踏藏寨与中岔寨之间。

竹自寨土目，下辖 3 寨，共 87 户。地在郎寨西。

臧咱寨土目，下辖 3 寨，共 160 户。地在竹自寨西。

东拜王亚寨土目，下辖 2 寨，共 87 户。地在阿按寨、挖药寨西。

达弄恶坝寨土目，下辖 2 寨，共 212 户。地在东拜王亚寨西。

香咱寨土目，下辖 7 寨，共 537 户。地在踏藏寨北。

咨马寨土目，下辖 2 寨，共 324 户。地在达弄恶坝寨西。

八顿寨土目，下辖 2 寨，共 285 户。地在香咱寨西。

以上漳腊营所属 16 寨千户、土目均为康熙四十二年归附授职，颁给号纸，无印信。地在今阿坝州黄胜关内，又称为"关内十六寨"，皆以农耕为主。

上包坐佘湾寨土千户，下辖 9 寨，共 266 户。地在今阿坝州包座南喀隆阿嘎，包座河（白龙江支流）中下游。

下包坐竹当寨土千户，下辖 10 寨，共 187 户。地在今阿坝州包座。

川拓寨土千户，下辖 7 寨，共 332 户。地在下包坐竹当寨北。

谷尔坝那浪寨土千户，下辖 7 寨，共 256 户。地在川拓寨北。

双则红凹寨土千户，下辖 7 寨，共 310 户。地在川拓寨西。

以上松潘漳腊营所属 5 土千户，均系康熙四十二年投附授职，颁号纸，无印信。俗称"前五寨"，地在包座河流域，以农耕为主。

此外，松潘厅漳腊营所属土司还有：上撒路木路恶寨等"山后七寨"(7 个土司),地在今四川阿坝州若尔盖东北与甘肃接界处。班佑寨等"作格十二寨"(12 个土司),地在今阿坝州若尔盖境内,皆牧区。鹊个、郎惰 2 个土司,地在今阿坝州红原一带,皆牧区。上中下 3 个阿坝土司,地在今阿坝州一带,皆牧区。上中下 3 个郭洛克(今译作"果洛")土司,地在今青海果洛藏族自治州,皆牧区。4 个阿树土司,地在今阿坝州壤塘一带,皆牧区。以上共 31 土司,因与后述"改土设弁"无关,故略述之。

9.1.5 松潘厅平番营(在松潘南)属

丢骨寨(又称"大姓丢骨寨")土千户,下辖 24 寨,共 260 户。地在今阿坝州松潘东南。

云昌寺寨(又称"大姓云昌寨")土千户,下辖 24 寨,共 240 户。地在包子寺寨东。

呷竹寺寨土千户,下辖 32 寨,共 360 户。地在丢骨寨南。

以上 3 个土千户系康熙四十二年归附授职,颁号纸,无印信;所管藏民及部分羌民皆以农耕为主。

9.1.6 松潘厅南坪营(在今四川九寨沟)属

中羊峒隆康寨首,下辖 12 寨,共 249 户。地在今九寨沟东。

下羊峒黑角郎寨首,下辖 22 寨,共 389 户。地在中羊峒隆康寨南。

以上 2 寨首于雍正二年归附,委以寨首,无号纸、印信。[1]

上述松潘厅 6 营所属藏区共 67 土司,内有土千户 23,土百户 29,土目 13,寨首 2。此外,有的土千、百户之下,还自行分设土目若干。各土司所管藏民,皆向无认纳税银、粮马,但大多土司每年应上纳一定数额青稞或银钱,或马匹,折充兵米。据清朝规定,土千户正五品,承袭必朝觐,每三年入贡一次;土百户正六品,承袭不朝觐,换部颁号纸一次;土目、寨首无品级,颁有号纸或委牌,世袭其职,不朝觐。土司等级虽有高低,但互不统率。[2]

---

〔1〕以上均见嘉庆年修《四川通志》卷 96《武备志》15,"土司一"。

〔2〕见上引《松潘县志》卷 4《土司总论》。

自嘉庆,历道光,至咸丰初,以上松潘厅各营所属藏区土司总的格局变化不大,但有个别土司之地有所改变。如平番营所属呷竹寺寨原辖 32 寨,内有东路 16 寨在咸丰前已改土归流,由汉族流官所管辖。又南坪营所属下羊峒黑角郎寨,在咸丰十年以前,因邻近汉族聚居区,且多有汉民迁往,故也改土归流,悉为汉制。[1]

9.2 松潘之"庚申番变"与"改土设弁"

按旧例,松潘藏民虽无认纳税银、粮马,但各寨每年春秋按册应上粮于各营,折充兵米,每斗预给官价银一钱二分,秋收上纳。咸丰初年,松潘厅中、左营官员于藏民秋收上纳粮时,采取尖斗浮收,从中私饱,引起各寨藏民的不满。咸丰七至八年(1857—1858 年),松潘各寨藏民恳请免尖斗,不允,民益愤。九年,内地太平天国运动兴起,清廷调松潘镇各营兵赴内地。于是,各寨藏民抗粮不纳,遍传木刻准备起事。十年(庚申,1860 年),原松潘镇总兵文隆撤任;三月,联昌接任,与同知张中寅会禀川督,要求将出调之松军归镇,以资防守。此时,川军亦东调,川省内李、蓝军复起,无暇顾及松潘。于是,松潘各寨藏民木刻愈传愈广,又传小姓沟(在呷竹寨)有活佛(名黑仑来)降世,许以起事。接着,松潘南北各寨藏民纷纷攻占要隘,陷关夺营。九月,联昌遣军出,为藏民击溃,藏民遂四面合围松潘厅城。城内军民死守,附近援军又数为藏民所挫败。到咸丰十一年六月,松潘厅城内兵民食尽,饿死者甚众,援军不至。藏民邀请喇嘛声言停战,让路任居民出城,但要以城内茶包作买路之资。七月初七日,藏民从东门攻入城中,总兵联昌走脱,同知张中寅及全家被杀。藏民遂先后占据松潘厅城及漳腊、南坪、小河、平番、叠溪等营城、大小屯堡 100 余所。[2]

直至同治元年(1862 年)九月,四川总督骆秉璋采纳官绅汤兴顺三

---

[1]见上引《松潘县志》卷 4《土司总论》。

[2]见上引《松潘县志》卷 3《边防》书庚申番变事。又见《清文宗实录》卷 3,咸丰十一年八月庚辰,内记此事与前引书略有出入,以前书为确。

路进兵收复松潘之策，[1]先命逃驻龙安的总兵联昌及参将吴嘉春，率军取道江油、平武进取松潘。二年三月，联、吴军转战至镇原，进屯三舍。南路茂州知府蹇寅将军千余人，由渭门关而上，转战至叠溪。北路提督周达武统军由青川绕道甘肃文县，攻占南坪。时中路联昌、吴嘉春接受林波寺喇嘛投诚之请。六月二日，联昌等进驻松潘厅城，藏民则退归原寨，事平。联、吴筹办善后，受喇嘛嘱托，仅处死小姓沟降世活佛生母一人，其余藏民起事首领均置不究。南、北路军撤回，吴嘉春立功，奉调回省。[2]此即所谓松潘之"庚申番变"。

在同治二年收复松潘后，清廷采取总兵联昌等人的筹办善后事宜中最重要的，是对参加起事的松潘厅各营所属土司"改授土守备、土千总、土把总、土外委，酌给土饷，以示羁縻"的措施，即所谓的"改土设弁"。所谓"土弁"，虽然仍可视为"土官"、"土司"的范畴，但在性质上已与原来的千、百户的"土司"有所区别。其具体的情况如下。

松潘厅中营属之7土司废除，分设土弁给饷：

拈佑阿革寨设土千总1名、外委2名、寨长7名（原辖7寨，每寨设1名，下同）。

热雾寨设土守备1名、土千总2名、土把总3名、寨长17名。

包子寺寨（又称"牟尼包子寺寨"）设土千总1名、土外委1名、寨长6名。

羪眉喜寨（又译作"羪弥喜寨"）设土守备1名、千总1名、把总1名、寨长15名。

七布寨（即"七步寨"，又作"七布徐之河寨"）设土守备1名、把总1名、外委2名、寨长11名。

麦杂蛇湾寨设土守备1名、把总2名、寨长15名。

毛革阿按寨设土守备1名、千总1名、寨长17名。

原松潘厅左营和右营所属之3土司废除，分设土弁给饷：

---

〔1〕汤兴顺上川督骆秉璋恢复松潘四条，见上引《松潘县志》卷3《边防附录》。
〔2〕上引《松潘县志》卷3《边防》书癸亥克复事。

阿思峝寨和羊峝寨(又称"三舍羊峝和药寨")2寨设土守备2名，下泥巴寨设土千总1名。此外，设土把总2名、土外委4名、寨长15名。

松潘厅漳腊营所属关内16土司废除，分设土弁给饷：

寒盼(昐)寨、商巴寨、祈命寨，改3土千户为土守备3名，外设土千总3名、土把总3名、外委3名、寨长20名。

羊峝踏藏寨、阿按寨、挖药寨、押顿寨、中岔寨、郎寨、竹自寨、臧咱寨、东拜王亚寨、达弄恶坝寨、香咱寨、咨马寨、八顿寨等13寨，除羊峝踏藏寨设土千总1名外，其余12寨设土外委6名，寨长38名。

松潘厅平番营所属3土司废除，分设土弁给饷：

大姓丢骨寨、大姓云昌寨、呷竹寺寨(所辖原未改流之18寨)3寨，改设土千总2名、土把总2名、土外委8名、寨长80名。

松潘厅南坪营所属5土司废除，分设土弁给饷：

中羊峝隆康寨、芝麻寨、中田寨、勿谷寨、边山寨等5寨中，芝麻、中田、勿谷、边山等4寨则不见嘉庆时撰《四川通志》记载。同治二年，于上述5寨内设土守备4名(分设于隆康、芝麻、中田、边山4寨)、土千总1名(设于勿谷寨)、副土千总3名、土把总6名、土外委5名、寨长31名。

以上松潘厅各营所属共34个藏族土司被废除，改设土弁，给以饷银。这34土司均居于松潘周围，以农业为主，且系参加"庚申番变"者。土弁之饷银，大致规定：土守备，每名每年给饷银24两；土千总每名每年15两；土把总每名每年12两；土外委每名每年8两；寨长每名每年4两。唯一特殊的是南坪营所辖5寨所设土千总、副土千总，每名每年饷银是18两。[1]而饷银则由松潘厅每年茶票项下拨银2000两支付。总兵联昌还保荐调解投诚之喇嘛为二品堪布，特准其在厅城旧松茂道署址建林波寺，由茶票项下每包抽钱2文，常年食俸。[2]

---

〔1〕以上见《松潘县志》卷4，土司附录旧案。
〔2〕见《松潘县志》卷3《边防》书癸亥克复事。

从此,松潘厅诸营所属藏区土司有将近一半被废除,"改土设弁",一直到清末宣统三年(1911年)七月,受川省保路同志军在茂、汶等起事之影响,松潘藏区再次起事,厅城及漳腊、平番失守。至民国元年(1912年)收复,藏民仍各安生业,唯清代土饷则一律停止。

9.3　余论

同治二年,松潘部分藏区的"改土设弁",与杂谷脑、大小金川土司"改土归屯"相近。后者于"番屯"中,也设置土弁,即屯守备、屯千总、屯把总、屯外委等武职,以理番屯事宜。事实上,清代川边藏区的"改土设弁"和"改土归屯",均是改土归流的另一种表现形式,是元、明于川边藏区设置土司制以来发展的必然趋势。

在喀木(康)藏区的云南西北中甸等地藏区,改土设弁,管理藏民的体制为时更早。雍正二年(1724年),清朝平定青海和硕特蒙古罗卜藏丹津之乱后,收复了云南中甸等地藏区,将原和硕特蒙古和西藏地方委任的大小官吏,也即沿明代以来之土司,名为"协碑"、"诺碑"、"得碑"者,改设为土守备(协碑改)、土千总(诺碑改)、土把总(得碑改),不世袭。[1]此实开喀木藏区改土设弁之先河也。

最后,还值得提及的是,清廷在处理松潘"庚申番变"的善后事宜时,以"羁縻"为主旨,没有滥杀藏民,而采取类似"赎买"的政策,废部分土司,设土弁给饷,部分达到了改土归流之目的。因此,可以说,松潘藏区的改土设弁,一方面加强了清朝松潘各营对藏区的控制,另一方面则大大有利于和促进了该地区藏族与邻近汉族经济和文化等方面的交往,从而也使该地藏区经济、文化得到发展,有一定的进步意义。

(原载于《民族研究》2007年第6期)

---

〔1〕见《民国中甸县志稿》卷中《政治》"土司"。

10 1930年—1933年
西藏与康、青战争之研究

10.1 大金寺与白利乡争产纠纷
引发的康藏战争

自 1918 年川军与藏军在甘孜绒坝岔达成停战退兵条件后,川藏的局势缓和,再没有发生过大的武装冲突。然而,由于四川及川边政局不稳,军阀混战,驻军日趋涣散。至 1925 年民国政府裁撤川边镇守使,以刘成勋为西康屯垦使,局势仍无起色。[1]1927 年国民政府成立后,拟改西康特区为行省,任命刘文辉为川康边防总司令;次年,设西康政务委员会于康定,主持边政;又建川康防军两旅。第一旅旅长余松琳驻雅安,第二旅旅长马骕驻康定,镇抚康地。刘文辉还次第整顿、恢复西康各县,使边政稍有起色。[2]但是,刘文辉兼四川省主席,因川事牵掣,未得全力经营,只是维持现状,整个西康的局势仍然处于不稳定之中。

1930 年 6 月,西康甘孜县西的大金寺(又作达结寺、大吉寺、达吉寺等)与西南的白利乡(又作白茹、伯利等)因夺产引起纠纷,发生械斗。大金寺为格鲁派寺院,因商致富,约有僧千余人,按 1918 年川藏停战退兵条件,其地为川边、西藏均不驻军地区,但其倾向于西藏地方政府。白利乡原为白利土司所属,清末土司制废止,但土司仍有一定的势力。其乡有亚拉寺(又作业热寺、雅拉寺、雅纳寺等),为土司家寺,寺

---

〔1〕由此时(1925 年)起,文献档案原用"川边"一词,改为"西康"。

〔2〕参见任乃强《康藏史地大纲》,雅安建康时报社,1942 年初版,西藏古籍出版社 2000 年 2 月修订再版,第 141 – 142 页。

·欧·亚·历·史·文·化·文·库·

内主持智古活佛(或作"亚拉佛都督"、"确拥贡呷曲吉降泽"等),转世于林葱桑多家,与大金寺关系密切。因亚拉寺主过去有恩于白利土司,故土司让寺主共管地方事务,并分有 15 户当差。1927 年白利老土司卒,众迎其女孔撒土司妇承嗣为白利土司。土司妇与土司所属另一寺院春则寺管家师本联合一气,与智古争权,双方多次发生矛盾,虽经和解,但怨隙已深。1930 年年初,智古终因与土司妇等关系不和,入居大金寺(或说被逼迫入大金寺),将亚拉寺产及 15 户人民送与大金寺,白利不愿付给,双方因此而发生争执。大金寺诉之于甘孜县知事韩又琦,韩不受理;而白利也向县知事申诉,并要求派军队保护等,但均未得到解决。

到 1930 年 6 月 18 日,大金寺激进之僧人遂武装攻入白利乡,强占亚拉寺,并焚烧房屋。大金寺、白利乡均诉之县知事韩又琦,韩以卸任为由,置此案于不顾,反而请驻康军队来甘防范。西康政务委员会在大金寺攻占白利乡后,急商旅长马骕,派两个连的康军进驻甘孜,武力调解,但条件苛刻,大金寺拒不接受,并求助于驻德格藏军德墨色代本。于是,西康政务委员会及驻康军队任命团长马成龙为"征甘先遣司令",又率军进驻甘孜。当时,驻甘康军曾致函驻德格之藏军德墨色代本,表明康军驻甘系保护地方秩序,将秉公办理甘孜村寺纠纷,决不袒助何方,静候解决。7 月 8 日,康军遂占据亚拉寺。此后,大金寺与驻甘康军对峙,形势紧张,虽经藏军德墨色代本、马成龙司令共同约请汉藏相关各县绅商、喇嘛头人来林葱议和,以及班禅驻康办事处进行调解,但均无结果。[1]至 8 月 30 日,康军排长李哲生为大金寺游骑击毙。9 月 1 日,驻甘康军遂大举进攻,收复白利,进围大金寺。此时,藏军也

---

[1]关于大白纠纷,文献档案资料记载颇多,不尽相同。此系据下列史料综述而成:《西康政务委员会为详报大白纠纷原因经过及筹处情形计议办法致刘文辉呈》(1930 年 7 月 4 日),载中国第二历史档案馆、中国藏学研究中心合编《康藏纠纷档案选编》,中国藏学出版社 2000 年 7 月版,第 2 - 6 页;唐柯三《大金白利肇事原因及康藏两军启衅之经过》,见上引《康藏纠纷档案选编》,第 491 - 495 页;来作中、韦刚搜集整理《从"大白事件"到"岗拖协议"》,载《四川省甘孜藏族自治州文史资料选辑》第 2 辑,1984 年 6 月,第 31 - 43 页。

正式介入战争,助大金寺防守,并收复若干失地。康军久攻大金寺,不克。[1]由此,原本为大金寺与白利争产的小纠纷,转化为康、藏的军事冲突,正式揭开了第三次康藏战争的序幕。

此后,国民政府蒙藏委员会又一再电令西康政务委员会和刘文辉,设法排解大白纠纷;并于10月15日致电刘文辉,附达赖喇嘛来电,内云:"四川康定县属干[甘]孜地面,有达结、白茹两寺因谓牙热佛(智古)起衅,正在调和之际,谁知班禅方面专遣桑布喇嘛与干[甘]孜驻防汉官处怂恿,是以汉官偏袒白茹寺,攻击达结寺,该寺抵御。职是之故,适值汉藏恢复旧谊之间,忽生此衅,大局有碍,请速电撤兵。"[2]刘文辉回电蒙藏委员会称:达赖电所称"自属达结片面之词,迥非事实","仍冀贵会转电达赖,俾其明了真相,并严令驻康藏官不得有暗助达结情事及越轨行动"。[3] 班禅驻京办事处也复函蒙藏委员会,声称"不独无怂恿川军攻击大金寺情事,抑且吁请和平声嘶力竭,达佛覃电所称,当系传闻失实"。[4] 但是,在蒙藏委员会一再敦促之下,康军撤兵,停止进攻;10月27日,达赖喇嘛致电蒙藏委员会马福祥委员长:"川属康边防兵已蒙政府电撤,实深感激。"[5]可是,康军撤军后,西藏方面却暗中增兵大金寺,并于12月初向康军周、李两连发动突击,激战数日,方引退。蒙藏委员会即将刘文辉致达赖喇嘛关于制止大金寺暴动、和平解决电转呈达赖喇嘛。12月28日达赖喇嘛复电蒙藏委员会,内称"藏军复攻汉军一节,乃系诈词,汉番之间往往如此播弄……汉番设要调停,

---

〔1〕《川康边防军第二旅旅长马骕为报藏方违约擅开边衅请核转国民政府制止事致刘文辉呈》(1930年9月),见上引《康藏纠纷档案选编》,第12页。

〔2〕《蒙藏委员会为达赖电请撤兵大白纠纷仍希迅速调解事致刘文辉电》(1930年10月15日),见上引《康藏纠纷档案选编》,第13页。

〔3〕《刘文辉为大金寺恃强不服请转电达赖严令藏官不得赴轨暗助事致蒙藏委员会电》(1930年10月20日),见上引《康藏纠纷档案选编》,第14—15页。

〔4〕《班禅驻京办事处为具复班禅无遣使怂恿大白两寺纠纷事致蒙藏委员会呈》(1930年10月21日),见上引《康藏纠纷档案选编》,第15页。

〔5〕《达赖喇嘛感谢政府令撤康边防军致蒙藏委员会电》(1930年10月27日),见上引《康藏纠纷档案选编》,第16页。

非得政府特派通晓汉番情谊之员就近磋商,若再与刘文辉磋商,势难解决"〔1〕。为此,国民政府遂决定派遣蒙藏委员会委员孙绳武及专门委员刘赞廷前往查明调处大白案,并致电通知达赖喇嘛。〔2〕

可是,正当康军撤兵停战,等候国民政府派员调解之时,藏军却逐渐云集于德格、甘孜,共约2000余人。1931年1月25日,达赖喇嘛通过西藏驻京办事处棍却仲尼致函蒙藏委员会,内称:"……不意于废历九月初三日,西康马司令官并不遵中央电令撤退,反而重开战衅,猛烈攻逼,占据各处地方,杀害本地人民,而此不幸之事,复据报到藏,但西藏又以达结寺素系恭顺,倚若长城,故不得不派兵防卫,并将已失各地先后收复。惟查此次达结、白茹两寺之争执,委由宗教发生问题,自有教主达赖喇嘛主持解决,既非关政治问题,更无汉官干涉之必要,又将此意密电致蒙藏委员会马委员长,请迅予设法制止,尚未接复电。而汉官马司令等不但未遵中央命令,现又在沿城、瞻对等处似有大举调兵助战模样,节节进逼,尤堪诧异……近据报,又将达结寺所派往西藏三大寺熬茶之商人悉被禁阻,并将该商人资本完全没收……奉此,遵将本案发生经过及驻康汉官最近挑衅情形呈报钧会,迅赐转呈国民政府,严电制止驻军,不得再有军事行动及禁阻商人,并将没收资本发还商民,俾得和平解决。"〔3〕这封信函,是西藏地方当局首次明确表示对大白纠纷的看法,认为是宗教纠纷,应由达赖喇嘛解决,汉官(军)不得干涉;汉军侵占地方,残害人民,且不听中央调解,调兵助战等。这无疑是为其下一步大举向康区进攻辩护,并留下了伏笔。

果然,到1931年2月9日,藏军向甘孜马成龙团右翼发动了突袭,接着又有藏军千余人进攻甘孜南雪山觉母寺及中路一带,同时有马队

<hr />

〔1〕《达赖喇嘛为藏军复攻康军及派员调停等事复蒙藏委员会电》(1930年12月28日),见上引《康藏纠纷档案选编》,第31页。

〔2〕《蒙藏委员会为遴派孙绳武等前往调查调解大白案并造具旅费预算表致行政院呈》(1931年1月24日)、《蒙藏委员会为已呈准派员前往查明调处大白争执案复达赖电》(1931年2月6日),见上引《康藏纠纷档案选编》,第43、47页。

〔3〕《西藏驻京办事处为报大白案发生经过并请中央严电制止军事行动等情致蒙藏委员会呈》,见上引《康藏纠纷档案选编》,第44-45页。

绕雪山后方。甘孜康军三面受敌,士气不振,只有后撤,甘孜南的异口、大盖危急万分。[1] 3月1日,藏军进据觉母寺,10日白利失守,11日藏军进围甘孜县城,因无后援,孤城难御,16日康军撤出甘孜,复退至炉霍待援。[2] 此时,国民政府蒙藏委员会一面命改派赴康调处的唐柯三委员等迅赴康地;一面多次致电达赖喇嘛饬藏军停止进攻,退回原防,静候调解。4月4日,达赖喇嘛复电蒙藏委员会:"此处前致各电未曾明答,只称刘军一面之词,甚愧。藏方抱定仍前和好宗旨,前派调处员谅(谅让代本)未起身,不知如何调解,盼复。"[3] 而此时,藏军约三千余众,皆英式武器,进窥瞻化(瞻对,今四川新龙)和炉霍、道孚。而蒙藏委员会派遣之调处大员唐柯三,4月18日方抵重庆,5月3日到成都;藏军已进围瞻化,炉霍受敌。唐柯三急电蒙藏委员会和西藏驻京办事处,催促西藏派代表,指定地点谈判。至5月20日,藏军已攻占瞻化,县知事张楷及属下、家属被俘,后押解至昌都。6月初,藏军从瞻化南下,占领理化(治今四川理塘)北穷坝、霞坝两地,代本克门致函理化知事刘明哲,云瞻化原属达赖辖区,理化穷、霞二坝亦为藏王百姓,应归藏收回管辖等。[4]

10.2　国民政府派员调解失败与战事之扩大

在这种形势下,蒙藏委员会1931年7月4日致函达赖喇嘛,内称"现唐专员已前往炉霍,即与噶布伦拔墨得巴会商解决办法……应请迅饬前线将进占甘、瞻两县之藏军限期撤退,以期达白事件迅速解决。

---

〔1〕《刘文辉为报藏方进攻川军三面受敌请示如何办理事致国民政府电》(1931年3月4日),见上引《康藏纠纷档案选编》,第58-59页。

〔2〕《刘文辉为藏军进据甘孜请令达赖撤兵并迅示方略事致蒙藏委员会电》(1931年3月23日),见上引《康藏纠纷档案选编》,第94-95页。

〔3〕《达赖为藏方抱定和好宗旨并盼复如何调解事致蒙藏委员会电》(1931年4月4日),见上引《康藏纠纷档案选编》,第94-95页。

〔4〕《刘文辉为报藏方意图侵犯理化请转陈察核事致蒙藏委员会电》(1931年6月1日),见上引《康藏纠纷档案选编》,第101页。

至以前康藏纠纷,应俟商洽藏事时并案办理"[1]。此函表明,国民政府试图将大白纠纷与康藏问题区分开来,先解决大白纠纷;但这仅是一种幻想,因藏军已占领甘、瞻等地,令其撤出,单独解决大白案已不可能。7月8日,唐柯三抵达炉霍,与藏军琼让代本商议和议地点;12日,刘赞廷赴甘孜与琼让商议,藏方提出在昌都晤商。7月27日,达赖喇嘛对蒙藏委员会一再电请藏军撤出甘、瞻,然后和谈事,复电马福祥委员长:"甘、瞻原属藏境,藏军占领,责有攸归。惟唐与琼让、噶伦未面,提议屡促退回,殊属非是。阁下系官领袖,岂肯设此巧计,殊乖和平本旨。故未复电,并前电维持汉番大局。"[2]

8月14日后,西藏新任昌都总管的噶伦阿沛来函表示,不愿至甘孜和谈,要唐柯三到昌都晤商,对于撤兵和释回张知事均不置答,且有增兵防守甘瞻事,调解会商无期。[3]此后,蒙藏委员会和唐柯三一再催促,至8月31日,达赖喇嘛回电称:"噶伦新任冗忙,设再赴甘,加派三大寺代表,枉费时日。藏军安静,撤兵一节,碍难转谕。唐等远到,何畏数程,仍饬唐赴昌[都],汉番会议和衷解决为要。"[4]至此,刘文辉、唐柯三均多次向国民政府建议,联络滇、青两省,合川康军,收复甘、瞻并昌都,一劳永逸解决康藏问题。但是,国民政府仍希望唐柯三与藏军和谈,解决大白纠纷。其中原因,主要是日本于1931年9月18日发动侵略东北的"九一八事变",东北全部沦陷,故对国内的康藏纠纷,仍希望和平解决。这又助长了西藏当局在康藏问题上的强硬态度,和谈无望,唐柯三一再要求返回。国民政府害怕一旦唐返回,会与西藏地方决裂,故下令唐柯三仍在炉霍与藏方周旋,刘赞廷在甘孜与西藏琼让代本谈判;并一再称"惟中央正注意东北外患,西陲防务暂令和缓处置

---

[1]《蒙藏委员会为请饬前线藏军撤退以期解决大白事件事致达赖喇嘛函》(1931年7月4日),见上引《康藏纠纷档案选编》,第151—152页。

[2]《达赖为甘瞻原属藏境不应屡促藏军退回事致蒙藏委员会电》(1931年7月27日),上引《康藏纠纷档案选编》,第160页。

[3]《唐柯三为噶伦不愿来甘撤兵释张事不作答复藏方无诚意请主持事致蒙藏委员会电》(1931年7月30日),上引《康藏纠纷档案选编》,第161页。

[4]《达赖喇嘛为噶伦冗忙未便赴甘撤兵一事碍难转谕仍饬唐柯三赴昌会议事致蒙藏委员会电》(1931年8月31日收到),上引《康藏纠纷档案选编》,第180页。

……由刘赞廷秉承尊旨妥为交涉,冀交涉不致中断为要"[1]。

因此,到 11 月 7 日,在不强调藏军撤出甘、瞻的前提下,由刘赞廷与琼让在甘孜初步订立了解决大白事件的八项条件:

> (一)甘瞻暂由藏军驻守,俟另案办理。(二)大白事由琼[让]秉公处理。(三)双方前防各驻兵二百。(四)穹霞、朱倭均退还。(五)大金欠汉商债款速还。(六)被掳汉军放回。(七)马骕、琼让互派员致谢。(八)恢复商业交通。[2]

此外,西康方面还向琼让馈赠杭缎、线春各五匹。[3]

12 月 10 日,国民政府行政院密下指令给蒙藏委员会:"查唐委员与西藏代表琼让议定解决康案条件八项,揆诸现在情势,尚合机宜,仰即电知该委员即照此办理。仍候呈报国民政府鉴核。"[4]但是,此八条却遭到刘文辉及西康民众的激烈反对,因为此八条无疑承认了西藏对甘、瞻的占领,各条也为今后留下了无穷的隐患。群情愤激的西康民众甚至有驱逐、查办唐柯三之议。国民政府迫于川省刘文辉及西康民众舆论的压力,先后于 12 月 21 日、23 日、24 日、25 日和 29 日连发数电,称因各方反对,令唐柯三推迟或暂缓签字。[5]12 月 30 日,国民政府正式免去马福祥蒙藏委员会委员长之职,由石青阳继任委员长。而西藏地方政府对于此八条亦不满意,寻找借口,并提出"惟朱倭、穹霞(穷霞)仍应归藏管理"。[6] 其实,西藏地方当局希望乘此时机,一鼓作气夺取打箭炉(康定),[7]以完成其在西姆拉会议上提出的自治外藏的界限。因此,至 1932 年 2 月 10 日,

〔1〕《蒙藏委员会为仍遵前电由刘赞廷妥为交涉事致唐柯三电》(1931 年 10 月 28 日),上引《康藏纠纷档案选编》,第 216 页。

〔2〕《唐柯三报闻与琼让议订解决大白事件八项条件致蒙藏委员会电》(1931 年 11 月 7 日),见上引《康藏纠纷档案选编》,第 221－222 页。

〔3〕《唐柯三为琼让托购杭缎事致蒙藏委员会电》(1931 年 11 月 7 日),见上引《康藏纠纷档案选编》,第 221 页。

〔4〕《行政院为核准与西藏代表所订康案条件八项即照办理致蒙藏委员会指令》,见上引《康藏纠纷档案选编》,第 232 页。

〔5〕详细内容请参见《康藏纠纷档案选编》,第 240－244 页。

〔6〕《唐柯三为琼让函复议定各条照办惟朱倭穹两地仍应归藏管理事致蒙藏委员会电》(1931 年 12 月 23 日),见上引《康藏纠纷档案选编》,第 241 页。

〔7〕见夏格巴·旺曲德典著《藏区政治史》,德里,1976 年,刘立千等汉译本(内部刊行),第 169 页。

唐柯三与琼让双方已声明解除交涉责任,藏局破裂。[1] 3月1日,国民政府行政院准许唐柯三因病回京的请求,并决定西康事件交由川康边防总指挥刘文辉负责办理。[2]

1932年3月1日,国民政府决议由刘文辉办理西康白利案,并去电通知达赖喇嘛。3月29日,达赖喇嘛回电称:"奉电白利案政府委刘文辉办理,藏民骇异。此案端由四川酿衅,设由川办,汉番和好之念恐难就绪。如川藏解决纠纷,非得公正处理,以符公理。"[3]

也就在此年初,康藏的局势又发生了一些变化。此年2月,驻康第二旅旅长马骕在康定为叛军所杀,刘文辉调第一旅旅长余入海(余松琳)入康,收拾善后。[4]到3月初,康南又爆发了原国民政府中央特派整顿西康党务专员格桑泽仁(藏族)的事件。格桑泽仁,原名王天化,巴安(今四川巴塘)人,为西康最有代表性的人物,一直任国民政府蒙藏委员会委员。1930年,他奉命为西康党务特派员,由云南中甸入康,甚得云南主席龙云的资助。1932年初,他返回巴塘后,称"康滇宣慰使",提出"康人治康"的口号,并缴了驻防巴安康军的军械,成立西康防军司令部,自任司令,派人招抚康南盐井、得荣、定乡、稻城、理化诸县,拟与驻康川军分治边地。同年3月,格桑泽仁命盐井贡嘎喇嘛提取驻康川军武器,贡嘎喇嘛拒不上缴,且暗结藏军攻围巴安。格桑泽仁率民军坚守。[5]

同年3月24日,西藏地方政府又发动了对青海玉树地区的进攻,其借口是玉树苏尔莽部落内属于格鲁派的朵丹寺(又译作"朵旦寺")与属噶举派和萨迦派的德赛提寺互争寺属差户、抢收田稼的小事。西藏支持朵丹寺,德赛提寺则诉之于青海省政府。于是,西藏当局于3月24日在昌都集

〔1〕《唐柯三为报双方声明解除交涉责任藏局破裂在即等情致蒙藏委员会电》(1932年2月22日),见上引《康藏纠纷档案选编》,第254–255页。

〔2〕《行政院为康藏纠纷事件交刘文辉负责办理唐柯三回京报告事致蒙藏委员会指令》(1932年3月1日),见上引《康藏纠纷档案选编》,第255–256页。

〔3〕《达赖喇嘛为大白纠纷案刘文辉办理殊感骇异事致蒙藏委员会电》(1932年3月29日),见上引《康藏纠纷档案选编》,第258页。

〔4〕兰文品《川康二旅"康定兵变"纪实》,载上引《四川省甘孜藏族自治州文史资料选辑》第2辑,第40–43页。

〔5〕参见上引任乃强《康藏史地大纲》,第150页;喜饶尼玛《格桑泽仁其人其事》,载上引其所著《近代藏事研究》,西藏人民出版社、上海书店出版社2000年,第361–365页。

中藏军千余人,攻占了大小苏尔莽(又作"苏莽")地方,4月4日又占领囊谦,攻围结古。[1]当时,结古仅有青海守军四百余人,只有坚守待援。蒙藏委员会得到青海方面的报告后,迭电达赖喇嘛,请其严令停止对青海玉树的进攻。5月18日,达赖喇嘛在复电中表示:"藏兵进占苏(苏莽)、囊(囊谦)两地,能可(可能之意)调停,命刘自乾(刘文辉)办案,藏方前有恶感之仇,恐中藏和好间必起衅端。"[2]由此可见,进攻青海玉树,是西藏首先发动,并有预谋的。

10.3 《岗拖协议》与《青藏和约》

在1932年3月期间,藏军在康、青一线,从巴安、瞻化、甘孜,直北到青海玉树一线,全面进攻或防御,战火延及康、青两地,战线过长,势分力弱,这就为康军的反攻创造了有利的时机。尽管当时西康局势不稳,军力有限,但是刘文辉仍然决定向藏军反攻,调遣余松琳旅及建南(今四川西昌地区)黄汉诚旅入康,委邓骧团长为前敌指挥,率部进驻炉霍。同年3月27日,邓骧率康军与藏军激战于朱倭、大盖,攻占朱倭;4月初,攻占甘孜;另一路康军也于5月初攻占瞻化,藏军主力退至大金寺一带。6月,藏军从大金寺反攻,遭康军阻击,康军乘胜占领白利,进围大金寺,经过激烈的战斗,藏军及大金寺僧众焚大金寺后,退走。[3]7月25日,康军分三路向藏军发动总攻击,德格藏军全面崩溃,退至金沙江以西,康军直抵金沙江岗拖渡口,德格、邓柯、石渠、白玉相继为康军所占据。[4]同时,康军遣一团兵力入驻巴安,与巴安民军一起击走藏军。格桑泽仁则经云南,返南京。

---

〔1〕《军事委员会为藏兵攻占大小苏莽囊谦等地劝其不得侵犯青海事致蒙藏委员会代电》(1932年5月3日),见上引《康藏纠纷档案选编》,第263页。

〔2〕《达赖为藏兵进占苏囊似可调停命刘文辉办理大白案藏方有恶感事致蒙藏委员会电》(1932年5月18日),见上引《康藏纠纷档案选编》,第266页。

〔3〕《刘文辉陈报数月与藏军交战并攻下大金寺等经过情形致国民政府电》(1932年7月13日),见上引《康藏纠纷档案选编》,第275-276页。

〔4〕《四川省府驻京办事处为报川康边防军克复德格等地藏军退至金沙江西岸等情并请速定方针事致蒙藏委员会电》(1932年8月7日),见上引《康藏纠纷档案选编》,第283-284页。

·欧·亚·历·史·文·化·文·库·

接着,青海省代主席马麟及青海南部警备司令马步芳派遣增援结古的马驯宣慰使、马彪旅长所率青军,也于 8 月 27 日收复小苏尔莽,9 月 2 日复大苏尔莽,9 月 4 日复囊谦。9 月底,青军乘胜向南进占邓柯之当头寺,于 9 月 30 日进占金沙江西岸之青科寺,俘虏藏军官及军士多名,并与川康军联络,会攻昌都。[1]

国民政府参谋本部也于同年 9 月召开各部会及有关各省代表的西防会议,决议康藏纠纷先由蒙藏委员会召集和平会议。在军事上屡战屡胜之有利时机,电令川青两军停止军事行动,为和平之先声;藏方亦应停止其军事动作,先将金沙江沿岸各渡口之部队撤回,以同普、武城、江卡等县为缓冲地带,双方暂不驻兵,然后再谋和平解决之办法。并将上述办法转商达赖喇嘛,俾康藏纠纷得以和平解决。[2] 时四川省川军二十一军刘湘与二十九军田颂尧,袭击刘文辉二十四军荣县、威远一线,四川军阀内战又起,故刘文辉也无力命康军继续向昌都进攻,遵奉国民政府停止军事行动的命令。

因此,在 1932 年 10 月 8 日,西藏与西康方面各派代表在金沙江岗拖地方签订了《停战条约》6 条又附件 1 条(又称《岗拖协议》),全文如下:

(一)汉藏双方接受议和协定,弃嫌修好,所有汉藏历年悬案,听候中央暨达赖佛解决。

(二)汉藏以金沙江上下流东岸为最前防线,双方军队不得再进越前方一步。

(三)自中历二十一年十月八日至十月二十八日止,各将先头部队撤退。汉军退俄洛、德格、白玉以东,藏军退葛登、同普、武城以西,其最前线,汉军如邓柯、白玉、德格,藏军如仁达、同普、武城境内,双方每处驻兵不得过二百名,并各派员互相监视撤兵。

(四)自停战撤兵日起,双方交通恢复原状,商民来往无阻,惟须

---

[1]《杨虎城为报击退大小苏莽藏兵并克复囊谦等地情形致军事委员会电》(1932 年 10 月 11 日),见上引《康藏纠纷档案选编》,第 299 页;《马麟等为报克复青科寺击退藏兵情形致蒋介石电》(1932 年 10 月 12 日),见上引《康藏纠纷档案选编》,第 300 页。

[2]《参谋本部请电商达赖撤退金沙江沿岸部队并设缓冲地带以便和平解决康藏纠纷事致蒙藏委员会公函》(1932 年 9 月 23 日),见上引《康藏纠纷档案选编》,第 296 页。

双方官厅发给执照为凭;并本遵从[崇]佛教、维护佛法之意义,对于在康、在藏各地之寺庙及住在潜心修养与来往两地之喇嘛僧侣,双方均一律保护。

(五)自条约签订之日起,各飞报政府共同遵守。

(六)此条约适用于汉藏双方,如有未尽,将来中央会同达赖佛修改之。

附件一[条]

文曰:汉藏双方暂行停战条约立后,所有未经立入条约内之巴安县属河西地方现驻藏军,限于中历十月八日即藏历八月初九日起,九日之内撤回原防,其所驻地面交还汉方,后此接收回时,应将此稿同列正式停战条约内,中间不虚,具结是实。

　　　　　　出结人　西藏达赖佛派出交涉员却让(琼让)

　　　　　　入结人　川康边防总指挥派出交涉专员邓骧

　　　　　　　　　中华民国二十一年十月八号

藏历水猴年八月初九日　　　签于德格岗拖东岸议场[1]

1933 年 4 月 10 日,西藏和青海各派代表于青藏交界巴大塘处签订《青海西藏和议条文》(又称《青藏和约》),全文如下(原文为汉藏文合璧):

青藏本属一家和好久矣。中华民国二十一年内,即藏历岁次壬申,以朵旦寺问题双方驻军误会,以致引起纠纷,妄开战端。事后双方军队首领鉴于国难方殷,何遑自讧,乃各派全权代表休战议和,重修旧好,订立和议条文。青藏两方各执一张,以资遵守而昭来滋。从此青藏和睦如前,西藏国防巩固,国家幸甚,边民幸甚。恐后无凭,立此合同条文,永远存照。

计开:和议条件

第一条　朵旦寺管理寺院之堪布,由该寺众僧内自行推举后,准达赖大佛加委,堪布权力照旧,以崇教为范围,毫不准干涉政治。

---

〔1〕《川康边防总指挥部驻京办事处抄报岗拖和约及签订经过致蒙藏委员会呈》(1934 年 3 月 20 日),见上引《康藏纠纷档案选编》,第 351 - 352 页。

第二条　青科、当头两寺宗教权,准归作巴照旧管辖。惟该两处双方均不得驻扎军队,以免因接壤而起纠纷。

第三条　和议条约成立后,藏方即先行撤兵,青方于藏方撤退十四日后即继续撤兵。双方除原驻军额外,其余限一月内完全撤退。兹后青藏两方各守疆土,不相侵犯。如藏兵侵略青海境界,有藏方昌都、巴宿、类乌齐、三十六族头目人等担保。青海军队侵略西藏境界,有玉树二十五族头目人等担保。

第四条　藏方官兵如有变归青方,或潜逃青方者,青方不得收留袒护。青方官兵如有变归或潜逃藏方者,藏方亦不准收留袒护。

第五条　双方对于宗教寺院一概极力保护。

第六条　青方如有坏人、罪犯等逃避藏方者,藏方无论长官、民众均不得袒护隐藏。藏方如有罪犯、坏人逃避青者,青方亦援例遵守。

第七条　青海对于西藏商民须极力保护,西藏对于青海商民亦须极力保护。

第八条　所有青方俘获藏方之官兵,在条约签字成立后,青方即完全缴归藏方。

青海和议全权代表海南玉树宣慰使　　马驯
西藏和议全权代表北路总管仲伊青布(仲译钦莫)涂旦公吉

　　　　　　　　　　　　　索康汪金次旦

　　　　　　　　　　　　　孜仲昂汪老追

调停人活佛却吉隆巴公交绝密旦边见赞
青海担保昂谦千户代表仲巴百户朵藏多吉

　　　　　　　　　　　　阿夏百户起朱多吉

　　　　　　　　　　　　东巴百户涂道公保

青海扎武百户代表　百长　　桑牙
青海隆布百户代表　百长　　汪扎
青海拉休百户代表　　　　　朵牙
西藏类乌齐民众代表　山左来汪扎巴

西藏昌都民众代表　聂欠老藏才拉

西藏巴宿民众代表吉推聂欠八陶见参

中华民国二十二年四月十日

订于青藏交界巴大塘[1]

藏历岁次癸酉年二月十七日

《岗拖协议》和《青藏和约》先后签订之后，西藏与康、青的战争基本结束，而大白事件的处理善后，则直到1940年方告完成。[2]

值得注意的是，上述两个停战协议，分别是由西康地方二十四军的代表、青海地方军队代表与西藏地方军队代本签订的，而作为中央的国民政府没有派代表参加。更有甚者，《岗拖协议》签订后，作为川康边防总司令的刘文辉甚至没有将协议呈报国民政府，请求批示。只是到1934年初，刘文辉去电国民政府，报告"藏方企图毁约略地，请中央转电西藏严行制止"时，电文中才提到《岗拖协议》一事。为此蒙藏委员会去电询问，并令刘文辉将此约呈报。[3] 至于《青藏和约》的签订，据1933年10月30日蒙藏委员会致行政院秘书函称："事前并未呈报有案。及本年四月和议告成之际，亦未将所议条文，咨送本会审查，手续似有不合。"[4]但是，国民政府行政院也只好"准予立案"。[5] 这一事实本身充分地说明在上世纪30年代初，中央国民政府对川康、青海地方的统一和权力是有限的；而在这次战争过程中双方控制和反控制的矛盾时隐时现，这一切对战争均产生了一定的影响，但这种影响并非主要的、决定性的。

---

〔1〕《青海省政府为报送青藏和约照片及最近防务情形事致蒙藏委员会咨》（1933年10月7日），见上引《康藏纠纷档案选编》，第318－321页。

〔2〕1935年1月9日，康藏两方代表最终协定安置大金寺的规约详细办法签订，后因红军经西康北上抗日，规约未履行。1938年12月30日，康藏代表又在德格更庆开会，协商议定详细办法七条，大白事件终于解决。《安置良善大金僧规约详细办法》（七条），见上引《康藏纠纷档案选编》，第407－410页。

〔3〕《蒙藏委员会为查询岗拖和约当年并未报备案等情事致参谋本部等公函》（1934年3月23日），见上引《康藏纠纷档案选编》，第353－354页。

〔4〕《蒙藏委员会为青藏和约应否核准转院核示事致行政院秘书处函》（1933年10月30日），见上引《康藏纠纷档案选编》，第321页。

〔5〕《行政院秘书处为奉准青藏和约准予备案事致蒙藏委员会》（1933年11月10日），见上引《康藏纠纷档案选编》，第322页。

177

·欧·亚·历·史·文·化·文·库·

10.4 英国在战争中所扮演的角色

在西藏与康、青发生战争的过程中,英国扮演了什么样的角色? 1930年 10 月,当大白事件已发展为康藏冲突后,英印政府和英驻华公使馆都认为,大金寺、白利均处在 1918 年台克满停火线的中国一侧,英国可以有把握地暂时不管此事。[1]即是说,英国希望西藏向西康推进,有利于最终迫使中国承认《西姆拉条约》所规定的"外藏"的划界。而在康藏战争开始后,藏军使用的武器弹药都是英国于 1923 年、1924 年和 1927 年 3 次提供的。到 1931 年 8 月 5 日,康藏战争正进行之时,为了满足西藏地方政府提出的第四次供给武器的要求,英印政府决定向西藏提供 1 门山炮、1350 枚炮弹、2 挺机枪、500 支步枪和 100 万发子弹,西藏派遣拉萨警察局局长莱丁色(Lheding Se)前往锡金提取这批军火。[2]这批武器弹药用于康藏战争,到 1932 年时,已基本耗尽。[3]

1932 年 5 月 16 日和 25 日,西藏噶厦和达赖喇嘛先后致函英锡金政务官维尔,要求再提供一批武器弹药。[4]6 月,英印政府同意向西藏提供4 门山炮、500 枚榴霰弹、1500 枚加农炮弹、1000 枚炸弹、4 挺马克西姆机枪、4 挺刘易斯机枪、1500 支步枪和 100 万发子弹。[5]这批武器于同年 8 月初运出。同年 7 月,中国媒体披露了这次英国向西藏提供武器之事。为此,中国外交部于 7 月 26 日向英驻华公使(代办)英格拉姆(E. M. B. Ingram,旧译作"应歌兰")提出质询和抗议,并要求停止向西藏供给武器;同时电令驻英使馆向英外交部交涉。8 月 12 日和 17 日,英国外交部正式答复中国驻英公使:"(一)系根据 1921 年印藏条约,印度不得不供给西藏

---

[1]IOR, L/P&S/10/1998,Lampson to Foreign Office, 14 October 1930.

[2]IOR, L/P&S/12/2175,F. V. Wylie to the Political Officer in Sikkim. 2 August 1931.

[3]IOR, L/P&S/12/2175,Government of India, Foreign and Political Department to Secretary of State for India,25 May 1932.

[4]IOR, L/P&S/12/2175,Weir, Political Officer in Sikkim to the Foreign Secretary of Government of India,Simla,6 June 1932.

[5]IOR, L/P&S/12/2175,Weir, Political Officer in Sikkim to the Foreign Secretary of Government of India,Simla,6 June 1932.

军械;(二)以后供给军械时,当严厉限于维持治安与自卫之用;(三)中藏纠纷,若中政府同意,英政府愿调解。"中国外交部答称,中藏纠纷系中国内政,谢绝调解。[1] 同时,中国驻英大使要求英国外交部提供1921年印藏关于武器协议的副本。[2]8月31日,英驻华使馆又派员到中国外交部,重申印度向西藏供给武器,系按1921年印藏协定规定执行,武器专为维持秩序及自卫之用;又称"中国政府如欲英政府出面斡旋,如划定疆界等事,俾可战事可停,英方颇愿担任"。中国外交部答称:"此系中国内政问题,应由中国自由裁定,不必第三者从中斡旋。目前莫若令印度政府完全停止供给军械,则一切自易就范。"[3]

就在此年8月10日,正当藏军在康、青节节失败之时,达赖喇嘛致电英驻锡金政务官维尔,请他到拉萨,商谈中藏关系和班禅地位的问题。英印政府经过慎重考虑之后,认为英国不应插手中藏纠纷,对西藏直接的军事许诺,这从财政和外交原因来讲都是不可能的;英国所能做的是:试图用其在中国的代表提出有关中藏边界问题的解决办法和充当两个活佛系统的中间人。[4]9月初,维尔偕同辛克莱上尉,波次仁医生及其妻、女等一行抵拉萨。在拉萨,维尔与达赖喇嘛、首席噶伦及噶伦多次会谈,反复表明了上述英印政府的态度和立场。12月上旬,维尔等一行离开了拉萨。[5]西藏地方政府对此颇感失望,这可能就是促使它最后命藏军驻守金沙江以西,不与康、青军进一步冲突的原因之一。

同年10月4日,英国外交部就提供1921年协议副本一事,正式告知中国驻英公使:"不存在条约,仅仅是一些认为不宜通知第三方的信函";并提请中国公使注意《寇松备忘录》,称印度是西藏购买武器的"自然选

〔1〕《罗文干为报英国插手康藏纠纷及与英使馆交涉情形致蒋介石代电》(1932年10月18日),上引《康藏纠纷档案选编》,第302-304页;IOR,L/P&S/12/2175,Foreign Office to Ingram,17 August 1932.

〔2〕IOR,L/P&S/12/2175,Orde to J. C. Walton,No. F6311/7/10,24 August 1932.

〔3〕见上引《罗文干为报英国插手康藏纠纷及与英使馆交涉情形致蒋介石代电》,《康藏纠纷档案选编》,第303页。

〔4〕IOR,L/P&S/12/4170,Viceroy to Secretary of State,10 August 1932;Viceroy to Secretary of State,12 August 1932.

〔5〕IOR,L/P&S/12/4170,Weir to India,1 March 1933.

择"。[1]10 月 7 日,英驻华公使英格拉姆到中国外交部,面称"康藏纠纷现已扩大,应即设法劝令双方停止军事行动",又提出"此次青军逼近昌都,与民国三年前北京外交部派员与英藏两方在印度森姆拉(西姆拉)地方会议条约第二条载有尊重外藏疆界之完全之原则不符,该原则已于是年五月一日外交部致英使之节略中承认。现在川青军队准备会攻之商[昌]都,即包括在外藏范围以内"。外交部"答以该条约未经签订,自不能发生效力,民三外交部节略对于界务一端未予承认,是外藏究以何处为界,殊难确定,因此森姆拉条约第二条之原则无从适用"。英格拉姆又称,"中国如令饬川青军队停止进攻,则英国当可劝告西藏停止军事行动";提议"藏方正式声明藏军驻守类乌齐及金沙江以西,华方正式声明华军驻守结古及金沙江以东,俾免冲突"等。中国外交部答称,"康藏战事为中国内政问题,无接受斡旋之必要";且"中国早经自动令饬双方停止军事行动","既经自动下令停战,已足以应付局势,此外如有其他举动,必为国人所反对,故对于此项提议认为尚无采择之必要"。在试图充当调解人的要求遭到中国的拒绝之后,英格拉姆直接进行干涉和威胁,说什么"民国三年外交部节略承认森姆拉条约第二条之原则,今华军举动实为对外藏之侵略行为,英方并表示不承认藏事为中国内政问题,如康藏纠纷不能和平解决,必发生严重之后果"。中国外交部复答称:"外藏界限问题当留待将来解决,此次举动并非华兵先向藏兵进攻,乃系藏兵先行内犯,现中国政府既已下令停战,希望可以和平解决。"[2]

为了向西藏地方政府表明不许英国干涉中国内政,国民政府主席蒋介石于同年 12 月 29 日致电达赖喇嘛:"汉藏问题纯属内部事务,现为国民政府时期,绝不允许他人插手干涉。吾望一如既往,热爱祖国,忠贞不渝,团结一致。""已严令西康、青海不准发兵。另外贡觉(棍却仲尼)代表曾提出派大员赴藏协商之建议,吾之部僚亦认为此议甚妥,故拟派一二人与达赖喇嘛之代表一同赴藏向达赖喇嘛问候,并商讨解决汉藏之间悬而

---

〔1〕IOR,L/P&S/12/2175,Foreign Office to Ingram,10 October 1932.

〔2〕见上引《罗文干为报英国插手康藏纠纷及与英使馆交涉情形致蒋介石代电》,《康藏纠纷档案选编》,第 302 – 304 页。

未决事宜。若汉藏能和睦如初，康藏之事则不难解决……"[1]

以上就是1932—1933年西藏与康、青战争中，英国所扮演的角色。然而，近来台湾发表的一些论著中，批评中国内地有关中英西藏交涉的论著中多带有"民族主义史观"的情绪，说"英属印度政府对于十三世达赖喇嘛利用军事方式扩张版图的政策，实际上是抱持相当反对的立场，并曾斥责达赖喇嘛发动战争，并欲将英印政府一同卷入的企图，是极为不智（unwise）之举"。[2]但也不得不承认，在康、青反攻，准备进军昌都之际，达赖喇嘛向英印政府求助，"英方考量到避免战事继续延长，并不愿意与拉萨实质的军事援助，而是转向南京政府施以外交压力，希望中国西南军阀中止对藏军的攻势，蒋介石因此下令青康军队暂停攻取昌都的行动"[3]。

固然，在战争期间，中国国内，特别是康、青地方军阀为了借战争增强自己的势力，曾经夸大和渲染了帝国主义支持西藏侵占康、青领土的事实，且大造舆论。这正如唐柯三所撰《大金白利肇事原因及康藏两年启衅之经过》报告中所说："至外间所传有英帝国主义者之背景，并有英人在前线指挥，供给械弹等事，皆驻军故意张大其词，以自掩其失败之咎。或未明康军真相者，见藏军之侵略康地，似有预定计划，虽认为关系国际问题，其实皆非也。"[4]但是，英国一直希冀藏军占领《西姆拉条约》所定的"外藏"界限，充当"调停人"的角色，供给西藏地方武器弹药，在关键时刻出面干涉中国内政等，这一系列的事实，是不容"淡化"和歪曲的。

10.5 战争的历史根源、性质及影响

关于1930—1933年西藏与康、青的战争，过去的研究论著多从西藏地方历史及与中央国民政府的关系（或称为"汉藏关系"），或从中英与西藏

---

[1]《蒋介石为中央与西藏问题纯属国家内部事务绝不允许外人插手并允派员赴藏商讨务使维护祖国统一一事致达赖喇嘛电》（1932年12月29日），见上引《康藏纠纷档案选编》，第308页。

[2]如林孝庭《战争、权力与边疆政治：对1930年代青、康、藏战事之探讨》，载台湾《中央研究院近代史研究所集刊》第45期（2004年9月），第117页。

[3]如上引林孝庭《战争、权力与边疆政治：对1930年代青、康、藏战事之探讨》，第118页。

[4]见上引《康藏纠纷档案选编》，第495页。

·欧·亚·历·史·文·化·文·库·

的关系角度和侧重点来论述。近年来,也有的学者从中国边疆政治的角度,侧重分析西藏、西南军阀及南京国民政府在此次战争中的相互影响和结果。[1]但是,无论从什么角度和侧重点来看待和论述这次战争,都有一个大的前提,或者说是出发点,即当时南京国民政府不仅是名义上,而且是事实上的中国中央政府,而西藏、西康、青海均是当时中国的地方省区。尽管中央国民政府对这些地方仅有不同程度的控制和权力,西藏地方与西康、青海的战争仍属于中国内部各地区之间的战争。

这次战争是有其历史根源的。西藏地方自13世纪元朝起即被纳入中国的版图,历经明清两代。在清初雍正二年(1724年),清抚远大将军年羹尧平定青海西蒙古罗卜藏丹津之乱后,取其所辖之青海及喀木(西康地区)之地,并上奏《青海善后事宜十三条》,内就明确地提出,"查青海既已平定,应将巴尔喀木处人等,悉行收集","亦应添设官弁也"。[2] 雍正三年(1725年),由松潘镇总兵周瑛勘定西藏东与四川之界:"于南墩宁静山岭上建立界碑,岭东之巴塘、里塘属四川,岭西属西藏。"十年(1732年),青海西宁、四川、西藏各派员会同勘定青海与西藏之疆界,划归西宁(青海)管辖40族住牧地界和西藏管辖39族住牧地界。[3] 以上疆界一直延续一百多年,直至清末赵尔丰在川边推行"改土归流",将原西藏属察木多、洛隆宗、边坝等地"收回",拟行改土归流。1911年辛亥革命爆发后,十三世达赖喇嘛从印度返藏,驱走汉族官民,推翻原清初划定之疆界,并遣藏军进攻川边,攻陷里塘、盐井等20余县,后为四川都督尹昌衡、云南都督蔡锷率川、滇军次第收复。这就是所谓的第一次"康藏纠纷"。1914年西姆拉会议上,西藏代表一直未忘记改变西藏与川、青的疆界,在英国的操纵下所拟的《西姆拉条约》中,规定了所谓"内藏"和"外藏"(以金沙江为界),外藏由"汉藏共管",而"外藏"即包括川边及青海南部的大片领地。此约因中国民国政府代表最后拒绝签字而无效。

接着,在1917年7月,因驻类乌齐藏军越界割草被川军杀害,西藏遂

---

[1]如上引林孝庭《战争、权力与边疆政治:对1930年代青、康、藏战事之探讨》文。
[2]《清世宗实录》卷20,第26页下,第37页下。
[3]《卫藏通志》卷2,渐西材舍本(光绪二十二年刊),第16页上下;卷15,第4页上-第8页下。

大举向川边进攻,北路攻陷贡觉、同普、德格、白玉、邓柯、石渠、瞻化七县,南路陷武城、宁静两县。后在英国驻成都副领事台克满(E. Teichman)调停下,双方签订《暂议停战退兵条件》,[1]这就是所谓的第二次"川藏纠纷"。1930 年至 1933 年西藏与康、青的战争,可以说是前两次"康藏纠纷"的继续。其根源也就在于西藏地方政府认为西康及青海南部地区原是属于西藏地方管辖的,因此始终抓住一切时机,甚至不惜采用武力进攻的方式"收复"自己的领地;而西康、青海地方则认为以上这些地区是自己管辖之地,因而寸土必争,不惜以武力相对。西藏与康、青各方均可以列举出众多的理由,声明这些地区原是属于他们所管辖的,这就是历次所谓"康藏纠纷"的历史根源。

以上历史根源及所引 1930—1933 年西藏与康、青战争的档案资料表明,正如前述审视和研究这次战争的大前提所说的一样,战争中西藏、西康、青海各方均是当时中国中央国民政府统一之下的地方省或地区,它们之间为疆界领土、权益的划分而发生的战争(纠纷),其性质纯属中国的内部问题,即中国西藏地方与西康、青海因大金寺与白利乡争夺寺产的小纠纷而酿成的内战。在战争过程中,西藏地方、西康、青海三方均请示和请求中央国民政府进行调解和处理,并拒绝了英国的"调解",也证实了这场战争的性质是中国内部地方之间的内战。

至于大白纠纷本身的是非曲直问题,如果说大白纠纷发生初期,西康甘孜县官员及驻康川军在处理这一纠纷时有拖延和偏袒白利之处,对引发康藏战争应负有责任的话,到后期西藏地方上层因此而扩大战事,违反1918 年停战协议,进而攻占甘孜、瞻化和理化之穹、霞二坝,企图一举占领无效的《西姆拉条约》规定的"外藏"地区,就属于较为严重的问题了。因为西藏与康青的战争虽然其性质如上所述是中国的内政问题,总的说来与内地军阀内战的性质相同,但是它又具有特殊性,即西藏地方系中国边疆民族地区,且自 1911 年辛亥革命以来英国侵略势力伸入该地区,企图以支持西藏"自治"为名,将西藏地方纳入其殖民体系之中,成为其印度与中国的"缓冲国"。因此,西藏地方与西康、青海的战争和划界问题,如果

---

[1]《川边镇守使陈遐龄咨呈》(1918 年 11 月 1 日)及附录,民国政府蒙藏院档案第 1045 卷。

没有英国插手其间,无论怎样处理和划界都是较为容易解决的。但是,在1914年英国操纵的西姆拉会议上,中国代表拒绝签字承认的《西姆拉条约》规定了所谓"内外藏"的界限,将"自治"的外藏界限扩大到原川边和青海南广大地区,而西藏地方上层集团企图利用与康青的战争将以上地区划归外藏。这就存在着像"自治"外蒙古在沙俄的支持下分裂出去的危险。这一点当时中国中央国民政府及全国人民的认识是十分清楚的。而英国才会在西藏与康青的战争中,力图充当"调解人",供给藏军武器,并出面干涉之。因此,西藏与康青的战争既是中国国内地方之间的内战,也存在着英国侵略西藏及其进一步分裂中国领土的危险性。也正因为如此,中央国民政府与西康、青海当局才能在各自利用这次战争扩大自己势力的同时,又相互妥协,服从统一的大局。

这次战争的影响是十分深远的,两个停战协议所订立的西藏与西康、青海的暂时疆界,事实上一直维持到今天。战争对西藏地方的影响尤为巨大。本来康藏局势及战争就给西藏地方带来了沉重的负担,庞大的军费开支和兵员的补充已影响到西藏社会的稳定,战争的失利则更是雪上加霜。1932年国民政府再次派遣调查康藏的专员刘曼卿的报告说:"查上岁康藏的战事发生,藏军三路与四川、青海及西康民军交战,各路均极失利,于是藏中谣言日盛,皆谓川康青联军将直捣拉萨,一时大为恐慌。达赖乃下令加紧征集僧兵民兵,并向印度购运军械。殊藏中各大寺喇嘛及一部分军政人员认为与中国军队交战之非得计,颇持异议……继而召集临时姆浪大法会(祈愿大法会),达赖又亲笔拟一类似宣言之文,分发全康藏地方。"刘曼卿所说的达赖喇嘛的"宣言",她又定名为《告全藏官民书》,并全部译为汉文呈报。[1] 此《告全藏官民书》虽然只字未提康青藏战争一事,但是,战争结束后,十三世达赖喇嘛处罚了战争中失利的代本琼让等人,并于1933年6月,专门接见了昌都总管及办事人员。至12月17日,十三世达赖喇嘛即圆寂于坚色林卡寝宫。此后,西藏的政局又发生

---

[1]《刘曼卿为译录达赖喇嘛告全藏官民书致石青阳呈》(1937年6月26日),见《元以来西藏地方与中央政府关系档案史料汇编》(6),第2583-2686页。关于上述十三世达赖喇嘛的"告全藏官民书"的另一译文及研究,可参见汤池安撰《第十三世达赖喇嘛土登嘉措"遗嘱"辨析》,载《中国藏学》1989年第4期。

了巨大的变化。这一切多少也受到了这次康青藏战争的影响。

　　西康和青海地方由于在这次战争中最后取得胜利,而增强了它们地方的军政力量和威信。西康二十四军刘文辉因这次战争的影响,于1933年被四川二十一军刘湘军队赶到了西康,失去了对四川的地位和权力,转而专注于西康的军政建设,进而加速了西康正式建省。[1]对于中央国民政府而言,这次战争无疑首先阻断了自1928年以来其多次派员入藏及西藏地方派驻南京代表等一系列进一步改善与西藏地方关系,恢复对西藏治权的努力。在日本发动"九一八事变"之后,国民政府更是无力继续执行借战争削弱川康、青海地方势力的策略,只好将康藏战事交与西康刘文辉办理。而战争的结果及两个停战协议的签订,西康、青海竟然迟迟不上报和请示批准,国民政府也无可奈何,只有坐视康、青军阀势力的增长。但是,战争后西藏地方的局势却向有利于中央国民政府与西藏地方关系进一步改善的方向发展,以后的历史即证明了这一点。

（原载于《西藏民族学院学报》2007 年第 1 期）

---

　　〔1〕以上详细论述,可参见上引林孝庭文。

11　1932年—1933年西藏的政局

11.1　西藏与康、青战争的影响
和达赖喇嘛的"公开信"

　　1932年至1933年,对西藏地方说来,是一个多事之秋,也是发生巨大变化的前夜。1930年6月的"大白纠纷"引发西藏与康、青战争,到1932年8月,藏军在康、青战场上节节失利,退至金沙江以西,康、青军已有联合进攻昌都之势。本来康藏局势及战争就给西藏地方带来了沉重的负担,庞大的军费开支和兵员的补充已引起西藏社会的不稳定,战争的失败,更是雪上加霜。1932年国民政府再次派遣调查康藏的专员刘曼卿的报告说:"查上岁青康藏战事发生,藏军三路与四川、青海及西康民军交战,各路均极失利,于是藏中谣言日盛,皆谓川康青联军将直捣拉萨,一时大为恐慌。达赖乃下令加紧征集僧兵民兵,并向印度购运军械。殊藏中各大寺喇嘛及一部分军政人员认为与中国军队交战之非得计,颇持异议……继而召集临时姆浪大法会(祈愿大法会),达赖又亲笔拟一类似宣言之文,分发全康藏地方。"[1]

　　刘曼卿所说的达赖喇嘛的"宣言",她又定名为《告全藏官民书》,并全部译为汉文呈报。[2]此达赖喇嘛《告全藏官民书》一事,在《第十三世达赖喇嘛年谱》也有记载:藏历水猴年(1932年)"九月十五日,依

---

　　[1]《刘曼卿为译录达赖喇嘛告全藏官民书致石青阳呈》(1937年6月26日),见《元以来西藏地方与中央政府关系档案史料汇编》(6),第2583－2686页。

　　[2]《刘曼卿为译录达赖喇嘛告全藏官民书致石青阳呈》(1937年6月26日),见《元以来西藏地方与中央政府关系档案史料汇编》(6),第2583－2686页。

照乃穹寺护法神汉的预言，接受僧俗官员及僧俗百姓'拒迎常驻'法事献礼。向一切属民发布以《复苏陈词之圣药、无蔽明见天神新鲜甘露之要义》为题的训导"。[1] 此训导即上述刘曼卿所说的《告全藏官民书》。1946 年出版的英国贝尔所著《十三世达赖喇嘛传》一书，指称此告民众书为十三世达赖喇嘛的"政治遗嘱"，并专章论述之；[2] 西方学者多从之。[3] 此篇文告后收入《第十三世达赖喇嘛文集》ji 字函，篇名有学者又译作《灵丹妙药·透明洞察·人天甘露》。其实，此篇文告并非十三世达赖喇嘛之"政治遗嘱"，国内学者已详加辨析，认为"第十三世达赖喇嘛的这封公开信，带有浓厚的政治色彩，但绝不是政治遗嘱"。[4]

在这封公开信中，达赖喇嘛首先讲到他的转世，是"因预言之征兆明显，无需经金瓶掣签之惯例，即被认定为佛王传世"；坐床之后，受戒，并专心学习佛典；到 18 岁（实际上是 20 岁，1895 年），"因僧俗大众恳请，奉天承运大皇帝降旨，遂负此任"（"亲政"），"为政教之安定，日夜操劳，如重担压肩"。接着，在公开信中，达赖喇嘛追述了自 1904 年英军入藏至辛亥革命后他重返拉萨的历史。内云："木龙年（1904 年），英军入藏。我若图自身安宁，媾和结纳，势必危及政治，实系自毁前程。昔因第五世达赖喇嘛与满洲皇帝结下供施之缘，至今自应相互支持。为禀明情由，不辞辛劳，北上跋涉，经内地、蒙古，在北京紫禁城晋见皇太后和皇帝，深承优礼相待。"后返回拉萨，"适驻藏大臣上书谎奏，陆军官兵随后而至，夺取西藏政权。我等王臣，不顾劳苦，安抵印度圣地。通过英政府向中国政府申明实情。……果然中国内乱，在藏汉军官兵，犹似断了水源之池，终被驱逐，复得返回我所庇佑之佛教刹土西藏"。

---

[1]《西藏文史资料选辑》第 11 辑，第 180 页。

[2] 贝尔著，冯其友等译《十三世达赖喇嘛传》中译本（内部发行），第 376 – 382 页。内有全文译本。

[3] 戈尔斯坦著，杜永彬译《喇嘛王国的覆灭》中译本，时事出版社 1999 年第 2 版，第 209 页。

[4] 见汤池安《第十三世达赖喇嘛土登嘉措"遗嘱"辨析》，载《中国藏学》1989 年第 4 期，第94 – 105 页。关于十三世达赖喇嘛这篇文告（公开信）完整的汉文译文，已有三四种之多，即上述刘曼卿报告、冯其友译贝尔《十三世达赖喇嘛传》和汤池安上引文等。以下所引，皆汤池安译文。

·欧·亚·历·史·文·化·文·库·

上引公开信中提到的西藏与清朝皇帝结下的"供施之缘",从佛教的角度来讲,有一定的道理;但是,西藏地方与清朝的关系不仅如此,公开信中提到的达赖喇嘛转世的"金瓶掣签"制及其亲政由"大皇帝降旨"本身,就已说明了清朝与西藏地方的关系,是中央与地方的政治关系。在信中,十三世达赖喇嘛较为客观地叙述了英国入侵西藏和清末川军入藏,他先后离藏到中国内地和印度的情况。这一点与其在1912年返藏后的政治取向和政策有关。

公开信接着讲到:"水牛年至水猴年(1913—1932年),幸福降临西藏,尊卑人等,安居乐业……但年近58岁,堪负政教之责,仅数年而已,怎能长期胜任,众当知之。"因有此意,故上述贝尔等据此,认为这封公开信是他的"政治遗嘱"。但如果仔细阅读和推敲上述字句,不能得出此为遗嘱的结论,更何况如是遗嘱决不会在公众场所宣讲,且印刷后广为散发。[1]

公开信里最能反映十三世达赖喇嘛政治取向的,是紧接上面所引的一段话:

> 毗邻之印度政府和中国政府,军力强盛,应与之和睦相处。为镇服边围之各小仇敌,加强军队。兵精善战,定可克敌。

在这里,十三世达赖喇嘛表露出自1912年返藏后的政治取向和基本国策,即对邻近的英印政府和中国政府等同相待,因其"军力强盛",应"和睦相处"。试观自民国以来,十三世达赖喇嘛采取的各项政策莫不以此为轴心:他既要求英国(英印政府)支持、帮助其推行以扩军筹饷为主的改革,藉英国之力来对付中国中央政府,又不断通过各种渠道向中国中央政府表示"内向"之意愿,设立西藏驻京办事处等。就是在公开信中,他对早年英军入侵和对清朝的不满,也采取回避的客观语句。这种"两面"的政策,或称之为"骑墙"政策,反映了当时以十三世达赖喇嘛为首的西藏上层集团企图沿着一条既摆脱中国中央政府的控制而又不落入英国殖民统治的中间道路前进。在当时的历史条

---

[1]详见上引汤池安文。

件下,这仅是一种幻想,一条走不通的道路。对于西藏"边圉之小仇敌",则要加强军队,兵精善战,克敌制胜。所谓的"边圉之小仇敌",公开信中并未明言,贝尔以为指"尼泊尔与不丹",刘曼卿注为"此句似指西康、青海、不丹、哲孟雄、尼泊尔等处而言",还有的著作注为"四川、青海、云南等有仇之地"。[1]以上诸说,揆之当时形势,以刘曼卿之理解更为妥切。这也是十三世达赖喇嘛为其扩军筹饷的政策辩护之说。

公开信接着渲染和夸大所谓"赤色主义扩张"的威胁,并举外蒙古独立后,"禁止哲布尊丹巴转世,没收寺院财产,强迫僧侣当兵,毁灭佛教"为例,警示全藏僧侣大众"赤化"之危险,有此危机,故需同心合力,共肩重担。"以上旨意,于昼夜四行,时刻慎思。取舍合宜,至关重要。"

以上即是十三世达赖喇嘛公开信(《告全藏官民书》)的主要内容。令人奇怪的是,在公开信中,达赖喇嘛只字未提及康藏战争事,却在防御"赤化"侵入上大做文章。据有的学者推测,可能是十三世达赖喇嘛坚信汉藏兄弟亲善,"才有意略去康区战事,无需向僧俗大众谈论这一影响兄弟情谊的话题"[2]。抑或是因康藏战争的失败,达赖喇嘛"以维护黄教,防止'赤化'侵入为借口(因当时国民党正在进行'剿共'战争,国际帝国主义者正叫嚣武装干涉苏联——原注),来转移人民的不满情绪,把事变压了下去"[3]。

尽管在公开信中,十三世达赖喇嘛未提及康藏战争之事,但康藏战争的失利,对其本人及西藏之政局影响仍然是很大的。据《第十三世达赖喇嘛年谱》记,"本年(1932年),川藏交战,霍尔廓及聂荣地区的藏军败绩失地。琼然代本与内地官员资旅长谈判,以岗拖渡口处之金沙江为界罢兵。因在交战和谈判中过分退让,达赖喇嘛处罚德格、涅绒、霍[尔]廓地区守军代本琼然巴(khyung-ran-pa)、德门巴(bde-smon-

---

〔1〕见《康区北部社会情况调查》之二(1957年6月成都军区司令部编印),转见上引汤池安文。

〔2〕上引汤池安文。

〔3〕牙含章《达赖喇嘛传》,人民出版社1984年,第306页。

ba）、凯墨（khe-smad）等人,将其贬为普通俗官,并任命人员接替"。[1]
又据刘曼卿《康藏轺征续记》载:"……对于上岁（1932 年）作战官兵分
别赏罚,闻驻康加仑（噶伦）昂丕（阿沛）免职,以穹上（琼让）升任,昂
丕羞惭忧愤,未归藏即病终于昌都。"[2]到 1933 年初,达赖喇嘛又任命
代理噶伦詹通巴·久美坚赞（bkras-mthong-pa-vgyur-med-rgyal-mtshan）
为昌都总管。[3]而"公开信"的颁布,也正反映在西藏地方上层集团
中,意见分歧,各个派别之间的斗争激烈,需要达赖喇嘛亲自出面统一
思想和行动。

11.2 两大活佛系统之间的论争
及中央国民政府的调解

1925 年 2 月,九世班禅额尔德尼自抵达北京后,积极参与国内政
教方面的活动,先后到杭州隐灵寺、南海普陀山、山西五台山等地朝佛
布施。此年 8 月,经当时北京执政府的批准,在北京成立了班禅驻京办
事处,以福佑寺为处址;不久,班禅驻川（成都）、驻青（西宁）办事处相
继成立。班禅还派遣康福安（又译作查色康）赴印,成立班禅驻印办事
处。到 1928 年,南京国民政府成立后,于次年 2 月批准在南京成立班
禅驻京办事处,以奇望街 13 号为处址;[4]办事处发表了"成立宣
言"。[5] 此后,班禅驻京及各地的办事处在支持和帮助国民政府处理
1930 年的藏尼问题及西康"大白纠纷"等问题上,均做了一些工作。

1931 年 5 月初,九世班禅应国民政府的邀请从东北到南京,参加
国民大会,并在大会上作了简短的祝词。5 月 10 日,在南京新亚细亚
学会第三次会员大会上,九世班禅作了题为《西藏是中国的领土》的重

---

〔1〕载《西藏文史资料选辑》第 11 辑,第 180 页。
〔2〕上引《国民政府女密使赴藏纪实》（原名《康藏轺征》）,第 161 页。按,内述"以穹上升
任"不确。
〔3〕上引《西藏文史资料选辑》第 11 辑,第 181 页。
〔4〕《国民政府指令》（1929 年 2 月 28 日）,国民政府蒙藏委员会档案,141/2574。
〔5〕《西藏班禅驻京办公处组织成立函附成立宣言》（1929 年 1 月 24 日）,国民政府蒙藏委员
会档案,141/2574。

要讲演。同年 6 月 12 日,国民政府考试院院长戴传贤鉴于班禅、达赖喇嘛均派代表参加国民大会,"其拥护热忱,洵堪嘉尚",故向国民政府提出:"拟请中央给予达赖以护国普化广慈大师名号,给予班禅以护国宣化广慧大师名号,以示褒荣,而彰诚悃。"[1]后国民政府主席蒋介石批示:"先发表班禅称号,达赖暂缓";文官处处长古应芬签:"笺戴委员请转告蒙藏委员会马委员长(福祥),征询达赖意见,再行发表达赖名号。"[2]这不过是一个托词,实际上可能是当时康藏战争正进行中,故封达赖喇嘛名号一事暂缓。6 月 24 日,国民政府正式下令着加给九世班禅"护国宣化广慧大师"名号,并于 7 月 1 日在国民政府大礼堂举行册授典礼,后又颁玉印一封。到 1933 年 4 月 14 日,经过一番周折之后,国民政府下令"特派班禅额尔德尼西陲宣化使",并颁发委令状,指定青海香日德(又译作"香尔德")为驻锡办公之地。[3]

国民政府给予九世班禅名号及发布为"西陲宣化使",立即引起了十三世达赖喇嘛及噶厦、三大寺的强烈不满。1932 年 5 月 20 日,西藏驻京办事处贡觉仲尼(棍却仲尼)等致书国民政府行政院,并呈译录三大寺及民众大会宣言。在呈请书中,贡觉仲尼等西藏代表称,其"奔走藏事,使命未完,责任所在,终难缄默,用再代表藏人意见",提出五点要求:(1)"查西藏政教两权,完全属于达赖喇嘛,经籍可考,事实有证……今见班禅一至内地遽膺殊典,得抗敌于达赖喇嘛,假使群思效尤,妄生希冀,不特西藏政教将受恶响,而内地应付亦入穷途。此不得不请求中央对于班禅名号、印册及新授职位即予收回成命,以防流弊者一

〔1〕《戴传贤请准授达赖喇嘛班禅名号事致国民政府会议函》(1931 年 6 月 12 日),国民政府档案,1/2648。

〔2〕《戴传贤请准授达赖喇嘛班禅名号事致国民政府会议函》(1931 年 6 月 12 日),国民政府档案,1/2648。

〔3〕《国民政府特派班禅为西陲宣化使致并照准香日德驻锡办公致行政院指令》(1932 年 4 月 14 日)、《国民政府文官处为特派班禅为西陲宣化使致行政院公函》(1932 年 4 月 18 日),见《元以来西藏地方与中央政府关系档案史料汇编》(6),第 2617 - 2618 页。班禅西陲宣化使公署则于 1935 年 2 月 8 日在阿拉善旗正式成立,见《罗桑坚赞报告成立西陲宣化使公署驻京办事处呈文》(1935 年 4 月 4 日),国民政府蒙藏委员会档案,141/2975。又见《班禅为报在阿拉善旗成立宣化使公署事致蒙藏委员会电》(1935 年 2 月 8 日),见《九世班禅内地活动及返藏受阻档案选编》,中国藏学出版社 1992 年,第 109 页。

也。"(2)"查班禅属下之人历年购置军火,其数至多……班禅既无管领地方之权,复无维护治安之责,储此巨量武器,意欲何为?……此不得不请求中央对于班禅购储军火,立予分别没收查禁,并请将班禅未回西藏以前,暂留平京,以遏乱萌而安边圉者二也。"(3)"班禅以一宗教师,并无政治地位,而月俸坐享万元,招待费折银至每月三万元之多……此不得不请求中央对班禅俸银及招待费,速予取销,以息彼辈阴谋者三也。"(4)"……且彼辈多设办公处,所办究竟何公?克实言之,无非为购运军火之机关而已。縻公家之费用既多,贻藏局之隐患尤大。此不得不请求中央对于班禅各地办公处,迅令裁撤,以免凭借为恶者四也。"(5)蒙藏委员会下属藏事处处长及官员为班禅办事处人员,内外勾结,实为西藏之反动分子。"此不得不请求中央对于该藏事处亟为改组,以利策进藏务者五也。"

西藏驻京办事处译呈的《西藏三大寺僧俗官员及民众全体大会宣言书》,首称"自班禅谒见南京当道,谋取西藏政教大权,将以蒙古、青海置于一己权力之下,而于康藏各地创设机关,请求中央予以一切援助。以此种种行为,遂引动西藏三大寺僧俗官员及民众等之愤慨而开全体大会,议决宣言发表于左",内追叙了西藏两个活佛系统的历史及九世班禅之出逃内地,中央国民政府对班禅之种种优待,且云"彼辈并可至各省地方任意活动,是无异对于西藏政治为莫大之破坏也。以上各项,中央政府如不能予以撤销,则中藏两方和好恐根本上无成功之希望矣"。宣言最后说:"藏人全体爱开会议决,宣言如上,所言毫无差谬。特此寄示藏政府所派各代表转达中央及各机关,冀得明确之认识。对于班禅方面之谬行,中央如再不了解,尚拟由全藏民众举派代表向中央请愿,在未撤销班禅诸人名号职位以前,决定一致进行,非达目的不止也。"[1]

6月7日,班禅驻京办公处处长罗桑坚赞呈文国民政府行政院,针

[1]《西藏驻京办事处为陈述班禅种种谬举吁恳解决并译录三大寺及民众大会宣言书致行政院呈》(1932年5月20日),见《元以来西藏地方与中央政府关系档案史料汇编》(6),第2619—2628页。

对上述西藏驻京办事处及三大寺僧俗、民众大会对班禅的指责,陈述藏情并历数达赖罪状。呈文首先引汉藏典籍,驳斥贡觉仲尼等谓班禅无政治权力,是"纯属捏造曲解。此西藏政教情形应行陈明者一也"。

其次,呈文追述有清以来,西藏地方与清朝关系的历史,证明"西藏即为中国版图之一部,而外人谓西藏非中国所有者,均系强词夺理。此中藏隶属关系应行陈明者二也"。

第三,呈文说,"达赖喇嘛秉性骄横,凡事专断,内而排斥班禅,以期操纵前后两藏大权,外而听人离间,希图脱离中国独立……班禅大师既忧藏局之危如垒[累]卵,复概[慨]独木之难支大厦,不得已有民国十二年内地之行。目的所在,无非陈述藏情,请求挽救。此班禅离藏原因应行陈明者三也"。

第四,呈文列举达赖喇嘛"十大罪状":"背叛中央,妄自尊大,其罪一";"始则联俄以拒英,继则亲英而叛华,反复无常,变化莫测,勾结外援,遗[贻]害地方,其罪二";惨杀第穆呼图克图,谋夺大权,"阴贼险恨[狠],侵权害命,其罪三";1914年屠杀亲汉之第穆寺喇嘛五百余人,"违背佛法,惨杀同种,其罪四";滥用酷刑,割鼻刖足,"罪及无辜,其罪五";"吞没民产,以饱私囊,其罪六";"不使汉藏人民互相往来,既无政治作用之商贾贸易,亦均严加阻止,偶有违犯,杀戮随之,违背世界潮流,阻碍中藏交通,其罪七";"媚外求荣,不惜断送国权,其罪八";"横征暴敛,开租税史上未有之奇闻,其罪九";挑起康藏战争,进攻青海,"无端起衅,侵略边省,其罪十"。"此达赖祸藏经过应行陈明者四也"。

呈文接着对西藏驻京办事处进行指责,认为贡觉仲尼等"对于商洽藏事,多方推却,不予进行,专以要挟政府为能事,攻击班禅为目的。磋[蹉]跎岁月,虚縻国帑,中藏交涉,毫无成绩,康藏纠纷随之以起,发纵指使,挑拨播弄。谁为厉阶,贡觉仲尼等实难辞其咎"。呈文又对班禅在内地情况作了叙述,并驳斥上述西藏驻京办事处的各种指责。

最后,呈文说:"所有缕陈各节,暨请明令讨伐达赖,取销其驻京办事处、撤职查办贡觉仲尼等各缘由,是否有当,理合备文呈请钧院鉴核转呈,实为公便。"[1]

国民政府行政院先后接到上述西藏驻京办事处呈文及译转三大寺与民众大会宣言和班禅驻京办公处罗桑坚赞呈文后,先命蒙藏委员会对前者进行"查照办理"。6月11日,蒙藏委员会经一一九次常务会决议后,将意见呈文上报行政院。其意见包括:"一,达赖、班禅宗教上地位;二,政权区分;三,事实表现;四,解释宣化之意义及范围。"[2]同年7月21日,国民政府以蒙藏委员会委员长石青阳的名义分别致电三大寺及僧俗民众大会和达赖喇嘛,以答复上述"三大寺及民众大会宣言"。全文如下:

拉萨。白棒寺(哲蚌寺)、色拉寺、噶丹寺、西藏僧俗官民全体大会鉴:

据西藏代表呈转贵处藏历辛未年七月二十一日宣言已悉。内地官绅信奉喇嘛教者比清代为多,故于达赖大师甚为钦敬,愿诚意合作,恢复昔年之关系,尤愿以全国帮助增进西藏之福利。宣言所说,都可商量,只在达赖有事实表现而已。政府对达赖、班禅无厚簿[薄]之成见,待遇亦循旧例。宣化名义,只关宗教。命驻青海香尔德寺,原是本来驻锡之所,无助彼回藏之意。前年达赖无人在京,故本会任用班禅左右,皆非轻视达赖也。总之,五族一家,中藏情如兄弟,果能诚心亲善,贵处派代表来京,自当欢迎。

致达赖喇嘛电全文:

项致三大寺、僧俗官民大会代电,文曰,据西藏代表云云,欢迎等语,并请查照。政府无助班禅回藏之心,望念五族一家,努力恢复旧日关系,作事实之表现,则一切都易商量了解。本会并拟派员

---

[1]《班禅驻京办事处为陈述西藏政情历数达赖之罪并请讨伐达赖等情事致行政院呈》(1932年6月7日),见《元以来西藏地方与中央政府关系档案史料汇编》(6),第2628—2633页。

[2]《蒙藏委员会关于西藏总代表讦告班禅一案谨具意见致行政院呈》(1932年6月11日),见《元以来西藏地方与中央政府关系档案史料汇编》(6),第2634—2635页。

趋谒,详达力求亲善之意。[1]

显然,国民政府对十三世达赖喇嘛和九世班禅的关系,以及各自的驻京办事处之间的相互指责、攻击,极力进行解释和安抚;强调恢复中藏昔年的关系(中央与地方的关系);对双方提出的过分要求,则不予考虑。这种处理的办法应是合情合理,且符合当时的形势发展的。双方驻京办事处的相互指责和攻击,均有意气用事之处,虽然有损于西藏两大活佛在人们心中的形象和威望,但并不完全代表两大活佛本人的意见和意愿。达赖、班禅两大活佛在西藏的政教地位、对中国中央政府的态度,以及在班禅返藏等现实问题上,均有重大的分歧。这是客观存在的事实。然而,西藏两大活佛通过其驻京办事处,请求中央国民政府解决他们之问题,这件事本身就反映和说明了西藏地方与中国中央政府关系的实质。

11.3　关于九世班禅返藏问题

自九世班禅北上入内地后,从 1926 年开始,据英国档案资料,班禅及其驻印办事处代表康福安(英国档案作 Tsa-Ser-Kang,译作"查色康")[2]并没有放弃通过英国政府支持其返藏的幻想。如 1930 年 6 月,九世班禅通过查色康给新上任的英驻锡金政治专员维尔去函,内称:"……为了保住我们的生命,如果我要返藏,对我来说至关重要的是要带领一支军队,否则西藏某些心怀鬼胎的人可能会向我行凶作恶的。在这种情况下,我请求您为了彼此间的利益,善意地作出安排,借给武器和弹药,帮助我们返回西藏。假使您觉得提供武器不方便,那我就请求借一大笔钱,如果答应了我的请求,在我返藏后将如数奉

---

〔1〕《蒙藏委员会为抄录关于收到宣言书复达赖喇嘛三大寺等电致行政院秘书处公函及附件》(1932 年 7 月 21 日),见《元以来西藏地方与中央政府关系档案史料汇编》(6),第 2640－2641页。

〔2〕参见戈尔斯坦《喇嘛王国的覆灭》中译本,第 256－259 页。

还。"[1]自然,维尔及印度政府是不会向班禅提供武器和贷款的。可是,英国政府又不愿在内地的班禅在中国政府帮助下势力日增,从而影响其在藏的利益。因此,维尔在 1930 年 8 月至 12 月访问拉萨期间,多次与达赖喇嘛商讨班禅的返藏问题,并鼓动达赖喇嘛与班禅和解,邀请班禅返藏。[2]

到 1932 年 10 月 9 日,达赖喇嘛因西藏与康、青战争的失利及英国人的怂恿,主动致函班禅,邀请他返藏,并释放了被关闭在拉萨的班禅亲属。信中写道:"我曾两次致函于您……从一开始我们俩之间亲如父子的关系就一直充满着情和爱……某些良心不好的仆从玩弄阴谋诡计所造成的伤害尽人皆知。但是您自然不会一时冲动想使西藏卷入战乱,西藏是由父子共同管理的。……自从您离开西藏至今将近十年了,而事情仍然是这种情况,我非常担心您的生命可能会遭不测。而且,假如您能返回'卫'地,师徒之间的关系就会像烟与火的关系一样不可分离。我们的先辈的高贵传统也得到维持。因此,请您在这个问题上三思并给我一个答复;以便我能根据情况的变化而行事。水猴年八月十日(1932 年 10 月 9 日)发。"[3]

1933 年 1 月 26 日,班禅复函中说,他未曾收到达赖喇嘛 1926 年给他的信函,但无论如何将派遣两名代表,即安钦仲切(snga-chen-drang-che,又译作"安钦多杰锵")活佛和王乐阶(又作王乐皆,即班禅秘书长罗桑坚赞)到拉萨商讨他返藏的事宜。[4]安钦活佛、王乐阶于同年 6 月 2 日由印度抵拉萨,与西藏民众大会就班禅返藏问题进行了多次协商。截至目前,关于安钦等所提出的班禅返藏条件及协商后民众大会的具体答复不是十分清楚;仅从班禅驻印办事处查色康与英驻锡金专

---

〔1〕L/P&S/12/4174,1930 年 6 月查色康向锡金政治专员提交的备忘录,转见上引戈尔斯坦书,中译本,第 258 页。

〔2〕L/P&S/10/1113,1930 年 9 月 29 日锡金政治专员由拉萨致西姆拉印度政府外交政治部电。

〔3〕L/P&S/12/4174,1932 年 10 月 11 日锡金政治专员致印度政府函附件,转见上引戈尔斯坦书,中译本,第 259 – 260 页。

〔4〕L/P&S/12/4174,1933 年 4 月 12 日锡金政治专员致印度政府函,转见上引戈尔斯坦书,中译本,第 260 页。

员威廉逊(F. Williamson)的谈话中,了解到一些信息。据 1934 年 1 月 8 日威廉逊致印度政府外交大臣第 7(1)－P/34 号函记,班禅的要求和民众大会的答复如下:

(1)九世班禅提出,"札什伦布寺及其所属分寺被没收的所有财产,包括地产和物品应归还给他"。民众大会对此没有提及。

(2)九世班禅提出,"日喀则、白郎及南木等宗应给予班禅,若不行,至少归还日喀则"。民众大会回答,"这些宗不可能给予班禅。另外还要没收其他两处庄园用于偿付军队的维持费用。因为札什伦布应缴纳的费用还未完成。札什伦布可从诸如拉孜、昂仁、彭错林、康巴(Kampa)和达木等一些小宗获得收入,但是这些宗的宗本将由拉萨任命"。

(3)九世班禅提出,在其至内地后,"所没收的札什伦布寺官员及其仆从的所有财产应归还给他们"。民众大会回答,"会将三处房屋归还给某些官员,也将归还一些牲畜。不会再归还其他什么了"。

(4)九世班禅提出,自其离藏后,"强加于藏(后藏)人民的新税收所征收的款项,应偿还给他们"。民众大会回答,"不会退还任何款项。若发生战争,则仍要求札什伦布偿付 1/4 的军费。他们除了两处庄园的收入外,还必须偿付一些费用(以后确定)。上面(1)中提到的(归还地产和财物),如果期望的话,这些款项可以用提供乌拉差役和物资来代替"。

(5)九世班禅提出,"应允许札什伦布官员不受限制地在全藏行动"。民众大会回答,"在班禅返回之前,其官员不会被允许如他们所希望的那样到处活动"。

(6)九世班禅提出,自己"应当拥有一支卫队,该卫队及札什伦布其他军队应完全由班禅本人控制"。民众大会对此未提及。威廉逊认为,这"明显地不会为民众大会和达赖喇嘛所接受"。

(7)九世班禅提出,"未来如有必要,后藏的所有军队应由班禅支付薪饷,并由他控制"。民众大会对此未提及。威廉逊的看法同上。

(8)九世班禅提出,"应确定后藏赋税,并由班禅的官员而不是由拉萨政府的官员来征收"。民众大会未提及。威廉逊的看法同上。

(9)九世班禅提出,"若要签订协议,该协议应该由一外来大国做证人"。民众大会回答,"班禅必须经由海路返回。没有必要由外来大国做证人"。[1]

从上述的情况看,安钦活佛等在拉萨与民众大会的协商是毫无结果的。因为安钦活佛等不能改变或变通班禅的要求和条件;更何况双方的意见相差太远,俱牵涉到班禅的政教地位和后藏等重大问题。安钦活佛一行直到1934年4月才由海路返回中国内地。其间,十三世达赖喇嘛已圆寂,西藏的局势已发生了巨大的变化。

11.4　结语

通过上述1932年至1933年西藏地方所发生的几件大事,可以清楚地看到当时西藏地方政局的几个特点:

(1)自1925年十三世达赖喇嘛粉碎了以擦绒·达桑占东为首的军人集团的"夺权"阴谋之后,西藏地方逐渐转向了中国中央政府,双方关系得到一定的改善。但是,在西藏地方政坛中,仍然存在着亲英的势力和主张改善与中国中央政府关系的大部分僧俗贵族(所谓的"亲华派"),以及以孜本龙厦为首主张改革西藏地方政治制度的部分贵族等三股政治势力。因1930—1933年与康、青战争的失利,这三股政治势力日益活跃,明争暗斗,致使人心浮动,社会局势不稳。因此,十三世达赖喇嘛才亲自出面,发布"公开信"。可是,这不过是暂时稳定了西藏的局势。到1933年底,达赖喇嘛圆寂后,西藏上层争权夺利的斗争就公开爆发。

(2)国民政府从1928年成立后,就力图改善与西藏地方的关系,先后派遣棍却仲尼、刘曼卿、谢国梁等入藏,西藏地方政府也在南京设立驻京办事处。中央国民政府与西藏地方的关系得到进一步改善。

---

[1]L/P&S/12/4181,1934年1月8日锡金政治专员致印度外交大臣第7(1)-P/34号函。按,上引戈尔斯坦书中译本第260-263页也引此函,但多有错讹之处。

1930 年至 1932 年西藏与康、青战争中,西藏、西康、青海三地均要求中央国民政府进行调处,而拒绝英国人的调解。1933 年发生的西藏两大活佛之间的论争,也均请求中央政府进行调处。这应是自 1928 年以来,西藏地方与内地关系进一步改善,事实上承认中央国民政府的主权的体现。这也就是达赖喇嘛圆寂后,中央国民政府先后派遣中央大员黄慕松、吴忠信入藏,设立驻藏办事处的契机。

(3)九世班禅的返藏是当时西藏政局中的重大事件,在 1933 年达赖喇嘛圆寂前已开始进行。西藏两大活佛之间的关系,虽然表面上双方论争激烈,但实际上已有所改善。这也就加速了在十三世达赖喇嘛圆寂后,九世班禅返藏的进程。

(原载于《思想战线》2007 年第 3 期)

12 十三世达赖喇嘛圆寂后
西藏上层集团争夺权力的斗争

1933 年 12 月 17 日（藏历十月三十日），十三世达赖喇嘛圆寂后，由谁来主掌西藏地方的政教大权？原有的西藏各种政治力量又将怎样重新组合？这是西藏地方上层集团在哀悼达赖喇嘛的同时，需要解决的问题，也是牵涉到西藏各种政治集团切身利益的重大问题。按照清朝以来的惯例，在达赖喇嘛圆寂后，至其转世、坐床、亲政之前，这一段时期内，由西藏地方共同推举一名"摄政"（摄政王），经清朝中央政府批准、认可后，执掌西藏地方的政教大权。因此，十三世达赖喇嘛圆寂后，围绕着谁来担任摄政的问题，西藏各种政治集团随即展开了激烈地争夺权力的斗争。

12.1 土丹贡培事件

当时，在西藏地方有可能成为摄政的各种政治势力的代表人物，主要有以下几位：

首先，是时任俗官首领的司伦朗顿·贡嘎旺秋（glang-mdun-kun-dgav-dbang-phyug），其为十三世达赖喇嘛的侄子，1924 年任司伦雪康之助理，1926 年升任司伦，时年 21 岁。[1] 因其年轻，缺乏政治经验，故其追随者不多，人们普遍认为其不能胜任摄政一职。但是，有传言说十三世达赖喇嘛生前曾有意在他圆寂后，以一名僧官为司伦，协助朗顿共同执掌政教大权。

---

〔1〕参见〔意〕毕达克（又译作伯戴克）著，沈卫荣、宋黎明译《西藏的贵族和政府（1728—1959）》，中国藏学出版社 1990 年，第 23 页。

第二个重要的代表人物是龙夏·多吉次杰(lung-shar-ba-rdo-rje-tshe-rgyal),在十三世达赖喇嘛圆寂前几年他是达赖喇嘛的宠臣和心腹之一。龙夏,贵族出身,颇有才智,精明能干,20岁时升任为孜巴(孜康的官员)。1914年,龙夏夫妇曾受达赖喇嘛的委任,带领四名青年到英国留学。在欧洲几年,他深受西方资本主义社会民主政治思想的影响。因此,返藏后,他积极参与达赖喇嘛推行的改革,成为骨干,任孜本(财政官),为民众大会(春都)的主要负责人之一;1921年又担任新成立的"财源调查办事处"两个负责人之一,因而"得罪"了一批僧俗官员。但在1925年以擦绒为首的军人集团夺权阴谋失败后,龙夏更得到达赖喇嘛的宠信,帮助达赖喇嘛处理政教事务,拟写文件,并兼任藏军总司令顾问。虽然在1931年,龙夏因藏尼事件被免去藏军总司令顾问一职,保留孜本职务,但是,仍然得到达赖喇嘛的宠信。[1]

第三个重要的代表人物是擦绒·达桑占东(tsha-rong-zla-bzang-dgra-rdul),在1925年前,他身兼噶伦、藏军总司令等职,权重一时;但在1925年以其为首的亲英军人集团夺权失败后,被免去了藏军总司令一职,其噶伦一职则保留到1929年。此后,他主要从事商业,积聚了大量财富,并兼管札什制造厂。尽管如此,在西藏政坛上,擦绒仍有一定的潜在势力。

第四个重要的代表人物是土丹贡培(thub-bstan-kun-vphel,又称"贡培拉"),在十三世达赖喇嘛圆寂前,他是达赖喇嘛最为宠信的近侍,外号"坚赛·贡培",坚赛是"红人"的意思。由于他在十三世达赖喇嘛圆寂后,首先被推入政治斗争漩涡的中心,故对其作一较为详细的介绍。据1954年土丹贡培还俗后结婚的妻子拉宗卓嘎(lha-vdzoms-sgrol-dkar)的记述,土丹贡培,1905年(藏历木蛇年)出生于西藏尼木宗雪地区一个富裕农民家里,因出世前占卜凶吉,要取一个女孩的名字可消灾,故取名德庆曲珍。1919年(藏历火龙年),噶厦按惯例在山南

〔1〕参见拉鲁·次旺多吉《回忆我的父亲——龙夏·多吉次杰》,载《西藏文史资料选辑》第2辑,1984年,第46-52页。

尼木宗选派聪慧的孩子到拉萨罗布林卡为达赖喇嘛抄写经书、养花种草,称为"尼珠"。年仅 14 岁的德庆曲珍被选为"尼珠",到了达赖喇嘛身边。由于学习书写经书和受各种戒律的束缚,生活单调,管理严厉,因而他曾试图逃跑,被抓回来后,患了病,达赖喇嘛对他很关心,并时常看护他。从此,聪明伶俐的德庆曲珍很得达赖喇嘛的欢心和关照,学业日有进步。1921 年起,他正式成为达赖喇嘛的贴身侍从,入籍札仓"吉"喇嘛,达赖喇嘛为他取名"土丹贡培"。[1]

从此以后,土丹贡培成为达赖喇嘛十分信任、常不离左右的亲信侍从,成为全藏有名的头号实权人物,人们尊称为"古甲"(圣侍)和"坚赛"土丹贡培。他可以打破惯常的礼仪,到噶厦宣布达赖喇嘛的旨意,噶伦们见到他反而诚惶诚恐地奉迎。当时,西藏为达赖喇嘛进口了两辆雪铁龙小卧车,一部即为其专用。20 世纪 20 年代以来,他主持修复东边布达拉宫,建罗布林卡坚赛拉章宫等工程,与擦绒一道组建札什制造厂。[2]特别是在 1930 年康藏战争爆发后,他组建并掌握着一支现代化的实力雄厚的卫队,即一个代本团。此团成员从富庶之家子弟中招募,共 1000 名士兵,供给最好的英式武器和装备(包括军衣及饮食),因营房建造在其负责的札什制造厂附近,故人们称之为"札什代本团"。由从印度学习军事归来的宇妥・札西顿珠(gyu -thog -bkras -shis -dong -rub)、泽仁晋美(tshe -ring -vjigs -med)任代本团的代本和代理代本。[3]札什代本团直接听从土丹贡培的命令,也即达赖喇嘛的命令。这支装备现代化、训练有素的军队,正是土丹贡培势力的强大后盾。

关于土丹贡培的显赫地位和权力,以及与十三世达赖喇嘛的亲密关系,在 1933 年到拉萨的英驻锡金政务官威廉逊的一份报告中曾说:

〔1〕拉宗卓嘎《关于坚赛・土丹贡培》,载《西藏文史资料选辑》第 3 辑,1984 年,第 67 - 80 页。

〔2〕札什(又译作"札齐")制造厂因坐落在拉萨北 3 公里的札什而得名。它是在 1931 年合并以前的造币厂和兵工厂的基础上建立的。

〔3〕见拉鲁・次旺多吉:《拉鲁家族及本人经历》,载《西藏文史资料选辑》第 16 辑,民族出版社 1995 年,第 28 页。拉鲁・次旺多吉曾任札什代本团之教官。

"达赖喇嘛坐在法座上,贡培拉先生在给他侍奉茶水。贡培是一位高挑而英俊的28岁的年轻人,他在西藏无疑是仅次于达赖喇嘛的权势显赫的人物。他虽然没有官阶,但总是随侍在达赖喇嘛左右,并得到达赖喇嘛的宠爱,待他如亲生儿子一样。他对达赖喇嘛产生着巨大的影响……他非常聪明能干,他的本领和才干会使他前途无量。"[1]在中国的档案文献中,也有一些关于土丹贡培的记载,如1931年到拉萨的谭云山在其报告中写道:"在拉萨,时常与达赖之宠臣建舍公批拉('坚赛贡培拉'之异译)谈话,藉以讲解三民主义及驳斥英前政务官查理斯·贝尔所著《西藏过去及现在》一书内关系之点,以破彼仰赖英人之观念。凡所讲者均由公批拉译呈达赖查阅。"[2]又说:"达赖当时见面极为喜悦,除对云山私人恳恳安慰外,并极表示倾向中央之意。而其唯一之爱重人物建设(舍)公批拉更特别殷勤,时来接谈,一日数次。"[3]

正因为如此,当十三世达赖喇嘛圆寂后,据说土丹贡培把达赖喇嘛住所的钥匙交给噶厦官员,表示辞去政治部门职务,去当喇嘛。然而,司伦朗顿等没有同意接收,相反却叫他不要离职,并把达赖喇嘛灵塔的修建任务交给了他。[4]其中原因,可能是考虑到他侍奉达赖喇嘛的功劳和手中还掌握着札什代本团的兵权。此后几周,土丹贡培就像往常一样参加各种政教活动,对于以后将要发生的事变则毫无准备和防范。

12月21日(藏历十一月四日),瞻仰达赖喇嘛遗体仪式结束后,西藏立即召开了扩大民众大会,首先由司伦朗顿汇报了达赖喇嘛圆寂后的情况及采取的措施,随后就任命摄政的问题进行了讨论。对此,会上意见分歧,争论激烈。四品官噶雪巴·曲吉尼玛(ka-shod-pa-chos-kyi-

〔1〕IOR, L/P&S/12/4175,1934年1月6日驻锡金政治专员威廉逊致印度政府函,转见上引戈尔斯坦书汉译本,第100页。

〔2〕《国民政府外交部关于谭云山报告咨蒙藏委员会函》(1931年4月13日),国民政府蒙藏委员会档案,141/2525。

〔3〕《国民政府文官处抄送谭云山报告给行政院函及附件》(1931年7月16日),国民政府行政院档案,2/2512。

〔4〕索康手稿,转见上引戈尔斯坦书,汉译本,第114页。

nyi-ma)发言:"原达赖喇嘛的心腹人(指土丹贡培)是现成的助理,我们拥护,不用再选别人。"[1]以江洛金·索朗杰布(leang-lo-can-bsod-nams-rgyal-pa)为首的俗官则提出:摄政不一定由活佛出任,如今司伦朗顿还在位,最好还是从僧俗官员中选拔两名精明的司伦助理佐政。索朗杰布还说:"活佛就是活佛,深居庙宇,不懂政治,如再配两个所谓'管家'的老僧,什么事都不会办理,只会吸一斗鼻烟,滥使淫威。"[2]而三大寺的僧官们都一致坚持应推举一名活佛出任摄政。以上三种意见,争论不休,卒无结果。因此,从最初民众扩大会议讨论的情况看,土丹贡培凭借其威望及与达赖喇嘛的关系,还有掌握札什代本团的兵权,是很有可能掌握权力或参与执政的。然而,土丹贡培并没有充分利用自己的优势进行活动,而只是继续日常的工作和准备修建达赖喇嘛灵塔。这是出于自信,犹豫不决,或是缺乏政治斗争经验?可能兼而有之。

几天之后,形势急转直下。据美国学者戈尔斯坦(M. Goldstein)对旅居印度的西藏俗官阿伦的访问记载,当时土丹贡培的头号政敌龙夏·多吉次杰为了剪除政敌土丹贡培的势力,躲在幕后,十分巧妙地联合三大寺一批关键人物,如色拉寺麦札仓的德格加(te-ge-lcag)、强门德巴,哲蚌寺郭莽札仓的索德巴·官却(sog-sde-pa-dkcon-mchog),以及有势力的僧官丹巴降央(bstan-pa-yjanm-dbyangs)和一批僧俗官员,煽动三大寺主持及代表向噶厦呈交了一份旨在调查达赖喇嘛死因,尽快召开民众大会及增加寺院代表参加民众大会的决议书。司伦朗顿很快批准了他们的要求。[3]

1934 年 1 月底,西藏召开了民众扩大会,开始追查达赖喇嘛圆寂前的情况。大会先后传讯了仲译钦莫、基巧堪布等与政治无关的近侍,然后传讯土丹贡培。据说,当时土丹贡培不躬身脱帽,进行辩解,说最

〔1〕拉乌达热·土丹旦达遗作《西藏地方政府要政见闻》,载《西藏文史资料选辑》第 12 辑,民族出版社 1990 年,第 3－4 页。

〔2〕拉鲁·次旺多吉《拉鲁家族及本人经历》,载《西藏文史资料选辑》第 16 辑,第 31－32 页。按,上引拉乌达热·土丹旦达文说:索朗杰布发言支持土丹贡培做司伦助理,恐不确。

〔3〕见上引戈尔斯坦书,汉译本,第 117－118 页。

初达赖喇嘛患病,以为是一般常见的感冒,以后又好了一些。到十月二十四日(公历 12 月 12 日),达赖喇嘛从下密院谒见后,病情加重,他本要通知噶厦,但达赖喇嘛执意不允,说恐怕噶厦得知他的病情会惊动全体僧俗官员,反而加重病情。[1]而当司伦、噶厦成员及甘丹寺卸任赤巴来到达赖喇嘛寝宫时,达赖喇嘛从窗口看到他们,指示他,"不要让穿黄缎子的那些人进来,把他们送走"。因此,他未让噶厦成员等进入寝宫。[2]随后,大会即叫土丹贡培回家。

第二天民众大会召开时,正值拉萨札什代本团发生了兵变。札什代本团招收的是富裕家庭的子弟,其中下层军官和士兵中,早就弥漫着厌倦军营刻板、艰苦生活的气氛。据说,在土丹贡培组建此卫队时,富有军事经验的原藏军总司令擦绒就说过:"贡培的招兵办法欠妥。因为来自大户人家的子弟实难齐心,也缺乏自我牺牲精神。如果让穷人子弟当兵,他们能接受严格的训练,不仅心齐,而且勇于作战。"[3]因此,在达赖喇嘛圆寂后,札什代本团纪律松弛,相互串联。据曾任此代本团代理代本的泽仁说,龙夏这时派遣一名俗官噶强登巴,劝说代本团中层军官的关键人物,要他们煽动士兵逃跑,并暗示这一行动有重要人物的支持。因此,在星期六放假之后,一部分中下级军官和士兵集合起来,举行游行请愿,要求允许他们回家,终身不再服兵役。请愿的军人带着炊具和日用品,赶到噶厦开会的地点罗布林卡,并递交了请愿书。噶厦没有通知民众大会,在富有政治经验的噶伦赤门·诺布旺杰(khri-smon-nor-bu-dbang-rgyal)的主持下,调遣仲札军团的军官和侍卫代本团的 250 名士兵保卫札什制造厂,并在四周架上机枪,控制札什代本团营房,又下令不准请愿的札什代本团军人返回营房。过了几天,噶厦下令让札什代本团 1000 人中的 750 人回家,其余 250 人则仍留军团服务,由泽仁继续统领。[4]这样,土丹贡培一手组建之札什代

---

〔1〕参见拉宗卓嘎《关于坚赛·土丹贡培》,载《西藏文史资料选辑》第 3 辑。

〔2〕拉乌达热·土丹旦达《西藏地方政府要政见闻》,载《西藏文史资料选辑》第 12 辑,第 5 页。

〔3〕拉鲁·次旺多吉《拉鲁家族及本人经历》,载《西藏文史资料选辑》第 16 辑,第 32 页。

〔4〕见上引戈尔斯坦书,汉译本,第 119－122 页。

本团瓦解;失去了军事后盾的土丹贡培的命运发生了巨大的变化。

在接着召开的民众扩大会议上,土丹贡培被押解到会场,大会命他跪着回答问题。会上,先提问达赖喇嘛的保健医生强巴给达赖喇嘛治病的情况。强巴回答说,最初是他敬的药,在达赖喇嘛圆寂前一天,"乃琼却吉(大护法神的降神师)来到后,近侍贡培将他请到寝室……可一走到大师跟前就降起神来。大声说出'降赐预言'——拿羌臾包乌十四味来(羌臾包乌十四味是治感冒的一种藏药)……听到此话后,[我]不禁双膝跪在门外,大声恳请说,请不要用羌臾包乌十四味,此药太危险啦。但降神师以'降赐预言'之意让贡培去问降神师的佣人是否带着此药,近侍贡培即刻出来问降神师的佣人。那佣人就掏出个药袋交给了他,他进去把药袋交给降神师,降神师随即从袋中取出药,和近侍贡培二人一起给大师敬了药。大师服过药后,病情恶化,随之圆寂了。这事与鄙人无关"。会议立刻传讯降神师,他却说什么神附体后,"我什么也记不起"。[1] 于是,与会者的矛头对准了土丹贡培,认为他有意隐瞒达赖大师病情,并给服用了邪药,决定逮捕土丹贡培,把他投入拉萨夏钦角狱中,听候判决。同时,其父札西也随之被监禁起来。

最后,民众扩大会议判决,将土丹贡培流放到工布则岗宗(在今西藏林芝境内),并将其及亲属的特权和财产全部没收,包括他在罗布林卡的"颇章莎巴"(新宫)、堆尼的如刃卡等处的财产、尼木故居雅嘎家中的财产,以及尼木"杰吉寺"嫡亲喇嘛家、"卡热"尼姑寺嫡亲尼姑家、拉萨亲戚尼尔穷·阿旺(nyi-chung-ngag-dbang)家的财产。其父札西则发配回尼木仍为农奴。医生强巴也被判处流放到加查宗(今西藏山南加查县);乃琼护法神汉则被监禁在哲蚌寺南色林札仓。藏历十二月二十九日是西藏驱鬼节,是个不吉祥的日子,被押送流放的土丹贡培经过拉萨八角街时,正遇上其父札西从另一个方向被押解出拉萨,父子相遇而不能相互言语。[2]事实上,即便是当时,土丹贡培的遭遇

---

〔1〕拉鲁·次旺多吉《拉鲁家族及本人经历》,载《西藏文史资料选辑》第16辑,第30页。

〔2〕见上引拉宗卓嘎《关于坚赛·土丹贡培》,载《西藏文史资料选辑》第3辑。

仍然得到了部分僧俗官民的同情和惋惜。[1]

12.2　邦达昌事件

十三世达赖喇嘛圆寂后,西藏政治舞台上争夺权力斗争的第一个回合,以土丹贡培的流放而暂告结束。但是,在其流放一个月后,事件的余波又掀起了浪潮。这就是与土丹贡培关系密切的邦达昌家族反叛西藏地方政府的事件。

邦达昌家族是藏东芒康地区有权势的富商,其家族曾在 1911 年十三世达赖喇嘛逃亡印度期间,资助和支持过达赖喇嘛,成为其亲信之一。1929 年,达赖喇嘛遂将西藏羊毛出口交与邦达昌家族专营,因此,邦达昌家族颇有权势,且与噶厦政府在经济上有千丝万缕的关系。当时,邦达昌家族族长尼玛已亡,其同父异母弟邦达多吉(spom-mdav-stobs-rgyas)任职于藏东,为察雅、芒康两宗基巧(总管),已拥有当地藏军千余名。[2] 而邦达昌家族素与土丹贡培关系密切,因此,当土丹贡培被流放,财产被没收后,多吉十分气愤。不仅如此,还有消息传到藏东,在拉萨主持商务的多吉兄长邦达养壁(spom-mdav-yar-vphel)也有被逮捕的危险。

在这种情况下,邦达多吉遂利用噶厦及驻康藏军歧视、盘剥康区藏人而使后者产生的不满情绪,掀起了一场武装反叛噶厦的斗争,以迫使有为数众多康区喇嘛的三大寺向噶厦施加压力,达到其斗争的合法化和要求。[3] 因此,在 1934 年 2 月,多吉率领自己的军队向昌都藏军的一个代本军营发动了进攻。当晚,多吉攻占代本军部,打死几名士兵,将上盐井首领土登桑颇(thub-bstan-bsam-pho)(札托拉堪穷)监禁起来。该代本诺朗(nor-nang)因赴昌都参加达赖喇嘛致祭活动而免做

---

〔1〕关于土丹贡培以后的情况,容后再叙。

〔2〕仲麦·格桑扎西《爱国人士嘎然喇嘛和邦达多吉与原西藏地方政府的摩擦始末》,载《西藏文史资料选辑》第 18 辑,民族出版社 1995 年,第 27 - 28 页。

〔3〕见上引仲麦·格桑扎西《爱国人士嘎然喇嘛和邦达多吉与原西藏地方政府的摩擦始末》,载《西藏文史资料选辑》第 18 辑,第 27 - 29 页。

俘虏,但该代本军营的所有武器(包括3门山炮和500~700支步枪)及诺朗私人财产全为多吉所夺取。[1]多吉在藏东大造舆论,利用传单及口头宣传的方式,力图煽动康区藏人起来支持他。传单的内容大致如下:

> 达赖喇嘛尸骨未寒就马上惩罚土登(丹)贡培,这是非常残酷的行为。贡培曾尽心尽力竭诚地侍奉达赖喇嘛,达赖喇嘛也很信任他。这样一位世人皆知的楷模却受到了卫藏政府不公正的对待,他们不仅使贡培受到侮辱,而且还监禁他,流放他。这表明,卫藏政府是何等的不公正。当卫藏的官员们来到康区时,他们以轻蔑和鄙视的态度对待康巴人,并挖苦讽刺地说:"康巴人的耳朵是长在驴头上的",即是说他们只配受体罚。因此,我们不能对这样一个政府抱任何希望,我们请求并呼吁全体康巴人团结起来,共同来治理自己的家园。[2]

可是,康区藏人并没有起来响应邦达多吉的号召。而噶厦派驻的昌都总管哲通(bkras-mthong)于1934年3月向拉萨噶厦通报了邦达多吉的反叛,并命令两个代本率藏军向多吉进攻。多吉在寡不敌众的情况下,携带其战利品退至西康巴塘地区。又据黄慕松《使藏纪程》所记,其在拉萨时,9月4日(1934年)晚,邦达昌次子(邦达养壁)来访,云其四弟刀嘉(多吉)原为如本,统民军约千人,"其上并无代本,曾由藏政府发枪三百余支"。后缴获龙拿代本(诺朗代本),"得枪三百余支,大炮三尊,弹千发",而逃至巴塘,携去之武器约有"枪三百余支,弹八万发,大炮三尊,弹百余发"。[3]

与此同时,在拉萨,噶厦下令逮捕邦达多吉的哥哥邦达养壁及没

---

〔1〕IOR,L/P&S/12/4178,1934年7月14日锡金政治专员致印度外交部函内附诺布顿珠报告;桑颇(四品官)访问记。均转见上引戈尔斯坦书,汉译本,第126页。

〔2〕桑颇访问记,转见上引戈尔斯坦书,汉译本,第127页。

〔3〕黄慕松《使藏纪程》,西藏社会科学院编印。《使藏纪程拉萨见闻记西藏纪要:三种合刊》,全国图书馆文献缩微复制中心,1991年,第277-278页;参见上引仲麦·格桑扎西《爱国人士嘎然喇嘛和邦达多吉与原西藏地方政府的摩擦始末》,载《西藏文史资料选辑》第18辑,第23-35页。

收其财产;又致函英印政府驻锡金政务官威廉逊,请求印度政府冻结邦达昌家族在印度的财产。威廉逊派遣诺布顿珠去拉萨,口头回答噶厦:以这种方式冻结邦达昌财产存在着法律上的困难。唯一的补救办法是指派一名适当的全权代表,带着充分的证据,向英印法庭提起民事诉讼,指控邦达昌。[1]

在拉萨,当噶厦所遣官员、士兵查抄邦达养壁住宅时,养壁武装仆从,准备冲出去,但最终还是为藏军所包围,困在住宅内。此时,邦达昌家族的密友们,如西藏最著名的活佛之一帕邦卡的强佐(管家)、郭向巴(gos-sham-pa,政府官员)、察珠昌(tsha-sprul-tshang)等,秘密串联政府官员、商人和寺院要人,向噶厦说情。帕邦卡强佐和郭向巴还向噶厦中掌握权力的赤门噶伦行贿 100 秤藏银(1 秤 50 两),求他关照。[2]随后,帕邦卡强佐等劝说帕邦卡活佛(pha-bong-kha-sprur-sku)及甘丹寺代表赤素(khri-zur)活佛亲自出马,到噶厦为邦达昌请愿、说情,这应是极不寻常的事。帕邦卡活佛等说,应该给多吉以处罚,但是在拉萨的其他邦达昌家族成员并不知此事,与他们无关。邦达昌家族曾虔诚地侍奉达赖喇嘛,对噶厦一直是忠心耿耿。最重要的是,如果查封邦达昌在拉萨的所有财产,那么,他们在获得羊毛出口专营中所欠噶厦的款项及在印度的大量资金均难收回。帕邦卡活佛还担保,邦达养壁会交出在拉萨的武器,并派代表到康区多吉处追回他们夺取的军火等。最后,噶厦和民众大会几经周折,出于噶厦自身经济利益的考虑,在帕邦卡活佛等的劝说及贿赂之下,决定不对邦达昌家族进行惩罚,并把专属其家属的财产交还给他们。在噶厦致英驻锡金政务官的信函中,有关于处理邦达昌事件经过的叙述,内记:

> 这里刚一采取逮捕邦达昌家族的措施,各个寺院及各行各业的商人的首领便在原甘丹寺的第(Ti)活佛的率领下,一道[在西

〔1〕IOR,L/P&S/12/4182,1934 年 4 月 4 日锡金政治专员致印度政府函,转见上引戈尔斯坦书,汉译本,第 127-128 页及 128 页注①。

〔2〕旅居印度的原帕邦卡拉章管家赤来达杰访问记,转见上引戈尔斯坦书,汉译本,第 129-131 页。

藏政府所在地]等候了数天,代表邦达昌家向噶厦请愿。他们说,他们能够使噶厦政府确信,邦达昌家并没有卷入任何一起反叛事件,并补充说,他们将立刻委派邦达昌家族的成员到康区去劝告他们的同胞兄弟们不要采取这种忘恩负义的行动。鉴于这种提议和说明,邦达昌家暂时免受惩罚。但是,我们还是派代表去实施这一协议,借此,他们有责任使邦达昌把其所拥有的一大笔账目移交噶厦政府,同时,把属于邦达昌的所有财物交给他们。目前不打算对其在噶伦堡的代理人采取敌对行动。[1]

在邦达昌事件发生后,噶厦曾于 6 月 27 日通过西藏驻京办事处向国民政府蒙藏委员会转呈一电报,要求转饬边防军协助藏方追还在逃者(邦达多吉)及所携军火、马匹。[2] 7 月 4 日,蒙藏委员会复电西藏驻京办事处,说"此案前已电请刘总指挥(刘文辉)就近办理,尚未接复。至拉萨方面最近处理邦达昌情况,并望该代表等查明呈报"[3]。至 7 月 19 日,蒙藏委员会分别致电噶厦、知照西藏驻京办事处,转去刘文辉函复处理邦达昌案办法要点:因西康久事兵戎,徒苦民众,议定将各地民军(包括邦达多吉军队)暂时解散,各归田里,仅于每地方挑选精干者二百名,连同枪械,调至巴安(巴塘),包括新式大炮三尊一并运至。[4]

邦达昌事件是达赖喇嘛圆寂后,西藏地方上层集团争夺权力斗争第一个回合之余波,噶厦地方政府主要考虑到处罚邦达昌家族会损害地方政府的经济利益,因而采取了宽大处理,使事件不了了之。之所以如此,还因为噶厦政府已逐渐面临着来自以龙夏为首的改革派夺权的威胁。

---

〔1〕IOR,L/P&S/12/4182,1934 年 4 月 4 日噶厦致锡金政治专员函,转见上引戈尔斯坦书,汉译本,第 131 页。

〔2〕《西藏办事处为奉噶厦谕请转饬边防军协助藏方追还在逃者及所携军火与马匹等致蒙藏委员会代电》,国民政府蒙藏委员会档案,141/3811。

〔3〕《蒙藏委员会为饬查报最近处置邦达昌情形致西藏办事处快邮代电》(1934 年 7 月 4 日),国民政府蒙藏委员会档案,141/3811。

〔4〕《蒙藏委员会为刘文辉函复邦达昌一案处理要点并令即电噶厦知照致西藏驻京办事处快邮代电》(1934 年 7 月 19 日),国民政府蒙藏委员会档案,141/3811。

12.3 龙夏的改革及失败

在十三世达赖喇嘛圆寂后,龙夏就积极地推行自己的改革活动,为此,他一步一步地将政敌土丹贡培赶下了西藏的政治舞台。接着,他继续争取支持其改革的西藏僧俗官员。1934 年初,龙夏认为时机已到,经常与有势力的僧官丹巴降央密谋,商议如何推行西藏地方改革的事宜。[1]在当时西藏地方的政治环境下,龙夏及其追随者的改革,正如一位西方学者所说,"是把他的现代化和改革的见解隐藏在传统的价值观念中进行的"[2]。因而,其改革极其隐秘,且采取和平渐进的方式。改革最后的目的,则是使西藏采取像英国那样的政治制度,"因为英国上有女王,下有办理具体事务的大臣,实行社会选举制度","即达赖喇嘛和摄政王的地位和待遇依旧不变,而且还可给予至高无上之荣誉,全民予以拥戴。主要对噶厦进行改革,以投票方式选举产生各部大臣,任期为四年。满四年另进行选举。选举应公正投票"。因此,龙夏改革的目标,实际上是效法西方资产阶级"君主立宪"的民主政治制度。据说,丹巴降央还曾将此改革意见向摄政热振活佛汇报过。[3]

为推行改革和保证计划的成功,首先必须争取大多数僧俗官员的支持,为此,龙夏和丹巴降央密谋起草了一份盟约,以在把西藏政治事务搞好的名义下,顺利完成修建达赖喇嘛灵塔及寻访灵童等大事,盟誓加入一个名为"吉求贡东"(shyid-phyogs-kun-mthum,意为"求幸福者同盟")的组织。盟约分别写成两种不同的抄本,由龙夏负责争取俗官签名,首先签名的是龙夏本人和他的两个儿子恰巴·旺钦玉拉(cha-pa-dbang-cheng-yu-lha)、拉鲁·次旺多吉(lha-klu-tshe-dbang-rdo-rje)(两人为同父异母兄弟),以及龙夏的挚友,以后签名者达二十余人。

〔1〕拉鲁·次旺多吉《拉鲁家族及本人经历》,载《西藏文史资料选辑》第 16 辑,第 35 页。
〔2〕上引戈尔斯坦书,汉译本,第 136 页。
〔3〕拉鲁·次旺多吉《拉鲁家族及本人经历》,载《西藏文史资料选辑》第 16 辑,第 35 页。

负责争取僧官签名的是丹巴降央,可是,他本人并不出面,而是委托管理经书的僧官公秋·土丹格登(dkong-mchog-thub-bstan-dge-ldan)出面进行。[1]拉乌达热·土丹旦达(lha-vu-rta-ra-thub-bstan-bstan-dar)回忆说,按惯例僧俗官员每天要到布达拉宫朝会,公秋就利用这个机会,在官员中散布"将要出现经塔无顶之灾"的预言,以及"现在若不着手修建十三世达赖喇嘛灵塔,恐怕会引起意外事故"等,煽动官员们应为此效劳。每当朝会后,公秋就拉拢僧官,三三两两地到他家里,劝说他们在盟约上签字。土丹旦达就是在这种情况下,在盟约上签了字。据他讲,在盟约上签字的僧官已有八十多名。[2]即是说,大约有一百多名僧俗官员签名,加入了"吉求贡东"组织;但其中除一两名高级官员外,均是中下级僧俗官员。

大约在1934年3月中旬,在公秋宅内举行了在盟约上签了字的僧俗官员全体会议。会上意见分歧,有的僧官提出噶伦中应增加一名僧人,有的人指责噶伦赤门办事不公正,而又有支持和保持中立的意见。据土丹旦达的回忆,会上"无形中形成了三派,即追随公秋者(主张改革者)有十五名,反对者有四十多名,中立者有三十多名。三派之间依然各持己见,意见不能统一"。过了几日,在上述人员参加的会议上,僧官公秋宣称,昨晚请示了大僧官丹巴降央后,同意将拟定的请愿书呈报上去,并当场宣读了请愿书,指定了呈送请愿书的僧俗官员。据拉乌达热·土丹旦达的回忆,请愿书的要点是:一,请准予修建灵塔;二,尽快寻访十三世达赖喇嘛转世灵童;三,保全政教宏业万古长青;以及噶伦赤门许多不公道的事实。[3]而据拉鲁·次旺多吉的回忆,请愿书主要内容是:"一,西藏政府需要进行一些变革,以改善政府的职能和工作效率;二,噶厦的所作所为不能令人满意,尤其令人不满的是,赤门噶伦任人唯亲,并且不能主持公道(拉鲁·次旺多吉不能断定是否提

---

〔1〕拉鲁·次旺多吉《拉鲁家族及本人经历》,载《西藏文史资料选辑》第16辑,第35-36页。

〔2〕拉乌达热·土丹旦达《我参与"龙夏事件"的经过》,载《西藏文史资料选辑》第3辑,1984年,第31页。

〔3〕上引拉乌达热·土丹旦达《我参与"龙夏事件"的经过》,第32-33页。

到了赤门的名字,对请愿文书是否只提到噶伦也没有把握)。"[1]龙夏及少数几位决策者议定,于 5 月 10 日将请愿书呈送噶厦。而作为呈递请愿书的代表之一的拉乌达热·土丹旦达于当晚向赤门噶伦之子恰佐·旺堆晋美(phyag-mdzod-dbang-vdus-vjigs-med)告密,恰佐说:"此事仁细嘎(噶)雪巴已经来报告过了。"[2]

原来,噶雪巴·曲吉尼玛系龙夏密友,原在孜康共事,且得到龙夏的扶植和提拔。然而,为了自身的利益,他转身投靠赤门噶伦,于 5 月 10 日向赤门告密,不仅全盘托出"吉求贡东"组织的计划和内幕,而且还说龙夏的改革计划中要暗杀赤门噶伦。这样,赤门噶伦立即率领仆从和康巴卫兵向司伦朗顿、摄政热振活佛汇报龙夏的计划,随后匆匆赶到哲蚌寺,请求庇护和支持。司伦朗顿及噶厦也立即采取行动,令军队处于戒备状态,并采用"诱捕"的方式,以防止龙夏及其追随者的武装反抗。10 日下午,司伦朗顿派人叫龙夏到布达拉宫参加"仲孜杰"(drung-rtsis-brgyad)的一个重要会议。龙夏没有想到自己会被逮捕,当他到达布达拉宫侍卫室时,即被宣布免职逮捕。据拉鲁·次旺多吉等的回忆,当时龙夏跑出办公室,想从仆从手中拿到手枪,但是很快即为卫兵所捕获,立刻被押解到曾经监禁过他的政敌土丹贡培的夏钦角监狱地牢中。[3]据说,在脱去龙夏官服及靴子时,从他的靴子中发现一纸,龙夏抓去吞食,在另一只靴子里发现了另一纸,上写有制伏赤门噶伦的咒语。[4]

5 月 11 日,龙夏的追随者们决定用武力将龙夏救出监狱,由于参与此事的龙夏的两个儿子被拉鲁夫人(龙夏未结婚的妻子)劝止,最后劫狱计划落空。接着,噶厦逮捕了"吉求贡东"组织的重要成员,包括龙夏的两个儿子、江洛金·索朗杰布、公秋·土丹格登、祭品官孜仲喀绕曲培(dgav-rab-chos-vphel)等,甚至告密者嘎雪巴·曲吉尼玛也一同

---

〔1〕拉鲁·次旺多吉访问记,转见上引戈尔斯坦书,汉译本,第 141 页。

〔2〕上引拉乌达热·土丹旦达《我参与"龙夏事件"的经过》,第 34 页。

〔3〕上引拉鲁·次旺多吉《回忆我的父亲——龙夏·多吉次杰》一文,第 50 页。

〔4〕拉乌达热·土丹旦达《西藏地方政府要政见闻》,载《西藏文史资料选辑》第 12 辑,民族出版社 1990 年,第 9 页。

被逮捕,均投入夏钦角监狱之中。不久,噶厦成立了专门调查审判龙夏的委员会,由俗官藏军总司令朗噶娃·旺秋达钦(snang-dkar-ba-dbang-phyug-dva-ching)、俗官鲁康娃·泽旺饶登(klu-khang-ba-tshe-dbang-rab-brtan)、僧官堪仲钦饶旺秋(mkhyen-rab-dbang-phyug)和丹巴降央四人组成。其中鲁康娃和钦饶旺秋是亲赤门噶伦的,朗噶娃持中立态度。而丹巴降央原为龙夏改革的支持和策划者,只不过在整个事件过程中,他没有出头露面。正如拉乌达热·土丹旦达回忆中所怀疑的,"这次他却成了审讯组的成员,其中必有阴谋"。[1]事实上,丹巴降央见事件发展至此,也就随赤门噶伦之意,反过来参加审判龙夏。

在调查审讯龙夏的过程中,告密者噶雪巴的"供词",包括他提出的所谓"暗杀赤门"的秘密内部文件,得到了委员会的认可;相反,龙夏的申辩和辩解,委员会则置之不理,根本不相信。结果是可以想见的,委员会最后判定,龙夏犯有纠合一百多名僧俗官员,阴谋杀害一名噶伦,推翻噶厦,实行布尔什维克制度,并用符咒害人等罪行。[2]其中,强加于龙夏的所谓"推行布尔什维克制度",显然是从上述1933年十三世达赖喇嘛公开信中引释而来的,事实并非如此。龙夏只不过是企图仿照西方的资本主义君主立宪制,改革西藏的封建的政教合一制罢了。调查审判委员会最后判决:对龙夏处以挖去双眼的酷刑,没收其财产;他的两个儿子恰巴·旺钦玉拉和拉鲁·次旺多吉各砍去手一只,后在帕邦卡活佛等的求情下,才免去了砍手之酷刑,但宣布他们及其后代永远不得在政府中任职。恰巴·旺钦玉拉本已入赘于厦札家族,但仍被流放到工布;拉鲁·次旺多吉则返回拉鲁家,直到1936年,次旺多吉在具结否认为龙夏亲生子的前提下,才再次被允许在政府中任职。[3]

---

〔1〕参见上引拉乌达热·土丹旦达《西藏地方政府要政见闻》一文,第9页;拉鲁·次旺多吉《回忆我的父亲——龙夏·多吉次杰》文等。

〔2〕参见上引拉鲁·次旺多吉《回忆我的父亲——龙夏·多吉次杰》一文;拉乌拉热·土丹旦达《我参与"龙夏事件"的经过》一文等。

〔3〕拉鲁·次旺多吉《拉鲁家族及本人经历》,载《西藏文史资料选辑》第16辑,第40-48页。

以上判决很快得到噶厦的批准,摄政热振活佛以签署这种酷刑违反"比丘戒律",而未签字,最后由司伦朗顿签字,批准执行。[1]1934年5月20日,噶厦执行了对龙夏挖去双眼的酷刑。当时,在拉萨街头出现了一首关于龙夏事件的街谣:

> 号称自己是雄鸡,赤门来到格培乌哲。
>
> 东方破晓天发白,全赖赤门出大力。
>
> 都说龙夏是喇嘛,念经祈祷不停顿。
>
> 都说他是直美衮登,把自己的眼珠布施给敌人。[2]

龙夏组织的"吉求贡东"中的几个核心成员,如江洛金·索朗杰布、公秋·土丹格登、祭品官喀绕曲培以及俗官嘉康朗巴、米日娃、札吞巴等分别被处以流放。告密者噶雪巴·曲吉尼玛很快被释放,恢复了职位,后又升迁。其余在盟约上签字的官员,则宽大处理,按级别处以罚金:堪穷级各罚四两黄金,孜仲、雪仲、来村巴级各罚二两黄金,普通官员各罚一两黄金。[3]在龙夏事件中免受处罚的只有寺院方面的参与者。[4]

至此,在西藏近代史上引人注目的龙夏改革以失败而告终。这可以说是十三世达赖喇嘛圆寂后,西藏上层集团争夺权力斗争的第二个回合。但是,从上述史实来看,龙夏改革是一次企图从政治上改革西藏地方原有的封建政教合一的体制,代之以类似西方君主立宪制的运动;其改革的方式则是联络西藏地方政府的中小僧俗官员,建立改革组织,以和平请愿形式进行。这一改革与以擦绒为首的亲英军人集团夺权事件的性质不同。擦绒等是企图借用英国的力量夺取权力,其结果必将使西藏成为英国之附庸;而龙夏及其改革并不依靠英国,他也

---

〔1〕上引拉鲁·次旺多吉《回忆我的父亲——龙夏·多吉次杰》,第51页。

〔2〕见上引戈尔斯坦书,汉译本,第154-155页。内"直美衮登",是《佛本生故事》中的人物,好施财产与人,最后将自己的眼珠也施舍出去,以求佛法之真谛。

〔3〕上引乌达热·土丹旦达《西藏地方政府要政见闻》,《西藏文史资料选辑》第12辑,第9页。

〔4〕IOR,L/P&S/12/4178,1934年7月锡金政治专员致印度政府外交备忘录;转见上引戈尔斯坦书,汉译本,第155页。

并不亲英。可是,在中国的有关档案文献中,往往把龙夏列入西藏亲英派的首领之中。如1934年入藏致祭、册封十三世达赖喇嘛的黄慕松,在其报告中,将龙夏列为亲英派首领之一,说他"为反对班禅、反汉最力之人……故结党徒僧俗官员百余员,拟于中央大员未到藏前,谋杀热振、司伦、泽墨(赤门)噶伦,自为藏王,改变旧制,创立国会,求英保护,拒绝中央大员入藏"[1]。又孔庆宗撰《黄慕松入藏纪实》一文,也有同样的论述。[2]因为当西藏噶厦同意国民政府派遣黄慕松入藏致祭之后,是龙夏首先于1933年12月29日秘密写信通知英驻锡金政务官,并说:"英国政府应当关注此事。这是以我私人名义写给你的。"[3]因此,当时中国文献记龙夏为"亲英派"也是事出有因。

因此看来,龙夏及其改革既不依靠英国的支持和帮助,也排斥中国中央政府,走的是一条中间的道路。在当时的历史条件下,这只是幻想的一条走不通的道路,其失败的命运也就可想而知了。只是到了1940年中央国民政府派遣蒙藏委员会吴忠信委员长入藏主持十四世达赖喇嘛坐床典礼时,中国内地官员们才对龙夏及其改革有了较为正确的认识,而龙夏本人也有了希望中国中央政府推动西藏地方政治改革的愿望。1940年3月29日,吴忠信遣秘书朱少逸拜访了已于1938年5月获释的龙夏。朱少逸代表吴忠信对龙厦说:

> 委座(吴忠信)对一切藏人具有新头脑及爱国、爱民思想者,无不爱重维护,绝不因其地位而有所轩轾。君虽在政治上失败,但在历史上仍极光荣,数十年后藏人终将觉悟,对先生为改革西藏政治而努力之精神,致其佩仰。

这是对龙夏及其改革进步性的充分肯定和赞赏。而龙夏说:

> 委座乃大人物办大事者,回返中央后,政务纷繁,更何能顾及

〔1〕《黄慕松奉使入藏册封并致祭达赖大师报告书》,见中国第二历史档案馆、中国藏学研究中心合编《奉使办理藏事报告书》,中国藏学出版社1993年,第69页。

〔2〕文载《西藏文史资料选辑》第5辑,1985年4月版,第64—84页(此文原刊于《全国政协文史资料》第93辑)。

〔3〕IOR,L/P&S/12/4165,1933年12月21日驻锡金政治专员致印度政府函,转见上引戈尔斯坦书,汉译本,第94—95页。

极渺小之藏事，故私意仍望委座乘此时机解决一切，设此时尚无结果，则将来藏事更难办理。从前张钦差荫棠来藏，曾设立农务局、建设局、盐茶局等机关，至今藏人犹蒙其利。故至少委座亦应创立计划，交藏政府照办。至于西藏当局人物，蠢如猪牛。委座对猪牛讲道理，讲客气，安能望其了解……委座对藏人，似不妨一试鞭策也。试观自尼泊尔人来藏后，拉萨即成为尼泊尔人之势力；英国人来藏后，拉萨即成为英国人之势力。今委座以中央大员来藏主持藏事，彻底解决，尚非难事。西藏无疑的为中国领土之一，中国如欲保存领土，则解决藏事在今日不容再缓，否则十数年后藏局即不可收拾矣。[1]

仔细玩味上述龙夏一番话语，至今仍然发人深省。

（原载于周伟洲主编《西北民族论丛》第7辑，
中国社会科学出版社 2010 年）

---

〔1〕《吴忠信入藏日记》，载上引《奉使办理藏事报告书》，第 289 – 290 页；又见朱少逸《拉萨见闻记》，商务印书馆 1947 年，第 92 – 94 页，词语与上引略有不同。

13 民国时期汉藏佛教文化交流及其意义

13.1 民国初期汉藏佛教文化交流的复兴及特征

自 7 世纪以来,西藏高原的吐蕃与内地的汉族之间就有着密切的文化交流,其中又以佛教文化的交流为主。此后一千余年,这种交流出于各种原因时断时续,而内地汉传佛教与西藏的藏传佛教,又各自以其地方特色向前发展。到清代,以满族为主的统治阶层虽然推崇西藏的藏传佛教,以安定蒙藏地区,在北京、五台山等地扶持藏传佛教寺院等,但是在内地,汉族佛教即所谓"汉传佛教",则主要以禅宗和净土宗为主,而佛教的密宗自明清以来已衰微。相反,以格鲁派为主的藏传佛教则显、密并重,密宗(一般称"藏密")得到迅速发展。当时内地汉族佛教徒对藏传佛教,特别是其中的密宗,有大的偏见,甚至敌视。[1]

然而,自 19 世纪末至 20 世纪初,佛教传统逐渐有世界化的发展趋势,使中国汉传佛教徒中的一些人开始重视保存较多印度佛教典籍的藏传佛教,并将汉传佛教以外的其他佛教派别(包括藏传佛教)视为同等有效和具有正面价值的佛教传统。其代表人物就是曾供职于驻英使馆的学者杨文会(1830—1911 年)及其弟子太虚法师(1890—1947年)。民国初年,太虚法师极力推动内地汉传佛教僧伽制度的改革和佛教的现代化与世界化;其内容之一,即主张派人到日本和西藏学习

---

〔1〕参见梅静轩《民国早期显密佛教冲突的探讨》,载台湾《中华佛学研究》1999 年第 3 期,第 251 – 270 页。

密法,以为其改革之参考。

同时,民国政府建立后,由于革命思潮的兴起,对内地汉传佛教有所冲击,佛教寺院随时面临被政府改为学校的威胁。内地汉族一些有识的佛教徒和居士们,在争取佛教生存和发展的同时,也反思其教限于禅、净等宗的不足,而有了向日本和西藏地方寻求密宗真谛的愿望和要求。[1]

由以上的契机,内地有的汉传佛教徒及居士首先到东邻日本求密法(一般称"东密"),并传播于内地。其代表人物,一是潮州居士王弘愿(1876—1937年)。他受日本僧人权田雷釜授予之密法,并于1919年译日文《密宗纲要》。当年创办之内地佛教唯一杂志《海潮音》(月刊)曾刊行《密宗专号》,对《密宗纲要》进行介绍。此后,王弘愿在广州等地弘扬密法,为人(包括僧尼)灌顶,使东密在广州一带开始传播,并有一定的影响。但是,当时佛教界一些人对其取得密宗阿阇黎身份及主张"显灭密兴"的荒谬言行等,进行了质疑和批评。[2]

另一个代表人物是太虚法师的弟子释大勇(1893—1929年),四川巴县人,原名李锦章,早年毕业于四川法政专科学校。1919年依太虚法师出家,法名传众,字大勇,以字行。1922年,大勇再次与持松到日本,入高野山密宗大学等处专修密法,得大阿阇黎学位。1923年10月,大勇返国,先后于上海、杭州、武汉、北京等地开坛传密法。持松回国后,也在武昌洪山宝通寺住持,传授密法。一时武汉及南方各地学密风气渐浓。[3]此后,又有内地纯密、又应、显荫和曼殊揭谛等人赴日学密,归来后,也推动了内地东密的传播。

然而,从1924年后,西藏密教首先在北方兴起,从而掀起了内地学习藏密的热潮。推动这一潮流的人物,有蒙古族黄教喇嘛白普仁

〔1〕见梅静轩《民国以来的汉藏佛教关系(1912—1949)——以汉藏教理院为中心的探讨》,台湾《中华佛学研究》1998年第2期;〔美〕滕华睿著,陈波译《建构现代中国的藏传佛教徒》,中国藏学中心《藏事译丛》内部刊印,第71-84页。

〔2〕参见上引梅静轩《民国早期显密佛教冲突的探讨》一文。

〔3〕见于凌波《民国高僧传三编·北京慈因[恩]寺藏文学院释大勇传》,台北慧明出版集团2001年,第338-346页。

(1870—1927年)和黄教喇嘛多杰觉拔(1874—?)两人。1925年九世班禅离藏到达北京后,遂成为推动内地藏密复兴和汉藏佛教交流的领军人物。

白普仁喇嘛,热河东蒙古人,法名光法,字普仁,清末民国初,常驻北京雍和宫,因传其以设坛降伏灾魔,及修《金光明最胜王经》等密教经典,护国息灾,而皈依者甚众。1925年初,民国政府执政段祺瑞请白普仁喇嘛集108位喇嘛,在雍和宫修"《金光明最胜王经》大白伞盖法会"21天,影响颇大。接着,他又应上海信众之请,先后到上海、嘉兴、长沙、武汉、九江、南京等地,修金光明法会,皈依及受灌顶者为数甚众。[1]

多杰觉拔喇嘛,西康康定人,曾入拉萨哲蚌寺学修显密12年,后到蒙古及内地弘法,5次到五台山。1925年,他到北京参谒刚到北京的九世班禅,驻雍和宫,译藏乘仪轨20余种,"这是民国时代汉译藏密仪轨之始"。时段祺瑞执政为修法息灾,请其开绿度母道场15天。后段祺瑞政府加其"诺门罕王"尊号。是年冬,到上海、杭州,设坛灌顶,信徒颇多。[2]

白普仁和多杰觉拔喇嘛先后在北京等地弘扬密法,之所以能得到内地民众及官僚等的欢迎和皈依,与当时国内军阀混战,灾情严重,民众希求和平、安定的生活,故求助于密法消灾护国有关。

1923年,西藏格鲁派与达赖喇嘛宗教地位相等的九世班禅离藏北上,沿途及到北京后,均受到盛大的欢迎。到北京后,九世班禅驻瀛台,除会见执政段祺瑞外,还参加了一些宗教活动,因语言隔阂,暂不能为弘法之宣讲,但准备经稿,从事翻译,将弘密教一宗。[3]接着,九世班禅受上海诸地邀请,南下上海、杭州、南京等地,均受到盛大的接待和欢迎。当时,内地报刊均有详细报道。这一事情本身,无疑对藏传佛教在

---

〔1〕见于凌波《民国高僧传四编·北京雍和宫白普仁喇嘛传》,台北慧明出版集团2002年,第217－220页。

〔2〕见于凌波《民国高僧传四编·西康多杰觉拔传》,台北慧明出版集团2002年,第314－316页。

〔3〕参见《释寿融代班禅答客问》,载《海潮音》第6卷第4期(1925年4月)。

内地的传播和影响甚为巨大。

以上 3 位藏传佛教大师,特别是九世班禅初期在内地的活动,可以说是重新继续了历史上汉藏佛教的交流,为民国时期汉藏佛教交流奠定了基础。其中,在民国初期,最直接的影响是北京佛教藏文学院的建立和"留藏学法团"的活动。

1924 年,在武汉的释大勇闻白普仁喇嘛在北京设坛传授密法,遂到北京,先后敬谒白普仁和多杰觉拔喇嘛,在他们的指导下学修藏密,对藏密有了新的认识,因而产生和坚定了入藏学法的想法,并在一些居士的支持下,于此年在北京慈恩寺开办一所佛教藏文学院,作入藏的准备。藏文学院建立后,有学生约 30 余名,主要学习藏语文,并聘多杰觉拔喇嘛为导师,讲课 2 周。1925 年 3 月,院长大勇率领全体学员到瀛台觐见九世班禅大师,得到鼓励,赴藏求法志越坚。[1] 同年 5 月,大勇等以为在北京学习藏语文,不如早入藏边学语文,边学佛法,遂改组藏文学院为"留藏学法团",积极准备入藏。6 月 4 日,留藏学法团一行 23 人在团长大勇的率领下,由北京出发,途中在武汉有 5 人加入,至四川又有 2 人加入,总计 30 人。[2]

1925 年 10 月,留藏学法团一行抵康定(打箭炉),因西藏地方政府怀疑学法团有政治目的,不允入藏,学法团遂停留在康定,向当地藏僧修学藏文经典。至 1926 年初,因当时北方军阀战事影响等,原支持学法团经费的北京后援会居士胡子笏等寄来经费短缺,使学法团先后在川康举债四千余元,加之康定地区气候恶劣,生活环境十分艰苦,使部分学法团团员不适应甚至染疾,因此,到 1926 年 9 月,先后有 11 人退出,返回内地,学法团仅余 17 人。[3] 但是,他们入藏求法决心愈坚,并重订规约七条,准备明春 3 月入藏。[4]

---

〔1〕《佛教藏文学院全体觐见般禅(班禅)记》,载《海潮音》第 6 卷第 3 期(1925 年 3 月)。
〔2〕《佛教藏文学院在康改组及抵藏分住修学之规约》,载《海潮音》第 7 卷第 9 期(1926 年 9 月)。
〔3〕据上引《佛教藏文学院在康改组及抵藏分住修学之规约》记,此 17 人是:大勇、大刚、能海、朗禅、法尊、永光、恒照、密慧、恒演、智之、观空、严定、密悟、密严、广润、密呼、普正。
〔4〕上引《佛教藏文学院在康改组及抵藏分住修学之规约》。

·欧·亚·历·史·文·化·文·库·

1927年春,大勇率部分团员向西藏进发,另一部分团员则留在康定。大勇一行行至甘孜时,复为藏军所阻,不得前进。于是,"留藏学法团"宣布解散,但大勇等仍依止甘孜札迦寺大喇嘛修学密宗。大勇因积劳成疾,遂于1929年8月10日在甘孜札迦寺圆寂。其余学法团成员,多仍留居于西康学习藏语文和藏密,准备入藏。[1]

在大勇率领留藏学法团在康定期间,内地学习和关心藏传佛教的热潮仍未减退。1926年7月,由白普仁喇嘛及上海各界名流程德全、王九龄、罗杰、莫克明等数十人发起,组建了上海藏文学院。其发起词中说:"……同人以为,内明宝库,既在西藏。而重译之枢机则习研其语言文字,用是有藏文学院之设……继而考彼政教,风俗山川物产。天下英才果由此道行见汉藏文化互入互深,边腹同体,沆瀣一气。他日收效岂仅智悲双运,佛义重光,改造人心,量宏博济,即欲求巩固杆翼中原之材,亦将取给于是矣。"[2]上海藏文学院设于上海群治大学内,"初习蒙藏语文以通其邮,继研显密妙义以牖其觉",并请各省佛教团体派学生来沪就学。[3]

此外,原为西藏类乌齐诺那寺(属宁玛派)呼图克图的诺那活佛(原名格热活佛,名格热·索朗列旦,1865—1936年),在1917年第二次康藏战争期,因支持川军统领彭日昇,后在昌都被藏军俘获,押送到拉萨,囚于地牢中。1924年,诺那活佛奇迹般地逃出拉萨,经印度辗转到达北京。后在段祺瑞执政的照料下,驻雍和宫,并会见在京的班禅大师。1926年冬,诺那活佛应川康督办刘湘的邀请到重庆,传播佛法,并应各界人士请求,举行密宗的祈祷和平大法会,建金刚坛城,受业弟子达万余人。1928年,南京国民政府成立后,任命其为蒙藏委员会委员,遂驻南京,传授密法。[4]

---

〔1〕见上引于凌波《民国高僧传三编·北京慈因[恩]寺藏文学院释大勇传》。

〔2〕《上海藏文学院之发起》(录《申报》),载《海潮音》第7卷第7期(1926年7月)。

〔3〕《藏文学院请各省佛教团体派生就学》,载《海潮音》第7卷第8期(1926年8月)

〔4〕见于凌波《民国高僧传四编·西康类伍[乌]齐诺那寺诺那呼图克图传》,台湾慧明出版集团2002年,第305–313页;吉仲·江白坚赞:《类乌齐寺吉仲活佛和格热喇嘛简历》,载《西藏文史资料选辑》第6辑,1985年内部刊行,第79–90页。

综观以上民国初期(1912—1928 年)汉藏佛教文化交流的情况,有如下几个显著的特征:

(1)民国初年在内地逐渐兴起的学习藏密的热潮及组织"留藏学法团"的活动等,多是由内地民间佛教徒和居士们发起和进行的,并得到蒙藏族喇嘛(包括入内地的九世班禅)的支持和响应。这与历史上封建统治阶级利用藏传佛教,以维护其对蒙藏的统治,有了根本的区别,使民国时期汉藏佛教文化交流有了更为广泛的基础。但在民国初期,对这种民间佛教徒自发的交流活动,官方(政府)并没有积极出面支持,故其活动多限于民间,受到一定的限制。

(2)正因为如此,这一时期的汉藏佛教交流也仅限于内地(包括西康藏区),且其交流的内容多限于举行藏传佛教的祈愿和平、消灾等法会及学习、了解藏密的宗教活动,而其政治色彩则较为淡薄。

(3)由于当时国内军阀混战,局势不稳,汉藏文化交流仅是一个复兴初起的阶段,由民间佛教界发起,并得到较多群众的支持,为民国后期(1928—1949 年)汉藏文化交流的兴盛,打下了较为深厚的基础。

13.2　民国后期汉藏佛教文化交流的兴盛及意义

1927 年国民政府成立后,于次年 12 月成立蒙藏委员会,并在拉拢、打击、分化、瓦解各地军阀势力的基础上,逐渐取得了全国名义上统一的局面。国民政府成立后,力图改善与西藏地方的关系,先后派遣棍却仲尼、刘曼卿、谢国梁等入藏,并在南京设立西藏驻京办事处等。与此同时,国民政府也逐渐加深了对佛教在沟通汉藏民族感情、解决西藏问题等方面所起的重大作用的认识,开始以国家或政府的名义,有意识地加强支持、扶植汉藏佛教文化交流的各种形式的活动,并越来越赋予它政治化的含义和内容。这应是民国后期汉藏佛教文化交流的主要特征。下面拟从几个方面,对这一时期汉藏佛教文化交流的盛况作一简述。

·欧·亚·历·史·文·化·文·库·

13.2.1 九世班禅及诺那活佛、喜饶嘉错大师等在内地的弘法活动

1929 年初,班禅驻南京办事处正式成立,这是近代中国历史上,政府第一次为一名藏传佛教高僧创立一个特别的办事处。它标志着班禅大师从一个纯粹流亡于内地的宗教领袖,逐渐兼有了世俗和官方政治管理者的角色。[1]1931 年,班禅从沈阳抵南京,参加了国民会议,国民政府加其"护国宣化广慧大师"名号;次年 4 月 14 日,国民政府又明令特派其为西陲宣化使,后又正式建立西陲宣化使公署等。这一切本是作为西藏地方政教领袖之一的班禅应有的地位和权力的体现,但也反映出国民政府对其的重视和期望。

在此期间,九世班禅还从事了一系列的宗教活动。1931 年 1 月,北平居士王九龄等发起在北平雍和宫建时轮金刚法会,邀时在内蒙古地区进行宣化的班禅弘法禳灾。至 1932 年 3 月,班禅大师复函接受邀请,并"祈诸大居士精进弗懈。在八月以前,将传清宗旨与夫善恶因果之理,通知各省,广为劝导,必使人人有向善之心,自有享太平之日";又复函讨论共同弘传显密之要义。[2] 同年 10 月 21 日,在诸多政治要员、居士的赞助下,在北平太和殿举行了盛大的时轮金刚法会,以祈祷国泰民安,由班禅主法,与会者达数万人,历时三日,"为近年佛教之大规模运动,亦为民国以来,喇嘛在内弘法之新纪录"。[3] 类似的时轮金刚法会,在 1928—1932 年班禅大师宣化东北、内蒙古各地时,应当地蒙古王公、贵族的邀请,先后举行过五次;并为众多信徒举行灌顶仪式,广弘显密佛法。[4]

1933 年 1 月 12 日,班禅在南京停留期间,应国民党元老、考试院院长戴季陶(传贤)、石青阳、黄慕松、叶恭绰、居正等政府大员之请,在

---

[1]见上引〔美〕滕华睿著,陈波译《建构现代中国的藏传佛教徒》,中国藏学中心《藏事译丛》内部刊印,第 141 页。

[2]《班禅大师致时轮金刚法会书》(一)、(二),载《海潮音》第 13 卷第 8 期(1932 年 8 月)。

[3]《二十一年度全国佛教之总成绩》,载《海潮音》第 13 卷第 12 期(1932 年 12 月)。

[4]参见牙含章编著《班禅额尔德尼传》,西藏人民出版社 1987 年,第 249 - 252 页。

南京城东宝华山之护国圣化隆昌寺举行灌顶三日,参加者约三百余人。[1]3月19日,应中央大学校长罗家伦的邀请,班禅大师出席总理纪念周,发表了《西藏政教之始末》的讲演,由其秘书长刘家驹翻译。讲演系统地论述了西藏政教发展的历史及与内地自唐至清朝的关系,并讲述了藏传佛教在西藏的地位和他对"三民主义"的理解,为内地僧俗民众认识和了解西藏政教历史发展,以及反思内地佛教发展、佛教与政治相适应,提供了新的思路。[2]

5月,班禅大师被邀主持在杭州灵隐寺启建时轮金刚法会,时内地佛教界领袖之一太虚法师遂从班禅大师受金刚阿阇黎灌顶,执弟子之礼,得密宗切身传授,受益匪浅;班禅大师对太虚法师进行的佛教世界化改革及支持内地汉僧入藏求法、建立研究藏传佛教机构和学校的活动,以予赞誉。[3]

就在此年(1934年)4月,班禅大师弟子罗桑倾批(blo-bzang-chos-vphel)联合上海居士发起筹设蒙藏学院,"培养专门人才,以开化蒙藏,而固疆圉"为宗旨,拟选定上海、普陀两处为院址,并由罗桑倾批具文,上报教育部批准。[4]其年秋,蒙藏学院在上海正式成立,"学生班次,分训练班与专修班,投考学生,多为大学师范毕业,各寺院丛林亦可保送。现在所开办者,为藏文师资训练班。专修班暂或缓办"。[5]

以上仅是班禅大师及其弟子在1929年后,于内地进行弘法、讲演、举行密宗灌顶仪式及创办蒙藏学院等主要的宗教活动。这些活动对于沟通汉藏佛教文化和民族感情,均具有重要的作用和意义。

诺那活佛的情况,与班禅大师相似。1928年,诺那活佛由四川至南京,国民政府任命其为蒙藏委员会委员,使之兼有了政府官员的头衔。在京期间,他广传密法,皈依者甚众。1931年东北"九一八"事变

〔1〕见上引牙含章编著《班禅额尔德尼传》,第253页。

〔2〕参见《班禅大师讲西藏政教之始末》,载《海潮音》第15卷第10期(1934年10月)。

〔3〕参见释印顺《太虚法师年谱》,宗教文化出版社1995年,第200-201页。

〔4〕季啸风、沈友益《中华民国史史料外编——前日本末次研究所情报资料》中文部分,第93册,广西师范大学出版社1997年,第427页。

〔5〕法舫《蒙藏学院与菩提学会》,载《海潮音》第15卷第9期(1934年9月)。

后,南京佛教居士林礼请诺那活佛主持护国息灾法会,修大白伞盖佛母法,以遏止日本之侵略。1932 年,诺那活佛的名声日隆,国民政府对之更是倍加重视,又任命其兼任立法院立法委员,并批准其组建西康诺那呼图克图驻京办事处。此后,他还兼任中国佛学会名誉理事长及菩提学会等宗教组织的职务。1933 年,他还在南京、上海和杭州传法和举行法会。[1]1934 年,他应广东各界发起的"广东息灾利民法会"邀请,到广州修法。在政府的支持下,他成为当时全国佛教徒关注的对象和公众人物。

1935 年 5 月,国民政府任命诺那活佛为"西康宣慰使",配以军队和弹药,令其返西康。诺那活佛返西康后,进行了一系列针对西藏地方政府的活动,并时与川康军阀矛盾冲突。时北上抗日的红军正在甘孜等地,诺那活佛奉国民政府之命与红军对抗。1936 年,诺那活佛在与红军在甘孜的战斗中失败被俘,受到优待,但旋于 5 月 12 日病卒。[2]

在诺那活佛和九世班禅相继圆寂后,承担汉藏佛教文化交流重任的藏族高僧是喜饶嘉错大师(1883—1968 年)。喜饶嘉错出生于青海循化县道帏乡贺庄一户贫苦藏族家庭,自幼在古雷寺出家,聪明好学,后到甘肃拉卜楞寺深造,1904 年又到拉萨哲蚌寺果芒札仓学习,1916 年考取拉让巴格西,其博学雄辩,名震藏中,为当时著名藏传佛教高僧之一。1917 年,十三世达赖喇嘛任其主持《大藏经》校勘总纂工作,于1931 年完成。后于哲蚌寺专事教授和著述,著作颇丰。

1937 年 3 月,喜饶嘉错接受国民政府教育部和蒙藏委员会的邀请,由藏经印度抵达南京,担任中央大学、北京大学、武汉大学、中山大学、清华大学讲座讲师,主讲西藏文化。此外,他还与国内一些藏传佛教的寺院、居士协会和学校有密切关系,如 1934 年在上海成立的菩提学会等。国民政府对喜饶嘉错大师十分重视,他事实上填补了九世班

[1]见上引〔美〕滕华睿著,陈波译《建构现代中国的藏传佛教徒》,中国藏学中心《藏事译丛》内部刊印,第 202 页。

[2]见于凌波《民国高僧传四编·西康类伍[乌]齐诺那寺诺那呼图克图传》,台湾慧明出版集团 2002 年,第 305 - 313 页;吉仲·江白坚赞:《类乌齐寺吉仲活佛和格热喇嘛简历》,载《西藏文史资料选辑》第 6 辑,1985 年内部刊行,第 79 - 90 页。

禅圆寂后,藏族高僧在汉藏佛教文化交流中的主导者的地位。他先后
担任历届国民参政会参议员和中国边疆文化促进会、藏族文化促进会
负责人,以及蒙藏委员会委员、副委员长等职。特别应提出的是,他还
是一位开拓内地边疆佛教教育的创新者。1941 年秋,他在家乡创办的
"青海喇嘛教义国文讲习所"得到教育部的批准,次年 2 月开学,喜饶
嘉错任校长。这所学校的藏文教员是藏族僧侣(格西),汉文教员是汉
人或藏人俗士,学生由僧人、村民组成,各着不同的服饰和学习不同的
课程。其特点是"把现代的、双语的教育和藏族传统教育整合起
来"[1]。

13.2.2 游学西藏的汉僧及其影响

早在民国初期,内地汉族佛教界就认识到赴藏留学的重要性,有
以大勇为首的游藏学法团的组建和实践,但因西藏地方政府的阻挠等
原因,而终未能入藏。然而,学法团大部分成员仍在西康学习藏语文和
藏传佛教经典,伺机入藏学法。

首先入藏的是在西康的学法团成员能海、永光、永轮、永严等人,他
们于 1928 年 6 月从康定起程,9 月抵拉萨,先在哲蚌寺罗色林札仓之
甲绒康村,后转古母札仓,从康萨仁波切学法。能海于 1932 年返内地,
1940 年二度入藏,1940 年 8 月返。接着,1931 年 10 月,在甘孜的学法
团成员法尊等人至拉萨,入哲蚌寺学法,1933 年返内地,1936 年初再到
拉萨,5 月返。此后,内地汉僧入藏学法者络绎不绝。据台湾学者杨嘉
铭的统计,到 1949 年,内地入藏学法汉僧达 54 名,其中原学法团僧人
11 名;在藏哲蚌寺学习者 37 人,色拉寺 5 人,甘丹寺 2 人,不详者 10
人。[2]

民国后期入藏学法汉僧人数较多、成绩突出的重要原因,是有当
时国民政府的帮助和支持。国民政府深知此举对于"沟通内地与西藏
文化"的重大意义,因而早在 1936 年 12 月,蒙藏委员会就颁布了《补助

---

〔1〕见上引〔美〕滕华睿著,陈波译《建构现代中国的藏传佛教徒》,第 237 页。
〔2〕杨嘉铭《民初游学西藏的汉僧及其贡献》,载张骏逸主编《欧阳无畏教授逝世八周年纪念
论文集》,台北蒙藏委员会 2000 年印行,第 56-88 页。

汉藏僧侣游学规则》,共 12 条:

第一条　本会为沟通汉藏文化起见,依本规则之规定,补助汉藏僧侣分别赴藏,或前来内地游学。

第二条　补助汉藏僧侣名额,暂定每年各二名,于年度开始时行之。

第三条　游学汉藏僧侣,以年在二十五岁以上,四十岁以下,品行端正,熟习经典者为合格。

第四条　赴藏游学汉僧,由佛教总会于每年六月以前送本会,考核派遣之。其游学内地之藏僧,由西藏地方政府遴选之。

第五条　游学汉藏僧侣均应具备志愿书、保证书及详细履历、最近二寸半身相片各二份。

第六条　经本会核准游学之汉藏僧侣,除每人补助往返旅费各二百五十元外,并每年补助汉僧生活费八十元,藏僧生活费一百二十元。

第七条　赴藏游学汉僧应于到藏或离藏之日,呈报中央驻藏办事人员,转报本会备案。藏僧之到京或离京,则由西藏驻京办事处转报本会备案。

第八条　汉藏僧侣游学期间,均以五年为限,期满有愿自费延长者听。

第九条　在游学期间,无论汉藏僧侣不能无故退学回籍,倘有重病或其他特别情事必须退学回籍者,须先期呈经本会核准,否则追缴其补助费。

第十条　无论汉藏僧侣,在游学期间,均应受本会指导,并遵守各该地方及寺庙一切规律。

第十一条　本规则如有未尽事宜,随时呈请修正之。

第十二条　本规则呈奉行政院核准公布施行。[1]

---

〔1〕《蒙藏委员会录送〈补助汉藏僧侣游学规则〉》(1936 年 12 月 16 日),蒙藏委员会档案,141/2667;又见张双志编《民国治藏政策法令全编》(下),载张羽新主编《民国藏事史料汇编》第 2 册,学苑出版社 2004 年,第 74 页。

此《规则》事实上自 1937 年开始实施,到 1942 年为新规则所取代。其间,在 1940 年蒙藏委员会委员长吴忠信在拉萨主持十四世达赖喇嘛坐床典礼期间,有游学汉僧 19 名来见吴忠信,"备述经济窘况,各补助藏银五百两。内有欧阳鸷(欧阳无畏),资格较好,加助五百两以奖励之"〔1〕。

1942 年,国民政府又颁行《蒙藏委员会派遣与补助内地僧侣赴藏游学规则》,废止原《补助汉藏僧侣游学规则》。新《规则》内容是:

第一条　本会为沟通文化起见,每年年度开始时决定派遣与补助内地僧侣各若干名赴藏游学。

第二条　凡经国内合法佛教社团保选,由本会核准赴藏游学之内地僧侣称公费生,其自行赴藏游学,未经本会事先核准者称自费生。

第三条　受本会派遣或补助之内地僧侣,以思想纯正、国文晓畅、学行优良,而又身体强健、具有忍苦耐劳之精神者为标准。

第四条　公费僧之往返旅费及游学期内之生活费由本会核给,自费僧符合本规则第三条之规定,经本会核准者,由本会酌予补助之。

第五条　游学期限,公费僧以五年为限,其有成绩优异,研究佛学精深部门尚未卒业,经本会特予核准者得延长之。自费僧一次补助以一年为限,但经本会驻藏办事处于每年终了考查成绩优良,呈报本会核准者,得继续补助之,最多不得过五次。

第六条　公费僧与受补助之自费僧均应缴呈志愿书、保证书、详细履历及最近二寸半身相片各二份。

第七条　公费僧与受补助之自费僧应于抵藏或离藏之日呈报本会驻藏办事处转呈本会备案。

第八条　公费僧与受补助之自费僧在游学期间应受本会及

---

〔1〕中国第二历史档案馆、中国藏学研究中心合编《奉使办理藏事报告书》中吴忠信《出差工作日记》,中国藏学出版社 1993 年,第 329 页。

驻藏办事处之指导监督,并遵守所在地方政府及寺庙之一切规律。

第九条 公费僧与受补助之自费僧在游学期间除因病或其他特别情事经事先呈准者外不得中途辍学,否则向社团或保证人追缴其已领公费或补助金。

第十条 公费僧与受补助之自费僧在游学期间如有违反本规则之规定者,停止其公费或补助,并向社团或保证人追缴其已领公费或补助金。

第十一条 本规则如有未尽事宜得随时呈请修改之。

第十二条 本规则呈奉行政院核准公布之日施行。[1]

1945年7月《蒙藏委员会向国民参政会第四届第一次大会所作工作报告》中说,据《国民政府一九四七年度西藏地方政治宗教文化设施资料》的统计,"截至本年度止,已派公费僧二十余名,并补助自费僧十余名"[2]。

国民政府还积极资助游藏汉僧考取三大寺的高级格西学位。1941年8月23日驻藏办事处处长孔庆宗首先提出"中央每年拨款一万元交由本处补助三大寺考取之格西"的建议[3],后为国民政府所批准。在《国民政府一九四七年度西藏地方政治宗教文化设施资料》(摘自1948年《中华年鉴》蒙藏部分资料)中,说西藏格西学位地位极为崇高,"蒙藏委员会为奖励内地僧侣研究高深佛学,以沟通汉藏文化起见,特对三大寺中汉僧考格西者,补助其应考费用,计以先后补助密悟、广润二名。据报密悟已考取拉然巴格西第七名,成绩颇优"[4]。

除此而外,1940年吴忠信离藏后,在拉萨正式成立的蒙藏委员会驻藏办事处,成为协助、管理、监督游藏汉僧的机构,其主要任务有办理登记、转发补助费、研究恢复汉僧康村、争取哲蚌寺赎免汉僧寺役、协助

---

〔1〕驻藏办事处档案,转见上引杨嘉铭《民初游学西藏的汉僧及其贡献》一文。

〔2〕中国藏学研究中心等编《元以来西藏地方与中央政府关系档案史料汇编》(7),中国藏学出版社1994年,第2980页。

〔3〕《孔庆宗呈吴宗信该处报三十一年度行政计划》(1941年8月23日)影印件,载台湾郭玉琴主编《蒙藏委员会驻藏办事处档案选编》(三),蒙藏委员会2005年,第523-524页。

〔4〕国民政府蒙藏委员会档案,141/981。

汉僧进出西藏等。[1]

民国后期,在国民政府的支持和鼓励下,游藏汉僧大为增加,人数虽然不是很多,但其影响和作用却是巨大的。这些本居内地的汉族僧人克服种种困难,进入西藏拉萨学习藏传佛教,少则年余,多者达数年之久。然后,他们大都返回内地,弘扬藏传佛教,融汇汉藏佛教之精华;不仅促进了汉藏佛教文化之发展,且增进了汉藏文化之交流和沟通了汉藏民族之感情。其中,有代表性的、成就较大的游藏汉僧有:

法尊大师(1902—1980 年),俗姓温,法名妙贵,字法尊,河北深县人。早年出家于五台山显通寺,后又先后入武昌佛学院、北京藏文学院学习。1925 年加入大勇留藏学法团,到康定,受阻。1931 年,随安东大师进藏,入哲蚌寺,师从东本格西研习藏文《大藏经》,1933 年返内地,任教于汉藏教理学院。1935 年为迎请安东大师,再度入藏,因安东圆寂,同年返。在内地,法尊主要在汉藏教理学院任教,并任院长,培养了一批兼通汉藏佛教的人才。他翻译藏文佛教经典,专心于藏传佛教的研究,著述甚丰,在国内有较大影响。主要著作有《现代西藏》、《我去过的西藏》、《西藏民族政教史》、《藏文文法》;所译藏文经典有《菩提道次第广论》、《密宗道次第广论》、《现观庄严论》等。

能海法师(1886—1967 年),俗名龚学光,四川绵竹人,清末毕业于陆军学校,在云南等处任军职,1924 年出家。1925 年加入留藏学法团,于 1928 年率先入藏。1932 年,能海第一次由藏返内地后,于 1938 年将四川成都近慈寺作为专修黄教(格鲁派)道场,又名"护国金刚道场",为内地首创之黄密根本道场,培养多名入藏求法之汉僧,为创汉族黄密僧团之先例。[2]

欧阳无畏(1914—1991 年),名鸷,字无畏,江西兴国人。1934 年入藏,在拉萨哲蚌寺果芒札仓学研藏传佛教。在藏七年中,他精研密教各大经典,周游藏地,宣传教义,乘机弘扬内地文化。1941 年,返回重

〔1〕详见上引杨嘉铭《民初游学西藏的汉僧及其贡献》一文。
〔2〕详见上引杨嘉铭《民初游学西藏的汉僧及其贡献》一文。

庆,任教于国立中央大学和政治学院,教授藏文等。1945 年抗战胜利后,在南京仍任教于上述两校,并兼任国防部边务研究所藏文教席。1948 年,再度入藏,1952 年由藏到台湾。其主要著作有《藏尼游记》、《大旺调查记》、《陈那以后之量论》、《后期量论一瞥》等。[1]

邢肃芝(1916—),法名碧松,藏名罗桑珍珠,俗名邢步有,字肃芝,江苏镇江人,江苏省立师范毕业,后为汉藏教理院学生。1939 年至1944 年在拉萨哲蚌寺果芒札仓学习,取得拉然巴格西学位。1944 年返回内地后,受到蒋介石的接见;次年,被任命为蒙藏委员会委员,再度入藏,出任国立拉萨小学校长,一直到 1949 年。[2] 在沟通汉藏文化教育方面做出了成绩。

此外,还有一些游藏汉僧从事教育和政府对藏方面的工作。如康刚民(1929 年曾考取色拉寺拉然巴格西),曾任国立拉萨小学训育主任,教藏文;甘文峰(法号寂禅)、邓临渊、米霖蒲四人,也曾任职于拉萨小学。另有密慧、净因、隆果等法师,曾任职于拉萨驻藏办事处。[3]

13.2.3 以汉藏教理院为首的推动藏传佛教在内地弘传的有关学校、学会和团体

民国后期,随着内地佛教界对藏传佛教认识的加深,国家对研习藏传佛教的重视和支持,以及游藏学法人数的增加,在内地再次掀起了学习、了解藏传佛教的热潮,以研习、弘传藏传佛教为主的学校、学会及团体组织纷纷应运而生。其中影响最大、最有成绩者,首推汉藏教理院。

1930 年 11 月,在内地推行中国佛学改革和现代化的领袖太虚法师,到四川重庆佛学社讲学,适逢督办刘湘通令各县佛教会派僧人入藏学法,太虚于是致函刘湘,提出"与其派往游学,不如就川省设学院,聘请汉藏讲师,招汉藏青年研习之"的建议,得到刘湘及川中各界的支

---

〔1〕见上引张骏逸主编《欧阳无畏教授逝世八周年纪念论文集·欧阳无畏老师事略》。
〔2〕参见邢肃芝口述,张健飞、杨念群笔述《一个汉人喇嘛的口述史》,三联书店 2000 年。
〔3〕见上引杨嘉铭《民初游学西藏的汉僧及其贡献》一文。

持。[1]于是学院由此年开始筹办,1932年正式成立,定名为"世界佛学苑汉藏教理院"。该院是在太虚法师设计的"世界佛学苑"现代化改革框架之下设置的,是计划中"世界佛学苑"分设的梵、汉、巴、藏四种语系的佛学研究分院中之藏语系学院一种,其余后来则均未实现。之所以称"汉藏教理院",是因学院着重用汉文和藏文研究佛教所教理。

经过两年的筹备,1932年9月汉藏教理院正式开学,其公布的《世界佛学苑汉藏教理院简则》对学院办学宗旨及办法等各方面均有详细规定,兹引如下:

一、名称　本院为世界佛学苑之一院,故定名"世界佛学苑汉藏教理院"。

二、宗旨　研究汉藏佛理,融洽中华民族,发扬汉藏佛教,增进世界文化。

三、院址　四川嘉陵江缙云寺(今重庆北碚缙云寺)。

四、组织　本院设院董会,为世界佛学苑苑董分会,专担任本院建立与维持之经费,其会则另定之。

院长一人由本院院董会商承世佛苑苑长请任之,总持全院事宜。

藏文佛学主教一人、助教一人,汉文佛学主教一人、助教二人,常识教员一人,监学一人,事务主任一人,事务员一人。由院长商同院董会任之。

五、学课　普通级四年毕业,高等级三年毕业。兹定两级学课每日如左:

藏文佛学　二时(西藏所传佛教宗派源流史、西藏对于教理研究各经论)

汉文佛学　二时

学习律仪　一时

修习禅观　一时(从五停心观入手修习)

---

〔1〕太虚《世界佛学苑汉藏教理院缘起》,载《海潮音》第13卷第1期(1932年1月)。

·欧·亚·历·史·文·化·文·库·

讲习常识　一时（国民常识及中国学术思想常识，世界常识及世界学术思想常识）

服劳运动　一时

研究自习　四时

六、学众　正学众四十名、附学众二十名。学众之管理规则、另定之正学之资格如下：

一、年龄十八岁至二十五岁；二、曾受苾刍戒或沙弥戒者；三、曾修业于各处佛学院而于汉文佛学及身体品行试验合格者；四、有确实之保证人及具诚恳之志愿书者。

一、年龄二十岁至五十岁；二、曾受苾刍戒或沙弥戒者；三、试验合格者；四、能有保证人及具志愿书者。

七、学费　正学众学费全免，并每年递加每月有一元至四元之津贴。附学众须酌缴膳宿费及书籍费。但违章被革或中途辍学，均须由保证人负担赔偿责任。

八、附则　本简则由院董会同世佛苑苑长订定之，呈请所在地主管官署备案施行。[1]

汉藏教理院由太虚法师任院长，何北衡任院护，李子宽、潘文华等10人为院董。四川省主席刘文辉为名誉董事长、二十一军军长刘湘为名誉院长。初期经费来源以四川省二十一军部省教育经费、刘文辉资助及原缙云寺地产收入为主，后期也接受来自各方面的捐赠。

此后，该院进入稳定发展时期，原拟《简则》略有变动，但其办学宗旨未变，学生保持在四十名左右。1937年，该院成立五年后第一届毕业生毕业，代表院长太虚大师的法舫法师参加典礼，并与代院长法尊等在院务会议上商定：在院设立"翻译处"，由法尊、观空、严定、密严、本光、苇舫诸师方任主译、校对、润文等职，并议定《世苑汉藏院翻译规则》；在院成立"康藏研究室"，这正是国家所急需的工作；在院建立一

---

[1]见《海潮音》第13卷第1期（1932年1月）。

个较大的图书馆;从此年(1937年)起由法尊法师全权主持院务。[1]从1937年至1949年,在法尊主持学院工作期间(1945年任院长),该院达到了极盛时期,学生增加到60~90名,可以说汇集了全国优秀的学子;1945年该院组织一佛学研究会,分印度佛学、西藏佛学、中国内地佛学和现代佛学四组,每周轮流开会,提升了研究的风气。[2]

汉藏教理院在培养汉藏佛学的人才方面,取得了突出成绩,成为全国僧人教育的最高学府。有部分学生或教职员,在国家的补助下入藏深造,如上述的碧松(邢肃芝)及永灯(杨化群)、善化(钟永章)、隆果(邓首义)、满月(萧文奎)、满度(曾任学院第一任教务主任)等。有的游藏汉僧返内地后,就任于该院,如法尊、严定、观空、密严、密咔等。[3] 这些人才在弘扬汉藏佛教,沟通汉藏民族文化和感情等方面作出了贡献,影响极为深远。

其次,1937年汉藏教理院成立翻译处以后,翻译了一批重要的藏文佛教经典。以法尊为主,诸法师及学生协助,至1949年编译脱稿者,"大小共五十余种,已出版者有二十余种……二百卷的汉文大毗婆娑编译成藏文,虽在这艰苦的现状下,然全部译稿快完成五分之四了"。[4]此外,法尊还编写了《藏文文法》、《藏文课本》八册和《常识课本》六册等。[5]

最为重要的,还是该院在办学宗旨中提出的"研究汉藏佛理,融洽中华民族"的使命方面,所作出的成绩。事实上,"融洽中华民族"的含义就是通过汉藏佛教文化的交流、沟通和整合,改善中央与西藏地方的关系,在英、日等列强侵略中国西藏、东三省等险恶的形势下,保全西藏,保持中国领土的完整和统一。这是当时社会对汉藏教理院的期

〔1〕法舫《汉藏教理院今后的发展》,载《海潮音》第18卷第3期(1937年3月)。

〔2〕《汉藏教理院佛学研究会启事》,载《海潮音》第26卷第8、9期合刊(1945年9月)。

〔3〕法舫《欢迎藏文学院诸师东返宏法》,载《海潮音》第17卷第8期(1936年8月)。

〔4〕德田《汉藏教理院概况》,载《佛光季刊》第1卷第1期(1949年3月);转见梅静轩《民国以来的汉藏佛教关系(1912—1949)——以汉藏教理院为中心的探讨》,载台湾《中华佛学研究》1998年第2期。

〔5〕参见上引梅静轩《民国以来的汉藏佛教关系(1912—1949)——以汉藏教理院为中心的探讨》一文。

望,也是该院师生本身的使命。[1]1937年曾任汉藏教理院事务主任的满度法师曾撰《沟通汉藏文化之意义及其方法》一文,提出用宗教努力沟通汉藏文化的方式,在学术上有广设藏文学校、从事翻译工作,在政治上则予藏人以同等待遇,关心其生活,政府讲诚信等。[2]从上述汉藏教理院成立18年的工作来看,其在沟通汉藏文化及民族感情方面确实做了大量工作,其产生的影响也极为深远。

除汉藏教理院外,民国后期在内地建立的与藏传佛教有关的学校、社团组织还有:1930年青海省政府秘书长黎丹改组原西宁藏文研究社,成立的"青海藏文研究社";1933年成立的北平密教学院;上述1934年班禅弟子罗桑倾批等在上海成立的蒙藏学院;同年在上海成立的菩提学会(以班禅为会长,安钦活佛、诺那活佛为副会长);1937年12月由张怡荪(1893—1983年)等在成都创办的西陲文化院;1938年在五台山显通寺成立的汉藏学院、藏文研究班;上述1938年游藏汉僧能海法师在成都近慈寺所建的"护国金刚道场";上述1942年喜饶嘉错所建青海喇嘛教义国文讲习所;重庆佛学社、四川佛学院等。此外,全国著名的大学内多开设藏文化课程,国立西北大学、南京中央大学内正式设边政系,内以教授蒙藏语文为主要课程等。

民国时期,特别是民国后期,上述汉藏佛教文化交流的兴盛,到底有何意义?

从中国佛教发展的角度上看,在民国以前,中国内地的佛教世俗化程度较高,佛教限于中国化之禅宗、净土宗等教派,已落后于时代。因此,在世界佛教现代化运动的影响下,国内佛教界有识之士开始寻求中国佛教改革、复兴之路。于是,在内地形成了学习、了解"藏密"的热潮,有了各种消灾、护国的密教法会,有了游藏求法的僧人,有了像汉藏教理院这类的学校、社团。这些形式的汉藏佛教文化的交流活动尽管还存在许多不足之处,但是它促进了中国佛教现代化的改革进程是

---

〔1〕参见满智(第一任学院教务主任)《汉藏教理学院开学演说辞》,载《海潮音》第13卷第11期(1932年11月)。

〔2〕满度《沟通汉藏文化之意义及其方法》,载《海潮音》第18卷第8期(1937年8月)。

无疑的,在中国佛教史上也应占有一定的地位。

佛教文化是社会文化的组成部分,是脱离不开社会政治的。民国时期在国内外的形势,特别是列强对西藏、蒙古等中国边疆地区侵略的形势下,加强汉藏佛教文化交流,沟通汉藏文化,融洽汉藏民族感情,遂成为国家和佛教界人士共同的期望和使命。这一点在汉藏教理院的宗旨及活动中体现得尤为鲜明。因此,民国后期上述汉藏佛教文化的交流对于上述带有政治性和"呼应时局"的使命,无疑起了很大的促进作用。这至少是自 13 世纪以来,中国中央与西藏地方关系、汉藏两个民族关系,在文化方面联系的继续,且有了更加广泛的民间联系的深厚基础,其意义重大,影响深远。

但是,我们不能同意有些外国学者过于夸大民国时期汉藏佛教徒及汉藏佛教文化交流的作用和意义,认为当时"佛教徒共同体之存在,对链结清帝国和汉人的现代民族—国家之间的鸿沟就相当关键",即是说,民国时期汉藏佛教徒的交流、认同,"维系和建立了由清朝割断了的汉藏关系",造就、构建了现代的中国。[1] 这是不符合历史事实的,因为他们忽视了西藏地方与内地几千年以来的政治、经济和文化等方面的联系。就是在民国时期这些方面的关系均不同程度地得到加强;其中汉藏佛教徒为之努力的佛教文化交流(或称之为"佛教共同体")只是当中的一个组成部分,也即"建构现代中国"的因素之一。

我们又不能同意台湾一些学者过于贬低民国时期汉藏佛教文化交流的意义,认为如四川汉藏教理院宣传的沟通汉藏文化,联络民族感情,不论就佛教、就国家而言,都有重大意义,"这种想法有过份膨胀自我的嫌疑"。又说"藉由译经工作而期望能恢复民族感情,基本上似乎就是因果错置"。[2]佛教文化是社会的上层建筑,是意识形态,也是民族认同的主要标志之一。汉藏佛教文化交流是几千年来汉藏民族关系的纽带之一,民国时期由汉藏民间僧俗大众掀起,并得到政府支

〔1〕上引〔美〕滕华睿著,陈波译《建构现代中国的藏传佛教徒》一书序言。
〔2〕上引梅静轩《民国以来的汉藏佛教关系(1912—1949)——以汉藏教理院为中心的探讨》一文。

持的佛教文化交流活动,不完全同于历史上封建王朝仅将佛教作为统治藏汉人民的工具的做法,是意识形态上的潜移默化,其意义绝不可低估。

（原载于四川大学中国藏学研究所编《藏学学刊》第 5 辑,
四川大学出版社 2009 年）

14　民国时期西藏与英国的贸易及其影响

14.1　藏英贸易的增长及其特征

　　早从 18 世纪以来,英国采用各种手段(包括战争)打开了中国西藏的通商大门,通过强迫清朝签订一系列不平等条约,攫取了免税、治外法权等一系列通商的特权,开关亚东、江孜、噶大克,建立商埠,掠夺工业原料(如羊毛等),倾销工业产品等,使西藏半殖民地化程度逐渐加深。这种情况到民国时期更是有增无减。1914 年 7 月 3 日,英国诱迫西藏地方政府代表在《西姆拉条约》和秘密的《英藏新立通商章程》上签了字。尽管这两个条约根本没有得到中国中央政府的签字和承认,甚至英国政府也不认为这两个条约是合法有效的,因而不敢将其公布,但是,英国却以这两个条约为依据,扩大了对西藏的经济掠夺。试看表 14-1:

表 14-1　1910—1925 年亚东商路藏英(印)贸易统计表

(单位:卢比)

贸易年度	西藏输自印度商品价值额	西藏输往印度商品价值额	商人携入西藏金银额	商人携入印度金银额	亚东商路藏印贸易总额
1910—1911	825 141	956 214	10 550	226 935	2 018 840
1911—1912	671 382	1 245 283	17 844	212 446	2 146 955
1912—1913	861 554	830 745	2 000	191 480	1 885 779
1913—1914	682 906	799 678	12 276	246 453	1 741 313

·欧·亚·历·史·文·化·文·库·

贸易年度	西藏输自印度商品价值额	西藏输往印度商品价值额	商人携入西藏金银额	商人携入印度金银额	亚东商路藏印贸易总额
1914—1915	1 109 357	1 177 183	13 330	195 245	2 495 115
1915—1916	1 162 257	1 530 885	87 618	355 240	3 136 000
1916—1917	1 133 723	1 709 577	59 000	315 083	3 217 383
1917—1918	1 186 488	2 105 435	5 000	268 958	3 565 881
1918—1919					
1919—1920					
1920—1921	1 859 232（包括金银额）	2 468 680（包括金银额）	已计入商品额	已计入商品额	4 327 912
1921—1922	1 356 896（包括金银额）	2 385 683（包括金银额）	已计入商品额	已计入商品额	3 742 579
1922—1923	2 193 831（包括金银额）	2 075 662（包括金银额）	已计入商品额	已计入商品额	4 269 493
1923—1924		3 035 128			
1924—1925	2 793 681	2 528 579	1 117 600	624 900	7 064 760

从上表看,在民国政府成立的前一年(1910—1911),亚东商路藏印贸易总额为2 018 840卢比。到1914年藏英秘密签订《英藏通商章程》后一年(1914—1915),即增至2 495 115卢比。到1924—1925年,亚东商路藏印贸易总额竟增至7 064 760卢比。15年内贸易总额增长了283%。

民国时期,英印从西藏进口的商品,仍然是工业原料,以羊毛为大宗。如1911年前十年里,英国经亚东商路进口的西藏羊毛数量大约在40 000至45 000蒙德。[1]民国以后,西藏羊毛几乎绝大部分都出口印

---

〔1〕IOR, L/P&S/10/138, P1722/1909, C. A. Bell to the Secretary to the Government of India, in the Foreign Department, 22 November 1909. "蒙德"(Maund,亦译作"扪"),印度的一种重量单位,一蒙德折合英制82.28磅,公制37.35千克。

度。其中亚东商路的年出口量约在80 000蒙德左右,[1]最高年份达148 779蒙德。以下为英国官方对 1908—1947 年西藏羊毛经亚东商路出口至印度数量的统计,试见表 14 - 2:

表 14 - 2　1908—1947 年亚东商路西藏羊毛出口印度数量统计表[2]

贸易年度	出口数量 (单位:蒙德)	价值 (单位:卢比)	资料来源:《英国印度事务部档案》, 以下为具体文件档案号
1908—1909	40 000		L/P&S/10/138,P1722/1909 号文件
1916—1917	64 960	1 514 334	L/P&S/10/123,P2400/1917 号文件
1923—1924	95 058		L/P&S/10/218,P1513 号文件
1924—1925	79 958	2 315 847	L/P&S/10/218,P1513 号文件
1926—1927	49 153 (仅 1926 年 4 月 1 日至 1926 年 12 月 30 日数字)		L/P&S/12/4166,P2445/1927 号文件
1927—1928	59 743 (仅 1927 年 4 月 1 日至 1927 年 12 月 30 日数字)		L/P&S/12/4166,P2445/1928 号文件
1928—1929	64 007		L/P&S/12/4166,P3692/1929 号文件
1929—1930	49 552	(每蒙德约 价 40 卢比)	L/P&S/12/4166,P3640/1930 号文件
1930—1931	24 626		L/P&S/12/4166,P3131/1931 号文件
1931—1932	50 198		L/P&S/12/4166,P3230/1932 号文件
1932—1933	25 835		L/P&S/12/4166,P2088/1933 号文件
1933—1934	64 619		L/P&S/12/4166,P3752/1934 号文件
1934—1935	62 616		L/P&S/12/4166,P3840/1935 号文件
1935—1936	96 973		L/P&S/12/4166,P4567/1936 号文件
1936—1937	115 073		L/P&S/12/4166,P6068/1937 号文件

[1]IOR, L/P&S/12/4166, P3690/1927, annual report on the British Trade Agency, Gyantse, Tibet, for the year ending the 31st March 1927.

[2]引自周伟洲主编《英国、俄国与中国西藏》,中国藏学出版社 2001 年,第 449 - 450 页。

·欧·亚·历·史·文·化·文·库·

贸易年度	出口数量 （单位：蒙德）	价值 （单位：卢比）	资料来源：《英国印度事务部档案》， 以下为具体文件档案号
1937—1938	76 765		L/P&S/12/4166，P3508/1938 号文件
1938—1939	85 887		L/P&S/12/4166，P3686/1939 号文件
1939—1940	148 779		L/P&S/12/4166，P6859/1940 号文件
1940—1941	84 025		L/P&S/12/4166，P6895/1941 号文件
1941—1942	88 045		L/P&S/12/4166，P4559/1942 号文件
1942—1943	60 932		L/P&S/12/4166，P3385/1943 号文件
1943—1944	32 432		L/P&S/12/4166，P2577/1944 号文件
1944—1945	57 150 （缺 1945 年 3 月数字）		L/P&S/12/4166，P2406/1945 号文件
1945—1946	75 078		L/P&S/12/4166，P7049/1946 号文件
1946—1947	106 615		L/P&S/12/4166，P6833/1947 号文件

从上表看，民国时期西藏输出至印度的羊毛数量，每年度有所变化，但总的趋势是不断增加，其中最高一年（1939—1940 年）达 148 779 蒙德，一般每年也在 60 000 至 80 000 蒙德以上。又据 1935 年入藏的黄慕松报告统计，"每年由南路运印者（指羊毛一项）约在六七万驮左右（每驮 2 包，每包 60 斤）"[1]，即约为 360 万至 420 万公斤。这些羊毛主要产自藏北及藏西部地区，其中西藏西部羊毛经过拉达克销售到克什米尔及北印度，这乃 18 世纪以来传统的贸易。当时闻名世界的"开司米（克什米尔）披肩"就是以西藏西部羊毛织成的。1914—1915 年，西藏西部对印度进出口总额为 2 500 000 卢比，其中进出口额各占一半，羊毛占西藏方面出口商品总值的 80%，按每蒙德羊毛价格为 20 卢比计算，仅西藏西部每年输入印度的羊毛当在 50 000 蒙德以上。[2]

在民国时期，除羊毛外，西藏向英国出口的商品还有农牧土特产

---

〔1〕见上引《奉使办理藏事报告书》，第 180 页。

〔2〕A. Lamb，The Mcmahon Line，1904—1914，London，1966，pp. 629 - 630.

品,如牦牛尾、皮张、紫胶等,出口量也有所增加。如 1916—1917 年,经亚东到印度的西藏牦牛尾达 1 268 蒙德,价值 66 718 卢比。[1]1924—1925 年,经亚东出口至印度的皮张价值为 80 256 卢比,牦牛尾价值 69 830 卢比,紫胶价值 68 230 卢比,均比民国以前有较大幅度的增长。[2]以上三项产品共占当年经亚东出口至印度的西藏产品输出总额的 8%。如果再加上西藏当年输出到印度的羊毛价值 2 315 847 卢比,4 项产品的价值额共占该年经亚东出口至印度商品价值总额 2 528 579 卢比中的 90%。[3]由此可知,西藏已成为英印轻工业重要的原料供应地。

英属印度的一些大贸易公司,如卡茨曼达斯·珀鲁克·钱德公司 (The Firm of Kachmamdas Puruk Chand) 为了在西藏搜售羊毛,在江孜、亚东等地建立分公司;[4]拉茨曼达斯·兰姆钱德公司 (Lachmandas Ramchanbra)、珀鲁克钱德·列克米钱德公司 (Purukh chand and Lekh-michand) 等,则雇佣大批西藏商人作为其代理人,深入西藏各地,用低价搜购羊毛及土特产。[5]如 1929—1930 年度,拉茨曼达斯·兰姆钱德公司和珀鲁克钱德·列克米钱德公司两家收购的西藏羊毛达 40 993 蒙德,占当年经亚东至印度羊毛总额(49 552 蒙德)的 80% 以上。[6]因此,这些英属印度的大贸易公司从中获得了高额利润,如在 1926—1927 年度,它们在日喀则、江孜以每蒙德 16 ~ 18 卢比的低价收购羊

〔1〕A. Lamb,British and Chinese Central Asia, The Road to Lhasa, 1767—1905, London,1960. pp. 341 – 346.

〔2〕IOR, L/P&S/11/123, P2400/1917, C. A. Bell to A. H. Grant, Foreign Secretary to the Government of India in the Foreign and Political Department, No. 809 – G, 24 April 1917. enclosing the annual report on the British Trade Agency, Yatung, Tibet, for the year ending the 31st March 1927.

〔3〕IOR, L/P&S/10/218, P1531, report on the trade of Tibet for the year ending 31st March 1925.

〔4〕IOR, L/P&S/10/857, P3004/1925, Indian Trade Commissioner to the Secretary of Political Department, 4 September 1925.

〔5〕IOR, L/P&S/12/4166, P3690/1927, annual report on the British Trade Agency, Gyantse, Tibet, for the year ending the 31st March 1927.

〔6〕IOR, L/P&S/12/4166, P3640/1930, annual report on the British Trade Agency, Gyantse, Tibet, for the year ending the 31st March 1930.

毛,运到噶伦堡后,以每蒙德35卢比的高价出售,除去运费,纯利润70%以上。[1]至于从噶伦堡再将羊毛等土特产品运到英国和世界各地销售,其利润则更为增加。1933年英国迫使西藏取消羊毛的专营权后,英印大贸易公司凭借其雄厚资本几乎垄断了西藏羊毛及土特产品的贸易。

民国时期,英印向西藏输入的商品基本上仍是工业制品。如1924—1925年度,印度经亚东输入西藏的棉纺织品价值855 979卢比,毛纺织品价值282 550卢比,丝织品价值300 122卢比,仅此三种商品就占当年印度输入西藏商品总额(2 793 681卢比)的51%。[2]其余输入西藏的商品也多是金属制品、火柴、五金百货等工业产品,以及茶叶、烟草(此为西藏明令禁止进口商品)。关于印茶,民国初在藏销路不旺,因其茶藏民不习惯饮用,且滇茶由海路入藏销售尚可。但至20世纪40年代后,印茶改良,仿川、滇茶制作,藏民渐多饮用,且滇茶由海路入藏多受阻,故印茶入藏增多,销路畅旺。[3]

武器弹药,也可算是英印政府向西藏输入的一种特殊商品。民国时期英国为支持西藏地方对抗中央,向川康、青海进攻,多次出售武器弹药给西藏。据不完全的统计,在1932—1942年及1947—1950年间,噶厦用于购买英国武器弹药的开支共计4 556 506卢比,平均每年约160 000卢比,约占噶厦外汇财政支出的40%左右。实际情况,应超过这个数字。[4]噶厦长期为此负债于英国。由于英国轻纺工业需要西藏大量的原料羊毛,致使印度方面与西藏一般商品贸易中往往有一定数量的赤字,出售武器弹药也有利于平衡贸易赤字。此外,英印还向西藏输入机电器材设备。从1931年起,噶厦平均每年用于购买印度机电

[1]参照上引 P3690/1927、P2080/1926、P3640/1930 等号文件。

[2]IOR, L/P&S/10/218, P1531, report on the trade of Tibet for the year ending 31st March 1925.

[3]《格桑悦希为印茶销藏事致吴忠信函》(1944年7月4日),载中国藏学研究中心、中国第二历史档案馆合编《民国时期西藏及藏区经济开发建设档案选编》,中国藏学出版社2005年,第335－336页。

[4]中国人民银行西藏自治区分行金融研究所《西藏地方政府近代金融机构——"造币厂"》,载《西藏金融》1989年试刊第3期。

器材设备的费用,约为170 000卢比,约占其每年外汇支出的45%左右。这些机电器材设备,用于西藏造币厂、发电厂等。[1]

总之,从上述对民国时期藏英贸易的增长,以及进出口商品的分析,可知英印向西藏倾销的是工业制成品,而输入的则是羊毛等轻工业原料,这仍然是这一时期藏英贸易的特征,也是西藏半殖民地化加深的经济的特征。

14.2　藏英贸易的影响

民国时期藏英(印)贸易的增长及西藏地方半殖民地化经济的加深,对中国(包括西藏地方)的影响和后果至为严重。其中最为严重者,首先莫过于它严重削弱了中国内地与西藏地方历史上长期形成的紧密的经济联系,使西藏经济在很大程度上依附于英国,从而在政治上严重损害了中国领土的完整和汉藏之间传统的亲密关系,以及中国对西藏的主权。关于此,当时国民政府也有所认识。1935 年 12 月 21日,国民政府蒙藏委员会致函川、青、滇、康(西康建省委员会),内云:

> 查西藏与边区各省商务关系,在昔本甚密切。由内地入藏之货,如川滇之茶糖,苏杭之绸缎,北平之佛教及法器饰物,江西之瓷器,皆为藏人所乐用;由藏输出之货,如毛皮、麝香、药材等类,销路亦广。商贾贸易甚为繁盛,民族情感因以敦睦。

> 鼎革以还(民国建立以来),情势变迁,在藏汉商多数被迫出境,藏商亦裹足不来内地。西藏与边省商务,除茶叶一项尚能源源畅销外,其余货物均被英印起而垄断。加以频年康藏多事,盗贼充斥,即茶叶一项,销路亦远不如前。影响所及,不但使西藏经济之权操于外人之手,且使边省与西藏关系日渐隔绝。[2]

1944 年 10 月 14 日国民政府财政部贸易委员会官员赵恩钝在一

〔1〕中国人民银行西藏自治区分行金融研究所《西藏地方政府近代金融机构——"造币厂"》,载《西藏金融》1989 年试刊第 3 期。

〔2〕见上引《民国时期西藏及藏区经济开发建设档案选编》,第 284 – 285 页。

份致贸易委员会的报告中,说得更为透彻:"西藏与内地经济之联系,其重要性远在政治以上,而经济关系之转变,则又以边茶与羊毛二者为其关键。"[1]

尽管上述西藏与内地经济关系削弱的原因是多方面的,但是英国对西藏经济的垄断和掠夺则是主要的原因。据英国官方收集的情报资料,在1913年,汉藏贸易额还比印藏贸易额大约高一倍,即1913年英印孟加拉省等地与西藏贸易总额为134 000英镑,由四川康定入藏的贸易总额为263 313英镑,两者相差一倍左右。[2]可是到1914年后,情况发生了较大的变化。如1924—1925年度,英印经亚东输入西藏的商品交易额达5 332 260卢比,比1913年英藏贸易总额(1 692 299卢比)增加了约三四倍,而同期的汉藏贸易不仅没有增加,反而大量减少。据1943年国民政府财政部视察员李如霖致财政部贸易委员会的报告说:"边区贸易,年来渐就衰零,即以茶、毛而言,边茶向销康、藏各地,每年数十万包,近受印茶倾销影响,减至十万以内,羊毛尤被印度吸收,每年入关者极少;以是康藏商民,与内地之关系渐疏,对国家之感念益薄。"[3]

1924年后,中国内地商品有部分改由海路先到印度,再由印度转入西藏。据1926年英驻江孜商务委员的年度报告说,"由于通往中国的陆路商道不靖,大量中国货物是由海路经印度进行",运销西藏的。[4]1935年入藏的黄慕松报告书中也说:"盖因康藏交通不便,年来战事时起,内地货物多改海道入藏,因之无论英印、日、内地各货物大半由亚东关进口,经江孜分转各地。"[5]1933年十三世达赖喇嘛圆寂以

---

〔1〕见上引《民国时期西藏及藏区经济开发建设档案选编》,第341－347页。

〔2〕Alastair Lamb,the McMahon Line,a study in the relations between India,China and Tibet,1904 to 1914,London,1966,p.630.

〔3〕上引《民国时期西藏及藏区经济开发建设档案选编》,第307页。

〔4〕IOR,L/P&S/12/4166,P2080/1926,enclosure in India Foreign Secretary's Letter,dated 3 June 1926,copy of a confidential letter,No.284－P,the Political Officer in Sikkim to the Foreign Secretary to the Government of India,Simla,14 May 1926.

〔5〕上引《奉使办理藏事报告书》,第86页。

后,至抗日战争爆发,西藏与内地贸易因种种原因稍有恢复和起色,[1]但英印商品仍充斥西藏地方。这种情况必然使西藏与内地的经济联系严重削弱,而更加依赖于英国,从而影响到中国对西藏主权的行使,也严重损害了内地邻藏各省的经济利益。这种情况一直继续到1951年西藏和平解放以后,才有所改变。

其次,英印对西藏贸易的垄断和掠夺,严重损害了西藏地方政府的经济利益和财政收入,并给西藏社会带来了严重后果。早在清光绪三十二年(1906年),英国强迫中国签订的《中英续订藏印条约》中,就规定了英印商品入藏概不抽税(附《拉萨条约》第四款),从而取消了原西藏传统收取什一税的惯例。民国以来,随着藏印贸易的增加,西藏地方仅在这方面的财政损失就十分巨大。如按1924—1925年度由亚东输入英印商品价值总额2 792 681卢比计算,此年西藏仅亚东商路就损失入口税约280 000卢比(总额的1/10),这还不包括印度从西藏入口商税的损失。此年度情况如此,按年累计西藏地方财政损失更为巨大。与此相关的是,中国内地输入西藏的茶及其他商品,因印茶及藏边形势等原因,在民国时期大幅度减少,西藏的税收也大幅度减少。如西康茶叶(炉茶)入藏税率为1/20,如上所述,由原来销藏的数十万包,减至十万以内,则西藏损失的此项茶税也是很可观的。而且西藏地方政府多次向英国购买武器弹药,扩军备战,因而负债累累。

以上种种情况,使西藏地方政府财政陷入困境,于是只有加重对广大农奴的剥削,增加各种捐税,甚至对贵族、寺院也不放过。1923年,九世班禅北上入内地,其直接的原因,即噶厦一再加征班禅领地租税、徭役。因此,可以说,英印对西藏的贸易,即经济上的掠夺,是近代西藏人民生活水平下降的重要原因之一。

第三,近代印藏贸易的发展,促使西藏上层中一部分人逐渐转化为英国的买办和亲英派核心,这是半殖民地西藏经济发展的结果之

---

[1]《西康调查组组长唐磊等呈报康藏情势并附陈经济方式筹藏意见》,载上引《民国时期西藏及藏区经济开发建设档案选编》,第417－418页。

一。民国以来,随着印藏贸易的增加,一些原从事汉藏贸易的贵族、商人和寺院也参与印藏贸易,或向印度贩运羊毛及土特产,或成为英印大公司的代理人,于藏地经营英印商品,从而集聚了大量财富,逐渐变成西藏政坛上的人物。如邦达昌家族,曾一度承包了西藏羊毛出口贸易,其家族中的邦达养壁曾任西藏地方政府负责藏印贸易事务的亚东总管。又如擦绒·达桑占东,曾先后担任藏军总司令、噶伦,有札萨头衔,曾主管札什电机厂,并积极参与印藏贸易,逐渐积累了大量财富,成为西藏最富有的人之一。其余如贵族柳霞家族、桑珠家族、拉鲁家族、索康家族,以及一些大寺院等,均卷入印藏贸易,从中获取了大量财富。由于他们的经济利益已与英国的利益紧密结合在一起,因此他们当中的大部分人均倾向于英国,成为民国时期西藏"亲英派"的核心。

人名地名索引

人名索引

·欧·亚·历·史·文·化·文·库·

251

G

H

253

·欧·亚·历·史·文·化·文·库·

地名索引

A

B

·欧·亚·历·史·文·化·文·库·

Z

欧亚历史文化文库

已经出版

林悟殊著：《中古夷教华化丛考》　　　　　　　　定价：66.00 元
赵俪生著：《弆兹集》　　　　　　　　　　　　　定价：69.00 元
华喆著：《阴山鸣镝——匈奴在北方草原上的兴衰》　定价：48.00 元
杨军编著：《走向陌生的地方——内陆欧亚移民史话》　定价：38.00 元
贺菊莲著：《天山家宴——西域饮食文化纵横谈》　　定价：64.00 元
陈鹏著：《路途漫漫丝貂情——明清东北亚丝绸之路研究》
　　　　　　　　　　　　　　　　　　　　　　　定价：62.00 元
王颋著：《内陆亚洲史地求索》　　　　　　　　　定价：83.00 元
〔日〕堀敏一著，韩昇、刘建英编译：《隋唐帝国与东亚》　定价：38.00 元
〔印度〕艾哈默得·辛哈著，周翔翼译，徐百永校：《入藏四年》
　　　　　　　　　　　　　　　　　　　　　　　定价：35.00 元
〔意〕伯戴克著，张云译：《中部西藏与蒙古人
　　——元代西藏历史》（增订本）　　　　　　　定价：38.00 元
陈高华著：《元朝史事新证》　　　　　　　　　　定价：74.00 元
王永兴著：《唐代经营西北研究》　　　　　　　　定价：94.00 元
王炳华著：《西域考古文存》　　　　　　　　　定价：108.00 元
李健才著：《东北亚史地论集》　　　　　　　　　定价：73.00 元
孟凡人著：《新疆考古论集》　　　　　　　　　　定价：98.00 元
周伟洲著：《藏史论考》　　　　　　　　　　　　定价：55.00 元
刘文锁著：《丝绸之路——内陆欧亚考古与历史》　定价：88.00 元
张博泉著：《甫白文存》　　　　　　　　　　　　定价：62.00 元
孙玉良著：《史林遗痕》　　　　　　　　　　　　定价：85.00 元
马健著：《匈奴葬仪的考古学探索》　　　　　　　定价：76.00 元
〔俄〕柯兹洛夫著，王希隆、丁淑琴译：
　《蒙古、安多和死城哈喇浩特》（完整版）　　　定价：82.00 元
乌云高娃著：《元朝与高丽关系研究》　　　　　　定价：67.00 元
杨军著：《夫余史研究》　　　　　　　　　　　　定价：40.00 元

梁俊艳著:《英国与中国西藏(1774—1904)》　　　　定价:88.00 元

〔乌兹别克斯坦〕艾哈迈多夫著,陈远光译:

　　《16—18 世纪中亚历史地理文献》(修订版)　　定价:85.00 元

成一农著:《空间与形态——三至七世纪中国历史城市地理研究》

　　　　　　　　　　　　　　　　　　　　　　　　定价:76.00 元

杨铭著:《唐代吐蕃与西北民族关系史研究》　　　　定价:86.00 元

殷小平著:《元代也里可温考述》　　　　　　　　　　定价:50.00 元

耿世民著:《西域文史论稿》　　　　　　　　　　　　定价:100.00 元

殷晴著:《丝绸之路经济史研究》　　　定价:135.00 元(上、下册)

余大钧译:《北方民族史与蒙古史译文集》　定价:160.00 元(上、下册)

韩儒林著:《蒙元史与内陆亚洲史研究》　　　　　　定价:58.00 元

〔美〕查尔斯·林霍尔姆著,张士东、杨军译:

　　《伊斯兰中东——传统与变迁》　　　　　　　　定价:88.00 元

〔美〕J.G.马勒著,王欣译:《唐代塑像中的西域人》　定价:58.00 元

顾世宝著:《蒙元时代的蒙古族文学家》　　　　　　定价:42.00 元

杨铭编:《国外敦煌学、藏学研究——翻译与评述》　定价:78.00 元

牛汝极等著:《新疆文化的现代化转向》　　　　　　定价:76.00 元

周伟洲著:《西域史地论集》　　　　　　　　　　　　定价:82.00 元

周晶著:《纷扰的雪山——20 世纪前半叶西藏社会生活研究》

　　　　　　　　　　　　　　　　　　　　　　　　定价:75.00 元

蓝琪著:《16—19 世纪中亚各国与俄国关系论述》　定价:58.00 元

许序雅著:《唐朝与中亚九姓胡关系史研究》　　　　定价:65.00 元

汪受宽著:《骊靬梦断——古罗马军团东归伪史辨识》　定价:96.00 元

刘雪飞著:《上古欧洲斯基泰文化巡礼》　　　　　　定价:32.00 元

〔俄〕Т.Б.巴尔采娃著,张良仁、李明华译:

　　《斯基泰时期的有色金属加工业——第聂伯河左岸森林草原带》

　　　　　　　　　　　　　　　　　　　　　　　　定价:44.00 元

叶德荣著:《汉晋胡汉佛教论稿》　　　　　　　　　　定价:60.00 元

王颋著:《内陆亚洲史地求索(续)》　　　　　　　　定价:86.00 元

尚永琪著:

　　《胡僧东来——汉唐时期的佛经翻译家和传播人》　定价:52.00 元

桂宝丽著:《可萨突厥》　　　　　　　　　　　　　　定价:30.00 元

271

篠原典生著:《西天伽蓝记》　　　　　　　　　　定价:48.00 元

〔德〕施林洛甫著,刘震、孟瑜译:

　　《叙事和图画——欧洲和印度艺术中的情节展现》　定价:35.00 元

马小鹤著:《光明的使者——摩尼和摩尼教》　　　定价:120.00 元

李鸣飞著:《蒙元时期的宗教变迁》　　　　　　　定价:54.00 元

〔苏联〕伊·亚·兹拉特金著,马曼丽译:

　　《准噶尔汗国史》(修订版)　　　　　　　　　定价:86.00 元

〔苏联〕巴托尔德著,张丽译:《中亚历史——巴托尔德文集

　　第 2 卷第 1 册第 1 部分》　　　　　定价:200.00 元(上、下册)

〔俄〕格·尼·波塔宁著,〔苏联〕B.B.奥布鲁切夫编,吴吉康、吴立珺译:

　　《蒙古纪行》　　　　　　　　　　　　　　　定价:96.00 元

张文德著:《朝贡与入附——明代西域人来华研究》　定价:52.00 元

张小贵著:《祆教史考论与述评》　　　　　　　　定价:55.00 元

〔苏联〕K.A.阿奇舍夫、Γ.A.库沙耶夫著,孙危译:

　　《伊犁河流域塞人和乌孙的古代文明》　　　　定价:60.00 元

陈明著:《文本与语言——出土文献与早期佛经词汇研究》

　　　　　　　　　　　　　　　　　　　　　　定价:78.00 元

李映洲著:《敦煌壁画艺术论》　　　定价:148.00 元(上、下册)

敬请期待

许全胜著:《黑鞑事略汇校集注》

贾丛江著:《汉代西域汉人和汉文化》

王永兴著:《敦煌吐鲁番出土唐代军事文书考释》

薛宗正著:《汉唐西域史汇考》

徐文堪编:《梅维恒内陆欧亚研究文选》

徐文堪著:《欧亚大陆语言及其研究说略》

刘迎胜著:《小儿锦文字释读与研究》

李锦绣编:《20 世纪内陆欧亚历史文化研究论文选粹》

李锦绣、余太山编:《古代内陆欧亚史纲》

郑炳林著:《敦煌占卜文献叙录》

李锦绣著:《裴矩〈西域图记〉辑考》

李艳玲著:《公元前 2 世纪至公元 7 世纪前期西域绿洲农业研究》

许全胜、刘震编:《内陆欧亚历史语言论集——徐文堪先生古稀纪念》

张小贵编:《三夷教论集——林悟殊先生古稀纪念》

李鸣飞著:《横跨欧亚——中世纪旅行者眼中的世界》

杨林坤著:《西风万里交河道——明代西域丝路上的使者与商旅》

杜斗城著:《杜撰集》

林悟殊著:《华化摩尼教补说》

王媛媛著:《摩尼教艺术及其华化考述》

李花子著:《长白山踏查记》

芮传明著:《摩尼教敦煌吐鲁番文书校注与译释研究》

马小鹤著:《霞浦文书研究》

段海蓉著:《萨都剌传》

〔德〕梅塔著,刘震译:《从弃绝到解脱》

郭物著:《欧亚游牧社会的重器——鍑》

王邦维著:《玄奘》

芮传明著:《内陆欧亚中古风云录》

李锦绣著:《北阿富汗的巴克特里亚文献》

孙昊著:《辽代女真社会研究》

赵现海著:《长城时代的开启
　　——长城社会史视野下明中期榆林长城修筑研究》

华喆著:《帝国的背影——公元 14 世纪以后的蒙古》

杨建新著:《民族边疆论集》

王永兴著:《唐代土地制度研究——以敦煌吐鲁番田制文书为中心》

〔苏联〕伊·亚·兹拉特金等著,马曼丽、胡尚哲译:
　　《俄蒙关系档案文献集(1607—1654)》

〔俄〕柯兹洛夫著,丁淑琴译:《蒙古与喀木》

马曼丽著:《马曼丽内陆欧亚自选集》

韩中义著:《欧亚与西北研究辑》

刘迎胜著:《蒙元史考论》

尚永琪著:《古代欧亚草原上的马——在汉唐帝国视域内的考察》

石云涛著:《丝绸与汗血马——早期中西交通与外来文明》

青格力等著《内蒙古土默特金氏蒙古家族契约文书整理研究》

尚永琪著:《鸠摩罗什及其时代》

石云涛著:《魏晋南北朝时期的外来文明》

273

·欧·亚·历·史·文·化·文·库·